PAULINO VALLADARES

HONDURAS: HÉROES, GUERRAS CIVILES Y YANKIS

(Artículos 1906 a 1926)

ERANDIQUE
COLECCIÓN

HONDURAS: HÉROES, GUERRAS CIVILES Y YANKIS (ARTÍCULOS DE 1906 A 1926)
PAULINO VALLADARES

Supervisión Editorial: Óscar Flores López
Diseño de portada: Andrea Rodríguez
Administración: Tesla Rodas—Jessica Cordero
Director Ejecutivo: José Azcona Bocock
Fotografías: Hemeroteca Digital en www.erandique.com
Primera Edición
Tegucigalpa, Honduras—Enero 2026

PRÓLOGO

Este libro con artículos de Paulino Valladares nace gracias a la recopilación realizada por dos hondureños que dedicaron sus vidas a la investigación: Julio Rodríguez Ayestas y Ramón Oquelí.

El primero publicó en junio de 1972 "Hondureños ilustres en la pluma de Paulino Valladares". En esa especie de antología aparecen, entre otros, Francisco Morazán, José Cecilio del Valle, José Trinidad Cabañas, Policarpo Bonilla, Francisco Ferrera, Juan Ramón Molina y Dionisio de Herrera.

Mientras tanto, el recordado maestro Oquelí recopiló escritos del llamado "Príncipe del periodismo hondureño" en la obra "El pensador y su mundo".

El maestro Oquelí dividió el libro sobre Paulino Valladares en cuatro secciones: El autor visto por sí mismo; El hombre visto por los demás; Lo que el autor dijo sobre gentes y Lo que el autor escribe sobre Honduras. A diferencia de "Hondureños ilustres en la Pluma de Paulino Valladares", en "El pensador y su mundo" aparecen extractos de artículos con su fecha de publicación.

(Si usted desea leer más artículos de Paulino Valladares puede ingresar a www.erandique.com y en la sección de Prensa buscar las ediciones del diario El Cronista).

Es muy probable —dice el escritor Ramón Oquelí—, que el más aproximado reflejo de lo que fue el primer cuarto de nuestro siglo, lo encontraremos (los que no lo vivimos), en las páginas que escribió Paulino Valladares.

Periodista, político y empresario, Valladares se inició en la vida pública cuando era muy joven (21 años), en 1902, cuando tres liberales se disputaban el poder.

"Fui partidario del doctor Marco Aurelio Soto, y aunque nuestra deficiencia mental nos impidiera adquirir el conocimiento de los resortes principales de su labor eleccionaria, en 1902, algo pude comprender entonces y algo he analizado en el transcurso de cuatro lustros... Dejó don Marco el poder en 1883. A los veinte años casi, se presentó como candidato. Ya no cabía, por mil causas, en la nueva época. No tenía contacto con la nueva generación y sus viejos amigos fieles representaban una minoría insignificante en el electorado nacional... Dejó agravios hondos e imborrables. Derramó alguna sangre, aunque no tanta si se la compara con el mar bermejo de las saturnales posteriores. Y si es verdad que los pueblos perdonan u olvidan los atentados de la ambición que se retira, son implacables contra las ambiciones que retornan".

Los artículos de Valladares se adelantaron a las épocas. En estos tiempos en los que las redes sociales lo cercenan todo, las secciones que escribió en El Cronista caerían como anillo al dedo, pues no solo eran breves y precisos, sino que, además, conectaban con los lectores.

Valladares nunca rehuyó a la polémica, por lo que tuvo varios "enemigos" con los que debatió apasionadamente.

"Paulino Valladares, que no sabía conducir su ambición, cometió un error y sugirió la contratación de un empréstito de Estados Unidos. Argumentó que la Hacienda estaba exhausta para cubrir los gastos públicos y que solo con dinero prestado podría realizarse un plan de progreso nacional".[1]

En 1913, Valladares asumió la dirección de El Cronista, pequeño periódico propiedad de Manuel M. Calderón, y lo convirtió en uno de los diarios más importantes en la historia de Honduras. Esa fue su trinchera durante trece años, hasta que la muerte lo sorprendió en Panamá, a donde llegó a operarse, a la edad de 45.

Hasta el día de hoy, no hay una obra que reúna todos los artículos de Paulino Valladares en los distintos periódicos donde escribió. En Colección Erandique quedamos con esa tarea pendiente y prometemos esforzarnos para que esa edición sea digna a la memoria de aquel espíritu fatalista que escribió: "Tuve participación en la política mediocre, pero sin mucha fe en los hombres y con poquísima esperanza en el desarrollo eficaz de las ideas".

Óscar Flores López/Editor Colección Erandique

---

[1] Enciclopedia Histórica de Honduras, tomo 9. Graficentro Editores. 1989.

PAULINO VALLADARES

Paulino Valladares es el más importante analista de nuestra realidad, después de Ramón Rosa. Murió como éste, a los 45 años, después de escribir centenares de artículos, interpretando los acontecimientos centroamericanos, emitiendo juicios sobre sus personalidades, pretendiendo influir —lográndolo a veces— en la vida política hondureña.

Nació en Güinope, bello lugar que semeja ser más bien huerta que poblado, el 19 de octubre de 1881. Era nieto de Francisco Antonio Márquez, quien desde los inicios del siglo XIX luchó por independizar y civilizar estas tierras. Valladares se formó intelectual y literariamente en la lectura de Darwin, Spencer, Taine, Schopenhauer, Nietzsche, Kropotkin, Larra, Unamuno, Valera, Galdós, Clarín. Fue admirador de dictadores como Justo Rufino Barrios, José Santos Zelaya y Manuel Estrada Cabrera, a la vez que de José Martí y Bartolomé Mitre.

Durante un cuarto de siglo fue tomándole casi diariamente el pulso al acontecer nacional, dejando una visión global del transcurrir histórico: "A raíz de la independencia jugamos a la democracia, primero insultando a España porque nos tuvo tres siglos bajo su dominio, y después organizando dictaduras al amparo de las mentiras convencionales llamadas revoluciones y elecciones, burlando con ellas la real y positiva soberanía popular".

Participó en la vida política desde 1902, en que figuró como candidato a diputado suplente en la planilla de Marco Aurelio Soto.

Siguió siendo liberal en 1907 y al año siguiente criticó a su partido por haber votado la mayoría de sus diputados a favor de la ratificación íntegra de la Constitución de 1894, sin introducir ninguna reforma. Se vio envuelto en el escándalo del empréstito Pierpont Morgan en 1911, cuando "intervino el Gobierno Americano para poner término a una «guerra civil» que tuvo mil asomos, unos por el sur, otros por el norte y otros por Nueva Orleans, con dinero yanqui, en épocas distintas".

Creía que los hondureños no teníamos remedio ("estos infelices hondureños, tan pobres, tan anarquizados, tan reducidos en número, tan ignorantes y tan dignos de mejor suerte"), criticaba el chismorreo político de Tegucigalpa y forjaba penetrantes semblanzas de hombres públicos y escritores, calibrando sus facultades, méritos y rendimientos. A veces llegaba hasta creer en el pueblo: "No hay gobierno, por déspota que sea, que resista la presión moral e inteligente de un pueblo".

Fue huésped obligado del Castillo de Omoa, cuando Bertrand se endureció en el mando. Trató de formar un partido llamado «evolucionista», y extinguido este intento da su decidido apoyo en 1923 a quienes, después de la muerte de Alberto Membreño, organizaron en torno a Tiburcio Carías Andino el Partido Nacional. Tuvo que huir a Nicaragua al final del Gobierno de López Gutiérrez y dejó de hacer propaganda a favor de Carías en los dos últimos años de su vida. En diferentes épocas, sin gran entusiasmo, actuó como Diputado, Secretario Privado de la Presidencia y Ministro de Relaciones Exteriores.

Pronosticó, al iniciarse el siglo, el triunfo de la revolución socialista, asustándose luego de la política soviética y de las luchas mexicanas. Era pesimista en cuanto al "destino de la raza", como tantos hombres de su tiempo, pero personalmente fue hombre activo, voluntarioso, con claridad y amplitud de visión, expresada en forma directa, concisa, dirigiendo con fuerza y tino cada frase a la diana prevista.

A Paulino Valladares Sánchez, en vida y muerte, se le ha llamado casi de todo —menos torpe o estúpido—, desde sinvergüenza hasta príncipe de periodistas. Lo único que no se ha hecho es leerlo con detenimiento, y en este sentido puede decirse que sigue siendo un célebre desconocido.

Se ignora el contenido de su correspondencia particular; para beneficiarse del rico material de observación elaborado por él, es indispensable el acceso a colecciones de «La Estrella» de Granada, «La Prensa» y «El Cronista» de Tegucigalpa, en artículos de fondo o comentarios y críticas firmados con seudónimos (Juan Segovia, Rodrigo de Narváez, Tutankamén).

Su único libro «Movimiento Unionista», recopilación de los intentos realizados en 1917 para vertebrar Centroamérica por iniciativa de Francisco Bertrand, no nos da una idea aproximada de su gran talento. Mariano Bertrand Anduray publicó en 1927 «In memoriam» (colección de opiniones emitidas con ocasión de su muerte, ocurrida en Panamá el 2 de diciembre de 1926, y de su última producción literaria).

En 1946, desde Guatemala, Medardo Mejía recalca en sus «Capítulos Provisionales sobre Paulino Valladares» la importancia del periodista, a quien "de seguro le venía la gracia de las naranjas de Güinope".

También se espera para este año de 1972 la publicación de «Hondureños ilustres en la pluma de Paulino Valladares», preparado por Julio Rodríguez Ayestas, con prólogo de don Medardo. La promesa de Luis Andrés Zúniga de escribir su biografía quedó incumplida.

A continuación presentamos una antología reducida de su obra, en la que aparecen temas esenciales, constantes de su pensamiento, de su preocupación, quedando otros ausentes, para reproducirlos en posterior ocasión. Creemos que no se puede conocer a fondo la Honduras pretérita —que en ciertos aspectos todavía sobrevive— sin enfrentarse con la obra de Paulino Valladares.

La trayectoria de los partidos políticos, la ineficacia del sufragio adulterado, la irresponsabilidad y falta de preparación y seriedad de los gobernantes, el miedo e inercia de los gobernados, los inicios de la intervención popular en la vida pública, la falta de coordinación entre grupos con intereses semejantes, el caudal de riqueza humana desperdiciado por la estupidez, inseguridad y desconfianza mutua; todo esto y más aparece ininterrumpidamente aflorando en la diáfana prosa de don Paulino, a quien se prefirió convertir en lejano y rechazado mito, que en fuente de conocimiento, de discusión sobre nuestras realidades.

Alfonso Guillén Zelaya decía en 1928 que Valladares trajo a la prensa de Honduras una orientación nueva: le dio amplitud, mesura, veracidad, capacidad y decoro; abordaba los asuntos públicos a base de estudio y de ideas, "sin que lo cegara el odio mezquino de los pequeños". Hoy creemos estar muy lejos de su afirmación individualista, de su fatalismo y determinismo racista, pero sigue siendo útil conocer cómo vieron, vivieron y contribuyeron a la tragedia hondureña nuestros antepasados. Ojalá no sigamos dando motivo a que se repita de nosotros lo que Antonio Machado dijo de Castilla, la que con torpe desdén "envuelta en sus harapos, desprecia cuanto ignora".

RAMÓN OQUELÍ GARAY

EL PODER DE LA INTELIGENCIA

Si el mejor camino para llegar al descubrimiento de la verdad es el conocimiento de los hombres, Paulino Valladares tuvo un inspirado acierto al idear y realizar esta galería de hondureños notables.

Entre los personajes de este álbum biográfico se encuentra una gran variedad de caracteres y talentos. Políticos, escritores, guerreros. Desde los próceres de la Independencia; desde los héroes de la gesta morazánica, hasta aquellos que adquirieron el derecho a ser rescatados del olvido por figurar en la nómina de los amigos dilectos del autor.

Gobernantes, catedráticos, oradores, poetas, jefes de facción: la mente inquisitiva de Valladares se interesó por captar el verdadero significado de aquellas personalidades que contribuyeron a marcar el rumbo de la historia patria o que transmitieron su aliento peculiar a las manifestaciones culturales de la colectividad hondureña.

Es fácil advertir que el autor asigna a sus retratos psicológicos el valor de símbolos. Se sirve de ellos para analizar la evolución de las ideas, las instituciones y las costumbres. Estudia a sus biografiados como protagonistas de los contrastes dramáticos que ha experimentado Honduras, en su esfuerzo lento y doloroso por ascender a la categoría de un Estado moderno.

Sus trabajos de investigación en este laboratorio de almas lo conducen finalmente a conclusiones y estados de ánimo en que se mezclan la esperanza y la decepción; el optimismo en cuanto a una progresiva perfectibilidad de las potencias intelectuales y morales del hondureño, y la cavilación angustiada cuando se enfrenta con el espectáculo desalentador de la fragilidad humana.

Estas páginas tienen el valor de un testimonio. Porque Paulino Valladares fue a un mismo tiempo memorialista y actor de un gran número de los acontecimientos que en ellas se relatan. Fue polemista político de primer rango; transitó con mirada alerta por los oscuros vericuetos de la jungla burocrática; se vio envuelto en los horrores de nuestras guerras intestinas. Estas pruebas de fuego acrisolaron en su espíritu una serie de convicciones que se articularían en lo futuro como la médula de su credo político-filosófico: repudio de la violencia como instrumento para resolver las controversias partidaristas; una fe arraigada en lo que él llamaba "evolución pacífica" como el mejor expediente para alcanzar las metas del progreso; una confianza ilimitada en el poder de la inteligencia —concebida como ilustración— para redimir al hombre de sus miserias y flaquezas; y una sutil prevención frente a esas utopías que con harta frecuencia dislocan el juicio de los hombres y los hacen olvidarse de las exigencias perentorias de su medio y de su tiempo.

Estas siluetas biográficas escritas por el gran diarista hondureño han sido recopiladas de las colecciones de El Cronista y de otras publicaciones nacionales. Nunca se habían publicado en forma de libro. Vale decir que, hasta el momento, eran prácticamente desconocidas para las presentes generaciones, circunstancia que añade al valor intrínseco de estas producciones literarias el mérito de su actualización.

Libro de amena lectura, por su estilo brillante y ágil; prolífico en temas de útil meditación para quienes se interesan de verdad por la suerte de Honduras, tal es la obra que ahora presentamos al público hondureño y a nuestros lectores del exterior, como parte del programa editorial que desarrolla la Presidencia de la República.

OFICINA DE RELACIONES PÚBLICAS DE LA PRESIDENCIA DE LA REPÚBLICA 1972

BREVE EXPLICACIÓN

Desde hace tiempo me fijé en la afición del escritor Paulino Valladares a los temas históricos del país, a los perfiles biográficos sobre todo, y la oportunidad de hallarme en el Archivo Nacional me ha permitido reunirlos en este libro.

Poco es lo mío en el presente caso, como ven los lectores, y casi no vale la pena que haga ninguna referencia de ello. Lo grande está en los retratos dibujados con maestría por el periodista Valladares.

Así se ve que en la faena de aquel grande hombre había algo transitorio en el comentario del suceso diario, con la galanura que le era propia, y algo permanente en los enjuiciamientos de los personajes grandes, medianos y pequeños que han desfilado en la película de la vida nacional.

Otros, posiblemente, recogerán en libro la dimensión política del notable periodista, como meta de su preocupación y anhelo personal, a la que se ha referido con acierto el escritor Medardo Mejía.

De mi parte prometo, si me alcanza la vida, dar a conocer en los mismos términos otros valores nacionales como Miguel Ángel Navarro, Salatiel Rosales y José Antonio López Gutiérrez, para que no se hundan en el olvido.

Estos conceptos resultan fuera de lugar, al considerar el trascendente esfuerzo cívico-cultural de la Oficina de Relaciones Públicas de la Presidencia al editar el presente libro.

JULIO RODRÍGUEZ AYESTAS

Tegucigalpa, D. C., 5 de junio de 1972.

PERSONAJES

DIONISIO HERRERA 1773-1850

En un mensaje leído en la asamblea del Estado de Honduras, en el que hacía un leal bosquejo de la verdadera situación del país, decía Dionisio Herrera en 1826: "Tal es en compendio el cuadro que el gobierno ha creído un deber presentar a la primera legislatura ordinaria. Él es melancólico y funesto; pero es cierto en toda su perspectiva. ¿Y por qué Honduras ha de caminar con tanta lentitud, teniendo elementos para marchar a par de los primeros Estados?"

Tiempos de vacilaciones eran aquellos en que los hombres, más ingenuos y francos, presentaban por delante la realidad de las desventuras nacionales. La asamblea constituyente peregrinaba como fugitiva, de Cedros a Tegucigalpa y de Tegucigalpa a Comayagua, donde dictó la Carta de 1825. La independencia de España no costó una sola gota de sangre, pero la reacción conservadora era efectiva y las rivalidades que al momento surgieron presentaron obstáculos tenaces al desarrollo progresivo, dando margen a un siglo de riñas y estacionamiento.

En la memoria de referencia agregaba el señor Herrera: "La hacienda en un Estado independiente y soberano es el elemento más necesario, porque es el que da vida a los otros. La de Honduras, después de la dilapidación vergonzosa en que estuvo por muchos años, entregada a manos muy impuras, tuvo que hacer frente a los gastos que causó la división de las dos provincias que forman hoy el Estado. Cuatrocientos mil pesos se gastaron, por lo menos, en saber si la provincia de Tegucigalpa debía estar sujeta a la Junta provincial de Comayagua, y al que entonces gobernaba en nombre del rey de España, o si tenía derecho para adoptar el acta de 15 de septiembre, proclamada en Guatemala. A este desorden, que no fue de los pueblos, como se ha querido decir, sino obra de intereses particulares, siguió la centralización de las rentas más productivas, la arbitrariedad y dilapidación de las que quedaron al Estado, la ley que decretaba nuevas erogaciones, los obstáculos que se oponían a los nuevos impuestos, la resistencia de los pueblos, la apatía de los funcionarios y el temor de la asamblea constituyente en arreglar ese ramo".

Simpático lirismo derrochó Lamartine narrando las proezas de los Girondinos, pero su libro no es la obra cierta de la Revolución francesa. En cambio Hipólito Taine, en los Orígenes, arrancando su examen de la verdadera conciencia nacional, ahondando en la miseria popular, sorprendiendo la exacta psicología del feudalismo moribundo y juzgando con acierto los fenómenos de la producción y el mecanismo de la renta, malversada sin piedad por la nobleza, escribió la génesis cabal de la Francia revolucionaria.

Y nosotros también hemos gastado mucha frase elocuente preconizando el fervor patriótico que despertó la idea de la liberación política y glorificando nuestro destino; pero la veraz palabra de varones tan sinceros como Dionisio Herrera y el estudio de la historia social nos demostrarán, tarde o temprano, la necesidad que tenemos de rectificar, orientando la aspiración común con criterio más sereno y positivista. Se gastaron más de cuatrocientos mil pesos para saber si Tegucigalpa tenía derecho o no para adoptar el acta de independencia. ¿Por qué y en qué? Mil problemas semejantes a este existen en los anales hondureños, cuya interpretación está reservada al investigador concienzudo que se proponga descubrir la verdad con los procedimientos que aconseja la exégesis moderna.

Me gusta la franqueza de Dionisio Herrera, mayor a la de cualquier otro de sus contemporáneos y superior a la de los posteriores hombres públicos. Y bien, retrasados en nuestro avance, en relación con Centro América y con el mundo civilizado, ¿no podemos repetir con igual motivo su interrogación angustiosa? ¿Por qué Honduras camina con tanta lentitud? ¿Es anacronismo hacer hoy esa pregunta lanzada a la faz de la nación por Dionisio Herrera hace ochenta y nueve años?

Dionisio Herrera sobresalió por sus méritos indiscutibles. Director de la provincia de Tegucigalpa primero, fue después Jefe del Estado. Ni sus virtudes ni su talento pudieron conjurar la contienda fratricida que desde aquel entonces abate la energía de la República. Un sacerdote encendió la tea revolucionaria, excomulgando al mandatario ilustre, quien después fue conducido preso a Guatemala. Con el bochinche fraterno nació la intervención indebida y extraña en

Honduras, porque, organizada esta patria con una constitución propia, no podía entrometerse en sus negocios el poder central de Guatemala. ¿Ha variado nuestra posición internacional e interna desde los tiempos en que el vicario Irías vendía las alhajas de los templos para comprar fusiles y matar gentes?

Dionisio Herrera, apoyado por Francisco Morazán, fue de amigable componedor a Nicaragua. Triunfó su sistema de conciliación y los nicaragüenses lo elevaron a la primera magistratura, tal vez no por su inmensa popularidad, como se piensa, sino por sus condiciones de agente benévolo y justiciero. Espíritu superior y vidente, acogió la idea de la unión de los dos océanos por el canal de Nicaragua. Después su renombre le valió la elección de Jefe de Estado en El Salvador.

Vio rota la federación y saqueadas sus propiedades. Sus libros, en francés e inglés, fueron quemados por el fanatismo, que consideraba herejía todo lo que revelara ciencia moderna. La Enciclopedia tenía en América por enemigos formidables al cura chato y al conservador obtuso, productos ambos de la ignorancia ambiente. Murió Dionisio Herrera dedicado a la humilde tarea de maestro de escuela. Su misión, hasta el último día de su vida, fue la de revelar verdades. ¿Será el momento ya de que las aprovechemos?

(El Cronista, N.° 939, noviembre de 1915).

Paulino Valladares, uno de los grandes intelectuales hondureños del Siglo XX.

RENOVACION

PLUS ULTRA

Organo del GRUPO RENOVACION.--Semanario de difusión ideológica. Incorporado a la Asociación de la Prensa.-Aparece todos los domingos.

Director: Arturo Martínez Galindo. Secretario General del GRUPO RENOVACION

Protesta de los Estudiantes Universitarios de El Salvador

Agoniza el caudillismo

Muere el Dr. Valladares

El Dr. Paulino Valladares, joven paladín del periodismo centroamericano, acaba de morir en Panamá. Su clara inteligencia y su valor moral para arrostrar las peligrosas situaciones que bizarramente se creara con su batalladora pluma, le hicieron ocupar un puesto de los más espectables en la prensa ístmeña.

El periodismo centroamericano está de duelo, y, a este duelo unimos nosotros nuestro pesar sincero.

CONFEDERACION OBRERA CENTROAMERICANA

DECRETO No. VIII

DECRETO No. IX

Constitución de la Federación Obrera Hondureña

CAPITULO V

CAPITULO SEXTO

DISPOSICIONES

ACUERDO TRANSITORIO

SALUD Y REVOLUCION SOCIAL

JUAN R. LOPEZ COMERCIAL, S. A.

Importación. Exportación.

Mercaderías en general.--Productos del País.

EL MEJOR SURTIDO DE

Zapatillas Hamilton

para Señoras ha llegado donde Urbano Ugarte.

Don Catarino Castro

Así informó Renovación, dirigido por Arturo Martínez Galindo, sobre la muerte de Paulino Valladares.

JOSÉ CECILIO DEL VALLE (1780-1834)

"Esperad", decía Benjamín Franklin a los americanos del norte que se impacientaban por independizarse de Inglaterra; pero cuando aquel gran hombre comprendió que el momento era llegado, aconsejó a sus paisanos que se mostraran fuertes, y en unión de Jefferson redactó el acta memorable del 4 de julio de 1776. Después triunfó en París como diplomático y supo sacarle a la exhausta Francia diez millones de francos para la causa de la patria. Eran los tiempos en que Voltaire bendecía al nieto de Franklin en nombre de Dios y de la libertad, y en que una dama parisiense, en un concurso de trescientas bellezas, daba un beso en la frente al domador del rayo, después de coronarlo.

Al revés, don José Cecilio del Valle intervino en la causa seguida contra los precursores de la independencia, que, iluminados por la oratoria que en Cádiz empezó a esparcir en lengua castellana los principios del espíritu moderno, y alentados por la constitución peninsular de 1812, quisieron crear la nacionalidad autónoma. Pero el mismo Valle, cuando se convenció de que el movimiento separatista era incontenible, redactó el acta inmortal del 15 de septiembre de 1821. No firmó ese documento porque pertenecía al partido colonial que contaba con la discreta preparación del pueblo, a fin de capacitarlo para el ejercicio del gobierno propio. Valle, sin embargo, no pertenecía al partido servil que pidió la anexión a México a la primera intimación del emperador Iturbide. Valle, el filósofo y el patriota, unido a los liberales, se opuso a las pretensiones del marqués de Aycinena, representante de las ideas monárquicas. Centro América formó parte del imperio mexicano, y Valle fue a México como diputado, y allá fue prisionero y ministro; y sorprendiendo el mejor instante pidió la nulidad del acta de anexión, y la entidad centroamericana recobró nuevamente su libertad.

Valle formó parte del triunvirato de 1824, y como su presidente dijo ante el Congreso de 1825: "Los pueblos me han confiado sus destinos: yo seré todo para los pueblos. Una lágrima menos, una espiga más, un retoño de la planta que no se había cultivado, será el máximum de mi felicidad". Esos conceptos encierran todo un programa de gobierno permanente. Que de verdad se enjuguen las lágrimas de las contiendas infecundas; que la concordia no sea una palabra femetida, que hiere por befa, a veces, en vez de consolar; que en los campos broten las espigas, el cariño de la mano laboriosa que asegura la felicidad de la república; que la planta cultivada por el trabajo garantido sea el orgullo nacional y la fuerza consciente de los ciudadanos, y que la vida democrática sea una alegría por el bienestar positivo que proporciona a los hombres.

Valle fue electo presidente de Centro América, pero el Congreso de 1825 declaró que no había mayoría de votos y eligió a don Manuel José Arce. Ese acto arbitrario encierra tal vez la clave del martirologio de los cinco Estados. Arce provocó aquella revolución que propiamente empezó a fines de 1826 y terminó con la entrada triunfal de Morazán a la capital de Guatemala en 1829. La espada había decidido, la política se convirtió en teatro sangriento, las rivalidades fueron hondas y los odios implacables. Los vencidos en la cruzada morazánica tenían venganzas que satisfacer en los campos de batalla, y la reacción que dio en tierra con el sistema federal y con sus héroes magníficos apeló también al fusil, y desde entonces los centroamericanos se matan entre sí, sin amarguras ni penas, sino con regocijo punible.

Valle, como después el general Morazán, habría respetado la forma federativa, de la que fue defensor; habría sido el mandatario esclavo de la ley, y tal vez con su talento y moderación hubiera logrado afianzar la naciente república. Pero en la segunda elección fue derrotado, y cuando después la voluntad popular lo favoreció con sus votos, su muerte defraudó las esperanzas de estas cinco porciones del Nuevo Mundo. Centro América quedó en pena noche, y quién sabe si asoma el alba cuando ya sea imposible la resurrección federal.

Toda labor sincera de los jóvenes hondureños debe empezar con el estudio de la vida de José Cecilio del Valle. Él representa el punto de partida en la propaganda evolucionista. Antes de la independencia, cuando don Pedro Molina fundó el Editor Constitucional, de espíritu revolucionario, Valle escribía El Amigo de la Patria, vocero de la evolución. Descartemos lo que al tiempo corresponde y encontraremos en el pensamiento del sabio la visión clara del porvenir y el procedimiento eficaz que reclama la cultura para perdurar, perfeccionando al género humano. Valle daba a la evolución el sentido inmediato de aprendizaje paulatino para adquirir el derecho de ser libres y la conciencia de ser independientes. Pero su mente elevada iba lejos, porque, abarcando el proceso general de los pueblos en el curso de la historia, analizaba las partes y el conjunto con vasta generalización, hasta concebir, sin conocerla, la idea de Bolívar: un plan de unión latinoamericana.

Resuelto el problema de la emancipación de España, que impuso en casi todos los territorios que ella conquistó la violencia revolucionaria, volvamos hoy, tras un viacrucis doloroso, a la evolución preconizada por el preclaro Valle. Morazán nos dejó como herencia el compromiso de trabajar por la unión de Centro América. Anteriores a su testamento están las prédicas de Valle, que nos encaminan por el sendero del evolucionismo fructífero, lento, firme y provechoso. Por él seguiremos erectos en nuestra voluntad, seguros por las experiencias adquiridas y vigorizados por un entusiasmo sereno y resistente.

(El Cronista, N.° 992, 1916).

FRANCISCO ANTONIO MÁRQUEZ (1786-1824)

Don Rómulo E. Durón, paciente investigador en el Archivo Nacional, ha dado a la publicidad la biografía del presbítero Francisco Antonio Márquez, prestando con ese paciente estudio un servicio positivo a la historia de la República. Y ya que el nombre de aquel sacerdote entra en el catálogo de las personalidades distinguidas de Honduras, la discusión y el elogio relativos a la obra citada se imponen.

Si en este momento solo disparates escribo, valgan como disculpa la buena intención y el deseo de que la verdad resplandezca, porque, faltando esta primera virtud de los griegos, la historia humana carece de méritos y de enseñanzas provechosas. Y la fábula se queda en la pura región de la poesía, ante la fiebre del análisis moderno.

Varias veces oí decir que el presbítero Francisco Márquez era de origen italiano. Jamás me inclinó la curiosidad hacia la investigación de esa leyenda, y menos cuando se recordaba que los Márquez que vinieron a este país fueron chapetones, por el patronímico. Sin embargo, la especie que corre acerca de que el general Morazán desciende de los Morazani de Córcega, y la circunstancia de registrarse en la nomenclatura de otras familias de procedencia europea apellidos italianos, me hacía pensar que aquella aserción podía estar fundamentada.

El estudio del señor Durón, en vez de aclarar ese punto, lo obscurece de manera casi absoluta, hasta el grado de quitarle al lector el convencimiento de que el sacerdote biografiado sea Márquez de verdad, por causas afines o por estirpe.

Dice el señor Durón que en un día de septiembre de 1787, como a las siete de la noche, don Juan Manuel Márquez, saliendo de la casa de su hermano, el padre cura Juan Francisco, se tropezó en el zaguán con un hombre desconocido, quien le hizo entrega de la cesta. El citado don Juan Manuel regresó al interior de la vivienda y, con la ayuda de la luz, vio el contenido, que era un niño gracioso de doce meses, bautizado, según constancia que el bebé llevaba consigo.

Doña Francisca Márquez, que se hallaba en casa del cura, le cobró súbita afición y cariño a Francisco Antonio, nombre que también acompañaba al expósito.

Estamos, pues, en plena novela. Moisés, o aquellos personajes reales de la Edad Media, hijos de don Favila, expuestos en cajas y dejados a merced de las corrientes, o del azar, que es también correr caprichoso; y a párrafo seguido se establece que, para obtener la información de limpieza, cuando el joven Francisco Antonio cifraba en los quince años, Juan Antonio Ysasi, José Miguel Gómez, María de Quintanilla, Francisco Ariza y Juan Bautista de Rivera declararon tener conocimiento del niño expósito, por haberlo visto entrar en la casa de doña María Francisca Márquez. Primero se afirmaba que entró en casa del cura Juan Francisco, de donde lo llevó a la suya doña María, en la que seguramente lo vieron los cinco testigos nominados. ¿Sería la misma noche?

Hay, pues, suficiente prueba para establecer el hecho de que Francisco Antonio no era Márquez. El apellido se lo regalaron por el acto de la adopción. ¿A qué familia pertenecía entonces? Este capítulo debió investigarlo el doctor Durón, para que los hondureños supiéramos si la biografía trata de un Márquez auténtico o de un individuo a quien el destino condujo a extraño hogar, donde la caridad lo acogió y favoreció. Claro es que el mérito del hombre en nada mengua por las complicaciones de su nacimiento.

Analicemos más de cerca el caso. Sin exagerar, podemos decir que Tegucigalpa cuenta en la actualidad dieciocho mil habitantes. Y toda lógica enseña que en lo que puede llamarse sociedad distinguida es de todo punto imposible que se conserve el secreto de un expósito durante un año. Ahora bien, en 1787 los habitantes de esta ciudad podían subir a la suma de cinco o seis mil almas. ¿Será racional pensar que en tales tiempos llegara a la casa de una familia rica y noble, según el criterio de la época, un muchachote español de doce meses de edad, sin que se conociera su origen? ¿Sería hijo del cura don Juan Francisco, del caballero don Juan Manuel o de doña Francisca Márquez? ¿Sería de sangre italiana? Sobre esto desearía yo conocer la opinión del biógrafo estudioso y apreciable.

Por ahora he dicho a la ligera lo que la lectura de la primera página del folleto me sugiere. Y antes de que se me olvide, quiero aludir a una quisicosa. Conozco anécdotas del padre Márquez que revelan agudez y penetración de entendimiento; pero la que relata el señor Durón, para que se conozca el carácter del cura, no le hallo la punta. En aquel diálogo con el arzobispo Ramón Casaus y Torres, parece que el presbítero Márquez se empeñara en hacer el Bertoldo. Por lo demás, el trabajo merece todas mis simpatías, que nada valen, en definitiva, para afianzar la reputación de que goza el señor Durón como publicista renombrado.

(El Cronista, N.° 926, noviembre de 1915).

JUAN LINDO I (1790-1857)

Si se pretende biografiar los nombres ilustres del foro hondureño, la galería debe empezar con el retrato de Juan Lindo, prócer de nuestra historia, figura de gran relieve en la política nacional y creador de dos universidades, la de Tegucigalpa y la de San Salvador. Bajo el gobierno de la colonia, Juan Lindo obtuvo el título de abogado en la Real Audiencia de Guatemala, vino a Honduras como gobernador de esta provincia durante el efímero reinado del emperador Iturbide, y después, tras complicaciones varias, ejerció la presidencia en las repúblicas de El Salvador y Honduras.

En otra ocasión he tenido que hablar del político, tal como lo juzga la historia. En los presentes momentos es preciso escribir acerca del hombre, de su mentalidad, de su carácter ejemplarizador y de su talla moral, no superada en los anales del patriotismo hondureño. Juan Nepomuceno Fernández Lindo gobernó el país en tiempos de turbulencia y en días de peligro para la seguridad de la república; pero espíritu amplio, inquieto, sagaz y enérgico, supo vencer a sus enemigos, salvar la integridad territorial y renunciar un tercer período, no obstante de que para ejercerlo lo aclamaba la mayoría de su pueblo.

No es la vida cotidiana y burocrática de los hombres la que provoca la admiración de sus semejantes, en las presentes y futuras generaciones, ni es la conquista de una serie de puestos políticos, en desdoro de la dignidad, lo que sirve de alta enseñanza moral para la juventud que quiera templar el carácter en el estudio de la conducta de nuestros compatriotas eminentes. De las biografías, lo utilizable son los rasgos que revelan hombría de bien, alta inteligencia y valor sereno y fecundo.

Y pocas personalidades en Honduras presentan ejemplos tan elocuentes como Juan Lindo. En sus actos resplandece la inteligencia clarividente, la valentía firme y sin alarde y el desprendimiento patriótico más abnegado. Sin ser soldado se colocó frente a frente de Santos Guardiola, uno de los generales más prestigiados de la

América Central; y hombre de letras creó la Academia Literaria, que fue como hacer un poco de luz en la densa niebla colonial.

Fue un batallador incansable en favor de la federación, y trabajó porque en los códigos políticos se consignara el deber que tiene el Estado de concurrir a la integración de la vieja patria. Caballero de honor y de mirada penetrante, abolió la pena de muerte, no solo porque se lo imponía una convicción científica, sino porque creía que la sed de venganza es un factor primordial en nuestras guerras civiles. Por eso él hizo que solo se impusiera la pena capital al que la hiciera aplicar por cualquier motivo. Fomentó la escuela, dedicó especialísima atención a los caminos públicos, creó renta para los gastos del gobierno, lanzó papel del Estado a la circulación, papel que amortizó mediante un procedimiento sencillo y sabio. Cuando dejó el poder, Honduras no tenía deuda interna.

Juan Nepomuceno Fernández Lindo no conoció la pereza. Temperamento impulsivo y acometedor, laboró constantemente en favor de la unión de las cinco secciones. Él provocó la asamblea de centroamericanos que se reunió en Tegucigalpa, bajo la presidencia del general Cabañas. Y poseído de un elevado sentimiento de hispanoamericanismo, que hoy mismo parece extraño y quijotesco, decretó el auxilio de Honduras a México cuando este país se vio envuelto por una acometida conquistadora de los Estados Unidos. Episodio hermoso en la historia, caso gallardísimo que coloca el nombre de su autor entre el de los paladines más ilustres del continente.

Fue un gobernante activo, nervioso y acometedor. No habiendo telégrafo en aquellos tiempos, apelaba al correo, al incesante mensajero que iba a Guatemala, Nicaragua, El Salvador y recorría los pueblos del territorio hondureño. No esperaba los sucesos, los provocaba y les salía al encuentro, preparado para sujetarlos, confiado en su habilidad y en la justicia de su causa. Así es que hacía estallar las asonadas de los caudillos militares, para dominarlas en seguida y cimentar la paz.

Los reaccionarios de Guatemala presentaron ocasión al cónsul de la Gran Bretaña, quien en nombre de su Gobierno tomó posesión de nuestra Isla del Tigre, como garantía prendaria por una deuda federal. Lindo sintió el ultraje en su alma, protestó y procedió a levantar fuerzas para echar al invasor dos atentados. Sin embargo, comprendió que era preciso apelar a expedientes más eficaces, aunque más dilatados, y se puso en comunicación con el ministro americano, Mr. Squier, de quien era amigo. Proyectó una cesión simulada de la isla por dieciocho meses, a favor de los Estados Unidos, y como esta nación tenía entonces interés especial en sostener la doctrina de Monroe, Squier aceptó el plan y notificó al cónsul Chatfield que desocupara la tierra retenida.

Aunque Chatfield hizo oposición, el ministro americano se plantó en serio, declarando que la continuación de la isla en poder de las fuerzas británicas sería considerada por el gobierno de Washington como un casus belli. El cónsul detentador no esperó mayores reclamos y se hizo a la mar, dejando algunos pertrechos de guerra en poder de los hondureños. Así salvó Juan Lindo, por primera vez, el golfo de Fonseca, de la tentativa peligrosa del poder conquistador más temible de la tierra.

Fue Juan Lindo hombre de mundo, gran conocedor del corazón humano, y por lo mismo buen conductor de muchedumbres. Un su biógrafo dice que tenía por norma de gobierno los siguientes principios:

1.º Hacer de sus mayores enemigos sus mejores amigos, por medio del aprecio y del reconocimiento.

2.º Conceder, sin darse a rogar, todo lo permitido por la ley.

3.º No confiar a nadie los secretos de Estado. Lo que se podía saber, él mismo lo revelaba, antes de que se le dieran interpretaciones antojadizas.

4.º Confiar los puestos públicos a los más aptos y más dignos, procurando hacer de los jóvenes ciudadanos conocedores de los negocios públicos.

Juan Nepomuceno Fernández Lindo, llamado el Zorro, por su incomparable perspicacia, demostró su gran penetración cuando renunció la presidencia que por tercera vez se le ofrecía. En viaje para Comayagua, supo en el pueblo de Langue el resultado de la elección, y entonces escribió el célebre manifiesto de 25 de noviembre de 1851, que debería servir en las escuelas primarias como texto de lectura para los niños hondureños. En ese documento dice:

"Todos los hombres tenemos allá en el íntimo de nuestros corazones cierta esperanza de que mejorará nuestra situación, cuando el poder público pase a otras manos. ¡Amigos! No hay que atacar aquella esperanza de todos, porque es la que promueve los trastornos contra el que, en el sistema que rige, permanece mucho tiempo en el mando, y ella es la que, armándose del tiempo y auxiliada de los enemigos personales, por pocos que sean los del Gobierno, logra cambios peligrosos en la sociedad."

No hay en las Vidas paralelas de Plutarco, ni en los pensadores modernos, desde Federico el Grande a Napoleón, observaciones más exactas, sencillas y profundas que las contenidas en ese pequeño párrafo de don Juan Lindo, el psicólogo más sutil que ha gobernado la república y para quien los abogados de esta patria tenemos una deuda de admiración y gratitud.

(El Cronista, mayo 12, 1917).

DON JUAN LINDO (II)

Don Juan Lindo fue adversario tenaz del general Morazán y partidario firme de la anexión de Centro América al imperio mexicano. Su actuación de gobernante y de político se desarrolló en uno de los períodos más borrascosos de la historia patria. Los revolucionarios franceses consagraron en la Declaratoria de los Derechos del Hombre la resistencia a la opresión. Don Juan Lindo, menos escrupuloso en cuestiones de derecho público, declaró en 1848 que el alzamiento del general Santos Guardiola contra la asamblea del Estado, o mejor dicho, contra el triunvirato del vicepresidente Bustillo, Coronado Chávez y Francisco Ferrera, no era más que el ejercicio del derecho de petición. Así lo permitía el tiempo, y a la sombra de esa moral patriotera se derramó la sangre sin reparo.

Si el nombre del imperio que había creado Iturbide en México pudo conquistar las simpatías de algunos espíritus apegados al régimen colonial, no es descabellado pensar que en lo general la voluntad centroamericana rechazaba la anexión que pretendía Su Majestad Agustín I, y que Gainza fue arrastrado a ella por la amenaza contenida en la nota de 19 de octubre de 1821.

En ese documento, después de disertar largamente el señor Iturbide acerca de la felicidad de los pueblos y de la conveniencia de que Centro América y México formen un conglomerado monárquico, añade: "Si a pesar de la evidencia y solidez que a mi juicio concurren en estas reflexiones no bastaren al convencimiento de esas respetables autoridades, espero que se sirva V. E. comunicarme a la mayor brevedad sus ulteriores determinaciones para el arreglo de las mías; en el concepto de que, desnudo de toda mira individual y poseído del más sincero respeto a la voluntad de los pueblos, jamás intentaré someterlos a la mía, aunque no es otra que la de su felicidad y bienestar. Con este objeto ha marchado ya y debe en breve tocar en la frontera una división numerosa y bien disciplinada, que llevando por divisa Religión, Independencia y Unión, evitará todas las ocasiones de emplear la violencia y solo reducirá su misión a proteger con las armas los proyectos saludables de los amantes de su patria".

Era ese un modo de señalar muy elocuente. Se parece al derecho de petición que invoca don Juan Lindo, ejercido por un jefe que comanda un ejército. Pero a Iturbide se le indigestó la dinastía, y su representante en Centro América, Filísola, se vio obligado a cumplir con un capítulo del acta del 15 de septiembre de 1821, y convocó el Congreso, que se instaló en Guatemala el 24 de junio de 1823.

Lindo era un hombre sagaz, y como individuo inteligente, desposeído de fanatismos. Provocaba las guerras civiles, las conspiraciones y los juegos más arriesgados del bochinche; y sin embargo, cuando se dirigía al ayuntamiento de Tegucigalpa en 1822, demostraba espíritu conciliador y comprensión clara de las necesidades públicas: "Volvamos al orden —decía—, a la unión y a la fraternidad; pongamos en uso el arado, la azada y la barra e ilustremos por medio de las escuelas públicas a nuestros hijos".

La paz interna tiene que ser obra de la cultura general. La civilización origina la tolerancia y esta la positiva consolidación del orden, garantizado por la ley y por el respeto consciente de los ciudadanos. Cualquier observador curioso notará, leyendo nuestros poetas, que desde el primero de la antología, que es el padre Reyes, hasta el trovador cubano que cantó durante la administración del doctor don Marco Aurelio Soto, todos, absolutamente todos, tienen acentos consagrados a la contienda intestina. Joaquín Palma creyó terminada la era sangrienta, pero los hechos lo desmintieron y nuevas voces rimadas han gemido al calor de la sangre que corre en nuestros campos.

Y lo mismo ocurre con los hombres de Estado. En toda la literatura oficial y de propaganda se ha proclamado la estabilidad pública como la única base de buen gobierno y fuente segura de prosperidad colectiva. A la propia religión acudía Iturbide cuando presintió el movimiento que daría en tierra con el plan de Iguala. "Convencido como estoy —decía en un decreto— de la necesidad de recurrir al cielo para que el Todopoderoso me preste sus auxilios, resuelvo que a todas las iglesias seculares y seglares del imperio se hagan por tres días rogativas públicas, cesando en ellos todas las diversiones y obstáculos profanos". No escuchó el Señor su pedimento y los centroamericanos volvieron a la república.

En este ambiente operó don Juan Lindo, y pocas personalidades han desarrollado una labor tan intensa y dilatada como la suya. Nació en 1790. Ya en 1822 fue electo diputado al Congreso que debía reunirse en México, donde él se educó, y murió en 1856, habiendo dejado de ser presidente, por última vez, en 1852.

La carrera de Lindo fue azarosa. Como jefe de la provincia de Comayagua, se vio acusado por defraudador de las rentas nacionales y depuesto; dio un golpe de Estado, siendo jefe de El Salvador, engrillando a toda una legislatura; reformaba a su gusto la Constitución de Honduras y, espíritu inquieto y urdidor, manejó a los hombres a su antojo. Se le ha llamado el Zorro. No fue tirano ni cruel, pero hizo siempre, con maña y gracia, su santa voluntad.

Eran aquellas épocas de más candor o de mayor indiferencia. Los conservadores condujeron preso a Guatemala al eximio Dionisio Herrera y el general Francisco Morazán hizo llevar prisionero a don Juan Lindo. Del cautiverio surgían los caballeros representativos más prestigiados y resueltos, al revés de lo que ha ocurrido después en algunas comarcas del Nuevo Mundo, en las que han ido los ciudadanos de la cárcel al sepulcro.

Por dificultades con Inglaterra, los marinos británicos llegaron a nuestras costas, y Juan Lindo puso nuestra isla del Tigre, por dieciocho meses, bajo la protección de los Estados Unidos. Hoy no se haría lo mismo, tanto porque han cambiado los conceptos de nacionalidad y de soberanía, como porque lo probable, presumible, posible y seguro sería que el gobierno de Washington se quedara de protector indefinido, a causa de cualquier interpretación de la doctrina de Monroe.

Los mensajes de Juan Lindo están escritos en lenguaje claro y fácil. Sus meditaciones sobre un pueblo libre, un poco difusas, representan el más avanzado criterio de aquellos años en materia de derecho público. Esas ideas pueden ser dictadas hoy por cualquier muchacho aficionado a leer novelas. Sin embargo, la esencia íntima del pensamiento de Juan Lindo fue democrática, a pesar de sus ribetes de noble chapetón. Fue ilustre porque poseyó un talento amplio y nutrido. Creó las universidades de El Salvador y Honduras. Derramó la luz posible en aquel medio, y con eso realizó obra magna e inimitable. Pero, pasado el reflejo fugitivo, hoy tenemos que empezar donde comenzó don Juan Lindo en 1822: “pongamos en uso el arado, la azada y la barra”.

(El Cronista, N.° 945, diciembre de 1915).

FRANCISCO MORAZÁN (1792-1842)

En las Memorias del General Francisco Morazán se encuentra el mejor texto para comprender el sentido íntimo de la sangrienta campaña que empieza con el sitio de Comayagua, en abril de 1827. La serenidad justiciera que inspiró a su autor, su elevada cultura y su exacto conocimiento de los sucesos, hacen de esas declaraciones un excelente capítulo de la historia nacional. La federación estaba viciada en sus cimientos, y los abusos del presidente Arce dieron comienzo al derramamiento de sangre en los albores de estas democracias.

"Fue legal la resistencia que opusieron los gobiernos de los Estados al presidente de la república y necesaria la guerra que llevaron los pueblos a Guatemala". En esas pocas palabras condensa Morazán la filosofía de aquella revolución.

Manuel José Arce tenía las simpatías de los liberales, porque había puesto su contingente en los trabajos por la independencia, y contaba con el beneplácito de algunos conservadores por haberse manifestado enemigo del sistema federal. Centralistas y federalistas… Desde aquella época, el desconocimiento de la lógica científica nos ha hecho caer en el error de que las palabras hacen las cosas. Quizás el mal no estaba en la forma de la organización, sino en la deficiencia de la educación republicana.

No se estableció un distrito federal. El presidente residía en Guatemala y allí el jefe del Estado Manuel José Arce, con la burla del sufragio, que favorecía a José Cecilio del Valle, escaló la presidencia de la federación. Hizo prisionero al Jefe de Estado Juan Barrundia, hecho que tuvo por corolario el asesinato del vicejefe Cirilo Flores; invadió a Honduras, nombró un jefe local en Tegucigalpa, hizo prisionero a Dionisio Herrera y violó la Ley Fundamental con su intromisión en los negocios de los Estados, declarados libres e independientes en su gobierno y administración interior.

Para Morazán fue un deber y una obra de patriotismo levantarse contra el poder de la república, en reivindicación de los derechos de cada Estado. Obtuvo triunfos militares brillantes, llegó a Guatemala, y en el ejercicio de sus dos períodos presidenciales, en cumplimiento de la Constitución Política, respetó y sostuvo la forma federativa que había jurado hacer cumplir y obedecer. La reacción de Ferrera en Honduras y de los conservadores de El Salvador y Guatemala quería la reforma de la Carta Fundamental. No se hablaba todavía, en voz muy alta, de fraccionamiento; y sin embargo, siendo jefe de Estado de El Salvador el general Morazán, en 1840 entró en guerra con el Estado de Guatemala. Tomó aquella ciudad y salió después acosado por las hordas de Rafael Carrera. La entidad centroamericana desapareció a continuación de derecho, y puede afirmarse que solo existió, efectiva y prácticamente, durante ejerció el poder, por ocho años, el general Francisco Morazán.

Los vínculos unionistas fueron débiles, y se borrarán más a medida que el nacionalismo regional se acentúe, si no se establece una corriente basada en el convencimiento público y bien dirigida. En la época morazánica, apartado el peligro de una nueva anexión a México, no existía la posibilidad de la intervención extranjera. En 1822, el Estado de El Salvador, con la mayor tranquilidad, buscó por algún tiempo el protectorado de los Estados Unidos. Pero la posición de Centro América ha cambiado en el continente, porque la civilización trae cada día mayores necesidades de defensa, y por lo mismo da motivo a la adquisición de nuevos territorios como bases estratégicas y comerciales. Si las cinco secciones no se funden en un solo bloque, corren el riesgo de convertirse en los Balcanes del Nuevo Mundo, no porque den margen a una gigantesca conflagración, sino porque causarán actos posesorios, desvirtuando su existencia autónoma. Los acontecimientos de este corto lapso del último siglo demuestran constantemente que todos los pueblos vigorosos son absorbentes y que el impulso de predominio no respeta otra cosa que la fuerza de resistencia.

Se ha escrito y se ha creído que el general Morazán hacía preparativos en Costa Rica para emprender una campaña unionista. En su testamento declaró solemnemente el héroe que los alistamientos militares que realizaba cuando sus enemigos se sublevaron no tenían más objetivo que socorrer el departamento de Guanacaste, a la sazón amenazado. Y declara también que muere con el sentimiento de dejar anarquizados a estos pueblos, cuando él podía prestar algún contingente eficaz, pues había rectificado sus ideas en política, en la carrera de la revolución. Sus postreras confesiones deben llegar a la categoría de verdades históricas.

La oratoria y la poesía han rendido merecido tributo a la memoria de nuestra primera gloria nacional. La obra del verdadero historiador vendrá más tarde, dando relieve a la figura del grande hombre examinado y aclarando los sucesos obscuros o ignorados, y estableciendo la unidad sintética que requiere el desarrollo de los acontecimientos.

(El Cronista, N.° 951, diciembre de 1915).

FRANCISCO FERRERA (1794-1851)

No es cosa rara ni difícil hacer frases, pero expresar una ocurrencia o un juicio en forma sintética, aguda y perdurable, es tarea solo reservada al talento. Juan Lindo, por una combinación política muy suya, depositó el poder del Estado en don Felipe Bustillo. Y Francisco Ferrera, aquel espíritu tenaz y complejo, decía de ese insípido vicejefe: "La mitad del tiempo duerme, y en la otra mitad no hace nada". Esas palabras resumen, cifran y completan la biografía de don Felipe Bustillo. La historia podrá detallarla, pero no condensarla con mayor exactitud y gracia.

Ramón Rosa, al terminar su estudio sobre la vida del general Ferrera, pide conmiseración y piedad para los extravíos del implacable enemigo de la federación y un aplauso para las virtudes del genio. Somos propensos a exagerar los conceptos, por el impulso de una admiración inmoderada o guiados por el odio irreflexivo. ¿Genio? Ese vocablo, jamás definido concretamente, no cabe todavía en la nomenclatura del personal de la república. Sin contar las eruditas lucubraciones de don Juan Montalvo recordando lecturas viejas, encontramos estos pensamientos auxiliares que concurren a explicar, de manera aproximada, la acepción de aquel término difícil: El talento es la inteligencia dotada de brillo, fuerza, extensión y profundidad. Eso dice Adolfo Thiers. Hacer lo que es fácil a la generalidad es la inteligencia; hacer lo que es difícil a la inteligencia es talento; hacer lo que es imposible al talento, eso es el genio. Esto escribe Federico Amiel.

Francisco Ferrera era feo hasta para feo, como diría don Ricardo Palma. A su temperamento fogoso y cruel hay que agregar el contingente que el alcohol aportaba en sus resoluciones. Hijo del pueblo, de cuna tan humilde que sus panegiristas no han podido descubrir el nombre de sus padres; sastre, músico y sacristán, sabe que la patria está amenazada y concurre voluntariamente a Yamaranguila a protestar contra aquella primera invasión fraguada por la arbitrariedad y la impolítica.

Jefe activo, sanguinario y sagaz, de ideas superiores a su tiempo, laborioso y sesudo, poseía alma ardiente y exquisitez de sentimientos. Federico el Grande, después de una derrota, a la luz del vivac, escribía versos hondos por el sentido y malos por la forma. Y Francisco Ferrera acudía a la métrica para buscar salida a los gemidos de su corazón, y daba serenatas, en clara noche, a la mujer amada. Y a la vez se ocupaba de las rentas, escribía editoriales nutridos en El Redactor sobre la necesidad de crear o suplir facultades de enseñanza, señalaba la verdadera ruta de nuestro ferrocarril interoceánico, conspiraba en favor de la idea separatista y fusilaba sin escrúpulos al caballero gentil y dignísimo, al discípulo del padre Francisco Márquez y amigo de Morazán, a Joaquín Rivera, mártir gallardo del ideal federativo.

Las rivalidades personales, tan funestas en los anales patrios, llevaron a Ferrera al campo de la reacción. Fue contumaz enemigo de la república centroamericana, la combatió sin descanso y vio coronados sus deseos. Más penetrante y más hábil, don Juan Lindo, aunque también adversó la propaganda morazánica, no quiso que Honduras prescindiera de la esperanza y del compromiso de volver a la unidad primera.

Pero Francisco Ferrera, si no tenía la flexibilidad sutil de don Juan Lindo, era hombre entero, comprensivo y resuelto. Fue reelecto presidente en 1847, pero convencido de que la opinión pública le era hostil y consciente de su responsabilidad y del significado de los cambios en relación con el bienestar nacional, renunció su alto cargo ante el Congreso Legislativo. En el pliego memorable presentado a la asamblea decía: "No es el mejor elemento para la consolidación de la paz sobreponer un partido lleno de rencores y de pasiones a sus adversarios... Elegid, en fin, un alma grande y liberal, que ni le sorprenda y halague la súbita exaltación al solio, ni se irrite y se avergüence de volver a ocupar su primitivo puesto en la masa popular cuando la ley lo prescriba".

Ferrera recomendó la elección de don Juan Lindo. Este se dio cuenta de las dificultades con que tropezaría teniendo frente a frente a dos caudillos tan atrevidos como Ferrera y Santos Guardiola. Entonces depositó el poder en el inofensivo don Felipe, inspiró el pronunciamiento de Guardiola, quien provocó la emigración de

Ferrera, y acto seguido reclamó la presidencia, apoyado por fuerzas salvadoreñas. Buena maniobra, jugada de hombre listo, pero ingrata para el país, porque originó la intervención de tropas extrañas y el extrañamiento de los varones sustantivos.

Francisco Ferrera fue hombre de méritos, un combativo formidable, una energía perseverante. Sirviendo una causa más generosa, con procedimientos humanitarios, habría sido, después de Morazán, la figura más interesante de la historia. Que las lágrimas que hizo derramar sirvan de lección a las generaciones que persiguen la evolución científica, para que se convenzan de que el árbol de la libertad no florece con el riego de la sangre que se vierte en las egoístas contiendas fraternales, cuando estas no responden a un fin elevado de cultura y de reivindicación individual y colectiva.

(El Cronista, N.° 957, diciembre de 1915).

JOAQUÍN RIVERA (1795-1845)

En 1842 caía Morazán en San José de Costa Rica. En 1845 era fusilado Joaquín Rivera en Comayagua. Entre los mártires de la unión centroamericana que la literatura exalta en cada fecha memorable, casi nadie recuerda a Joaquín Rivera, el noble creyente, que de joven abrazó con entusiasmo lírico la idea de la independencia y de hombre supo respetar la libertad y sacrificarse por el ideal morazánico. Vinculado con una familia liberal, ha dejado en el hogar de esta y en sus tradiciones un recuerdo de admiración y cariño. Fue discípulo de Francisco Márquez y esposo de doña Teresa Márquez.

Se ha dicho que Joaquín Rivera fue víctima de la política implacable de Francisco Ferrera. Este era ministro de la guerra del presidente Coronado Chávez cuando Rivera fue sentenciado a muerte. ¿Y Chávez era instrumento de Ferrera? Aquel lo niega y debemos respetar su testimonio. Chávez, que de humilde carpintero se elevó a una posición respetable por sus propios méritos, mereció la confianza del caudillo conservador; pero cuando Ferrera le propuso la presidencia, en 1844, Chávez le declaró de modo terminante: "Tenga Ud. entendido, general, que si ha pensado en mí porque me crea capaz de condescendencias con Ud., está en un error".

La guerra de aquel año había sido desastrosa. Los pueblos que acudieron al llamamiento de Joaquín Rivera y los ciudadanos que simpatizaban con el movimiento revolucionario sufrieron persecuciones sin cuento. Ferrera supo defender el país de la invasión extraña, pero aniquiló en Honduras los factores que podían contribuir al restablecimiento de la vieja patria. Tal vez no quiso cargar con la responsabilidad de los acontecimientos que se desarrollaban y buscó en Chávez un compartidor inteligente y leal. Sin embargo, este fusiló a Joaquín Rivera con plena convicción, porque muchos años después, interrogado sobre el particular, declaró enfáticamente: "Cumplí mi deber. Si volviera a darse el caso, hoy mismo que estoy confesado y comulgado, volvería a fusilar a Rivera y mi conciencia quedaría tranquila".

Joaquín Rivera había leído e interpretado el acta de independencia de 1821. Posteriormente fue Jefe de Estado de Honduras y procuró desarrollar su progreso hasta donde lo permitían los elementos de la época. Fomentó la instrucción, envió varios jóvenes a educarse a Guatemala e hizo venir un cuño de Europa. Habría dado libertad de imprenta si en aquel tiempo hubiera existido el periodismo, puesto que fue tolerante con algunos libelos que circulaban en su contra. Batalló en el período agudo de las rivalidades separatistas. Entonces la política conservadora buscaba la organización de los gobiernos locales, y los esfuerzos del partido liberal se encaminaban en el sentido de restablecer la federación efectiva. Pasados los años cambió el fin de las agrupaciones. Los liberales, sin proscribir el ideal unionista, lucharon por implantar la reforma, exigieron la inviolabilidad de la vida humana, la enseñanza laica y el método positivo de investigación. Se derramó sangre para consignar los derechos del hombre, en toda su amplitud, en las leyes sustantivas; pero en la práctica tales conquistas, desde la libertad de sufragio hasta la seguridad individual, han sido ilusorias.

Al presente el sentido de las contiendas ha cambiado por completo. Se concentra en cada Estado la necesidad de vigorizar la voluntad colectiva, para el desarrollo integral y para la defensa. Separada una porción de Centro América, el destino común desaparece, y estas nacionalidades, más vacilantes cada día, buscan por instinto en una evolución provechosa la clave de su existencia autónoma y de su progreso rápido. Un poco más de setenta años hace que Joaquín Rivera creía fácil el restablecimiento de la federación. Los obstáculos eran débiles entonces, porque se trataba solamente de cambiar uno o más gobernantes para que el acuerdo común restableciera la república primera y grande. Posteriormente ya no bastaba el cambio de los mandatarios, porque mil causas se interponían, complicando los intereses separatistas y haciéndolos fuertes e invencibles. Hoy, en presencia de la actitud asumida por Nicaragua en sus convenios con los EE. UU., desaparece para siempre la idea madre del patriotismo centroamericano.

Quedan los Estados de la América Central como entidades aisladas, buscando en sus propias energías la fuerza suficiente para un ascendimiento plausible. En Honduras tenemos un territorio despoblado que requiere cultivo por medio de una inmigración que se adapte y se nacionalice. Las concesiones de terrenos a compañías extranjeras entrañan el peligro de que mañana los hondureños de Honduras se encuentren sin terrenos en Honduras. El punto de vista es otro. Si Joaquín Rivera murió persiguiendo la idea de Francisco Morazán, a los hombres actuales y a las generaciones del porvenir les toca la obligación de trabajar por Honduras, defendiéndola. Si quedamos solos, sepamos conservarnos cuerdamente.

(El Cronista, N.° 1.020, marzo 6 de 1916).

JOSÉ TRINIDAD CABAÑAS (1805-1871)

El último caballero del siglo XVI alcanzó todavía triunfos con la espada; Bayardo, sin darse cuenta de que la pólvora inutilizaba el coselete y el escudo, se vistió de punta en blanco y tuvo en su pro el honor de armar caballero al rey valiente y galanteador, Francisco I de Francia. Le dio el espaldarazo con la conciencia con que lo hubieran dado don Roldán o Balduino; y cuando en el cautiverio le propuso Enrique VIII en Inglaterra que hiciera armas en su servicio, aquel varón sin miedo y sin tacha dijo con toda su calma que en el cielo solo tenía a Dios por señor, y en la tierra al monarca de su patria. Pero Bayardo, por las circunstancias de tiempo, no se cuidaba de la causa que defendía, porque su fidelidad solo lo obligaba con su bandera y con su rey.

Cabañas, nuestro Bayardo, fue, al contrario, el primer caballero de una causa, de una idea de amplia significación política en el concepto de las nacionalidades modernas. De haberlo permitido la época y las costumbres, nadie mejor que él habría dado el espaldarazo a Morazán. Muy joven fue presentado por su padre al patricio Dionisio de Herrera, en el sitio de Comayagua de 1827, para que ayudara en la defensa de la plaza, que equivalía a combatir por los fueros de la federación, por la patria y por la familia liberal. Jamás un hombre luchó con mayor fe y constancia; ningún centroamericano presenta una hoja de servicios más limpia y honorífica, y nadie en Honduras cuenta una cifra más alta en la escala del valor y de la firmeza republicana.

Caballero en todo, romántico, casi andante. Votos íntimos de su ardoroso corazón lo hicieron no cortarse las barbas después de la muerte del héroe máximo en San José de Costa Rica, en espera de quién sabe qué resurrección concreta del gran ideal acariciado por su espíritu soñador y creyente: unionista siempre, liberal siempre, abnegado siempre, ya combatiera al lado de Dionisio Herrera, de Gerardo Barrios o de Francisco Morazán. Vencedor o vencido, su alma diáfana jamás se empañó y su brazo esforzado jamás sintió el cansancio. En la historia de estos cinco Estados el nombre de Cabañas inclinará la balanza en cualquier litigio en favor del pendón rojo. No hay una personalidad más nítida, ni la de Máximo Jerez; no hay valentía más gentil, ni la del propio Morazán; no hay desprendimiento más hermoso, ni el que tuvieron cuantos rechazaron las tentaciones del poder.

La biografía de José Trinidad Cabañas debe escribirse en forma didáctica y artística para que sirva de libro de lectura en las escuelas públicas. Que un pedagogo de cultura verdadera condense los hechos de aquel paladín en lenguaje sencillo y sugestivo, para que los niños aprendan lecciones de carácter, de moral, de religión y de civismo. El culto de los héroes empezaría dando resultados fecundos, porque, si el relato de la vida de un día de la Atenas de Pericles es un curso suficiente de enseñanza integral, la biografía de Cabañas será un tratado completo de educación cívica y del noble uso que el hombre honrado hace de su voluntad y de su inteligencia.

No tenía Cabañas la vasta concepción de los problemas perdurables que cabía en la elevada mente de Francisco Morazán, ni la marrullería de Juan Lindo, ni la doblez ondulante de Gerardo Barrios, ni las candideces filosóficas de Máximo Jerez; pero poseía la clara visión de los sucesos, una ilustración regular en la relatividad del medio, sentido práctico de los negocios públicos y una buena fe sin igual para promover el progreso positivo. Él, antes que nadie, firmó con Mr. E. Geo. Squier la primera contrata para la construcción del ferrocarril interoceánico. A través de mil vicisitudes, nuestro camino de hierro continúa en proyecto; y cuando se dé cima a esa obra, sea por el esfuerzo de los hondureños o por la actividad ajena, el patriotismo tendrá que recordar, como un homenaje, el nombre de Cabañas.

En un viaje que hizo a Nicaragua, después del fracaso de Masaguara, en 1855, con el objeto de pedir auxilio, a base de pactos existentes, se dio cuenta de los verdaderos propósitos del filibustero William Walker, y lanzó sin tardanza la voz de alarma que evitó, por entonces, la conquista. Ante el peligro de aquella dominación extranjera, él olvidaba las rencillas entre unionistas y separatistas, entre coquimbos y conservadores, y se convertía en el defensor de la raza y del suelo centroamericano. Y murió pobre, con la conciencia tranquila, sin vanidades ni altiveces, sin orgullos ni soberbias.

Pero ya cuando sus despojos descansan en el corazón de la naturaleza; cuando la intransigencia de los partidos converge en un fallo unánime justiciero, la pequeña figura corporal de Cabañas, en sus destellos de espíritu, se alza majestuosa y magnífica, con fulgor inextinguible. Y la juventud que evoluciona en busca de los ideales que afanaron aquella existencia, tiene en Cabañas su mejor ejemplo y su compañero histórico más leal y pundonoroso.

(El Cronista, N.° 693, diciembre 17 de 1915).

JOSÉ MARÍA MEDINA (1826-1878)

En la historia, como en la literatura, como en todo, hay aversiones y simpatías, motivadas por causas especiales de inteligencia, de temperamento y de cultura. Para unos Napoleón es el tipo ideal del genio, de la grandeza épica, del impulso audaz y de la vasta mente. Para otros será Julio César o Alejandro el Grande o Bolívar el ínclito. Y así como existen admiradores de Emilio Zola y de Anatole France, hay también quien se deleita con la producción de la baronesa de Wilson. Cuestiones de criterio o de gusto.

No es el general José María Medina un tipo que cautiva. Su presencia era gallarda y arrogante, reveladora de fuerza, como hijo de varón criollo y de una mujer descendiente de esclavos africanos. En el álbum familiar he visto un retrato de aquel caudillo, alto y sereno con su bastón de mando. Pero su talla moral no es sugestiva, pues aunque abanderado del grupo conservador, ni tuvo el talento de Juan Lindo, ni los arranques valientes y sesudos de Francisco Ferrera, ni en el ejercicio del poder fue tan respetuoso de la ley como Santos Guardiola. Poseedor de una medianísima enseñanza, empieza su carrera política con la traición de Omoa, en 1853, y a continuación se pone al servicio de Rafael Carrera para derrocar al general Cabañas.

Fue, sin duda, uno de esos jefes perseverantes en la conspiración, y como la época en que operaba no admitía los procedimientos normales, el asalto, la conjura y la asonada constituían escalas en el ascendimiento burocrático. Ejerció influencia decisiva en su partido o entre sus parciales, porque, malicioso y prudente, depositaba la presidencia cada vez que le convenía, y la recobraba, como servidumbre propia, en el instante que le parecía oportuno y propicio. Dotado de un buen don de gentes, conocía a los hombres, a quienes beneficiaba según sus cálculos del momento. Una caja de coñac que recibiera de obsequio en horas de mustias vacilaciones era largamente retribuida con el empleo en una aduana o en otro ramo productor y confortante.

Implacable y duro a veces, sin finalidades de estadista, sembraba el terror en las comarcas. En 1865 declaró que sabía, quería y podía destruir la facción de Olancho, y fue entonces cuando llevó la pavura a los habitantes de aquel departamento. Muerto el perro se acabó la rabia, se dijo el mulato voluntarioso, y dio comienzo al exterminio, ahorcando sin examen ni piedad. Procedimiento anacrónico que pudo usarse en los tiempos de Breno, pero jamás en una república de América y en un siglo que imponía la responsabilidad comprobada como base del castigo. La anarquía que han originado las guerras civiles justifica quizá el cadalso político, pero nunca este pudo ser inquisitorial ni debió abarcar a la muchedumbre irresponsable. Para esas hecatombes tendrá siempre la historia una palabra de maldición.

No puede apelarse todavía a la anécdota para juzgar los caracteres. Plutarco echó mano hasta de la fábula misma, porque escribió con la distancia de los siglos. Pero forma contraste la conducta observada por el general Medina con los rebeldes de Olancho y la que después siguió en presencia del bochinche de los curarenes. A más de una persona he oído decir que aquel gobernante cerraba un ojo en señal de regocijo cuando sabía que los indios atacaban esta ciudad de Tegucigalpa; y pretextando escasa fuerza y pocos recursos, nunca la socorrió con eficacia porque deseaba una irrupción de vándalos contra esta villa valerosa. Para aplacar a los olanchanos cubrió las ramas de los árboles de cadáveres colgantes, y para contener a los curarenes les envió un cura armado de plenipotencia.

La primera contrata para la construcción del ferrocarril interoceánico, celebrada por el gobierno del general Cabañas con Mr. Squier, despertó el interés de los comprensivos y comprometía a los mandatarios posteriores a proseguir en el empeño de realizar la obra civilizadora. No fue, pues, el general Medina el iniciador de tal empresa, ni tampoco, en justicia, se le puede echar la responsabilidad mayor por los desastres financieros que fraguó Lefevre y demás cómplices, que imposibilitaron entonces la construcción del camino de hierro y gravitan todavía con peso enorme sobre el país. La ignorancia ambiente tuvo su parte en esos sacrificios de la república, que no solo implicaban la ruina, sino el ridículo, pues la creación de la Orden de Santa Rosa y de la civilización de Honduras fue un acto bufo en la moderna democracia, que cubre de befa o baldón el nombre del mandatario que la decretó.

El general Medina era expedito y poco escrupuloso en materias legales. Prohibida la reelección por la Carta Fundamental de 1865, convocó una constituyente para la reforma respectiva, y esta, con solo las actas de los municipios, lo declaró electo. Y después, en 1871, conociendo el descontento popular, acordó un plebiscito para que los ciudadanos dijeran si deseaban o no el continuismo. Esto se parece al cuento del rey de los animales, el cual, estando podrido, ordenó que cada individuo declarara en su presencia si olía mal o no. Quien se aventuraba a decir la verdad moría irremisiblemente.

La felonía de Medina en Omoa, las subsiguientes inconsecuencias de su sistema y su última ingratitud para con don Ponciano Leiva hicieron comprender al doctor don Marco Aurelio Soto el peligro que existía para la paz de la nación con un militar que dominaba en los departamentos de Occidente y que operaba en el terreno de la constante rebelión armada. Real o supuesta la última intentona revolucionaria, de ella tomó pie el doctor Soto para acabar con el general Medina, quien fue fusilado en Santa Rosa de Copán en 1878. Esta personalidad nos deja la herencia de la deuda exterior y una grande enseñanza, pues su vida demuestra que los hombres sin ideales nada fundan en provecho de los pueblos.

(El Cronista, enero 19 de 1916).

CRESCENCIO GÓMEZ (1833-1921)

¿Hemos progresado en noventa y cuatro años de vida independiente? La respuesta tiene que ser afirmativa, aunque es preciso confesar que nuestro avance ha sido lento, penoso y escaso. Descubiertos los elementos de la civilización, los pueblos jóvenes deben conquistarlos de un salto, con la rapidez de los procedimientos modernos. Sin embargo, nosotros vamos a rastras, dando un gemido por cada paso, chorreando sangre en cada lustro y distrayendo energías en la conspiración ineficaz.

Pero nuestro pasado es desconocido, por culpa del ambiente y de la indolencia de los hombres capacitados que no han querido llevar a la historia patria un contingente precioso de observación y análisis personal. Ningún diario relata los sucesos políticos y sociales de las administraciones que empiezan en Dionisio Herrera y acaban en José María Medina. El doctor Marco Aurelio Soto hizo que se fundara La Paz, hoja semanaria que ya anunciaba las palpitaciones de la república. Allí brilló Adolfo Zúñiga; las crónicas que se publicaban nos dan una idea exacta de la época, nos muestran el movimiento económico, la vida ciudadana y la fecunda labor administrativa. Se escribían notas generales que dejan percibir la índole del tiempo. Hasta gacetillas en verso publicaba José Joaquín Palma, lo que revela que la existencia se deslizaba en una especie de inocente Arcadia.

Pues bien, durante el período de agitación provocado por el general José María Medina, figuró el licenciado don Crescencio Gómez en primera fila. En él depositó Medina la presidencia del Estado en los meses de mayo y octubre de 1865, y en él también la depositó el licenciado don Marcelino Mejía el 8 de junio de 1876.

Pero ¿qué nos queda del general Medina? Se sabe que creó una comisión de jurisconsultos para la redacción de los códigos del país; que nombró la célebre y nefasta comisión financiera Herrán-Gutiérrez-Lefebre, para que negociara los empréstitos y la construcción del ferrocarril interoceánico; que decretó, para halagar a los tontos y a los especuladores, la Orden de Santa Rosa y de la

Civilización de Honduras, y que ahorcó en Olancho a medio mundo. Ahorcamiento estupendo aquel, que no solo a su autor vilipendia, sino a todo un pueblo y toda una generación.

Pero de la íntima vida colectiva nada se sabe, de la psicología de la sociedad poco se ha publicado. Si acaso Jeremías Cisneros escribió algo que refleje las costumbres, las tendencias, las aspiraciones de la época, deben estar inéditas sus impresiones.

Nos quedamos con el famoso dicen ante las deficiencias de los anales patrios. Y dicen, para el caso, que Medina era hombre de pelo en pecho. En los banquetes oficiales se emborrachaba con aguardiente de caña y vomitaba el hartazgo sobre los ministros. ¿Es cierto eso? ¿Es falso? Nadie responde por el momento.

El doctor Antonio R. Vallejo me refería que un presidente de Honduras, cuyo nombre callo por ahora, tenía llena de guaro, en un pequeño y sucio armario, una botella de esas en que viene enfrascada el Agua de Florida, tapada con un olote. Cuando llegaba a Comayagua un diplomático, abría la alacena, sacaba el bote y en un jarrito de lata obsequiaba un jarrazo al plenipotenciario y en el mismo vaso bebía el jefe del Estado. Entonces no había servicio telegráfico ni organización postal, y el mandatario se estaba en una estancia de la casa algunas horas de la mañana, y después de haber recibido unas cuantas cartas con los expresos que enviaban de los departamentos, decía, estirándose muy satisfecho: "Hoy he gobernado bastante".

Pues bien, tiempos atrasados y anárquicos le tocaron a don Crescencio Gómez. Sin embargo, él colaboró después con más amplitud de horizonte en la administración del general don Luis Bográn y fue, además, durante largos años, profesor en la Universidad Central.

Es don Crescencio Gómez un hombre de positivo talento. Empleando más energía y mayor acción habría llenado cuatro décadas con su influencia decisiva en la política de Honduras. Lo que deja escrito demuestra que pudo ser un publicista de renombre continental. Para el honorable anciano vayan nuestro respeto y simpatía.

CÉLEO ARIAS (1835-1890)

Nadie puede llamarse Céleo sin ser Arias, dijo en cierta ocasión un distinguido personaje de Honduras, ponderando de ese modo el mérito de don Céleo Arias, distinguido caudillo liberal y actor sobresaliente en la política de la república. Malos tiempos le tocaron, días azarosos, horas sin ventura para esta tierra, porque entonces el choque de las pasiones y de los intereses obligaba a los ciudadanos a correr a Guatemala y a El Salvador en demanda de auxilio para venir a derramar sangre de hermanos en obsequio de la conveniencia ajena. El apoyo del mariscal González exaltó en el poder de Honduras a don Céleo Arias, y una nueva combinación militar entre aquel y don Rufino Barrios lo echaron de la presidencia, después de la capitulación, en Comayagua, de 1874.

Ese afán de buscar la base de la guerra en los países vecinos ha contribuido a borrar los vínculos de unión y solidaridad entre los pueblos centroamericanos. De allí el fenómeno de que, cuando una voluntad firme, como la de Rufino Barrios, iza la bandera de la antigua nacionalidad, las rivalidades creadas por la política de intromisión surgen intransigentes y frustran todo plan de segura o posible eficacia. Por consiguiente, los pensadores y propagandistas que pretenden recoger el legado moral de los próceres de la independencia, que los compele a reorganizar la federación rota por las imprevisiones lugareñas, deben encaminar sus trabajos en el sentido de estrechar relaciones pacíficas entre las cinco secciones; y para ello es preciso comenzar por la respectiva patria, con una labor resuelta en favor del adelanto evolutivo.

Don Céleo Arias era hombre de carácter firme, de ideas elevadas, perseverante en sus propósitos y radical por convicción y por herencia. Sin embargo, no pudo sustraerse a las luchas del ambiente, y la eterna contienda civil hizo fracasar sus ideales y proyectos. Durante la administración de don Marco Aurelio Soto permaneció inactivo, consagrado a sus trabajos agrícolas sin atingencias con la política, pues el ojo suspicaz y desconfiado de este mandatario ilustre no toleraba dudas ni sombras en la esfera del respeto y la obediencia. Y en 1887, cuando los liberales lo excitaron para que aceptara la candidatura, en oposición a los planes reeleccionistas de don Luis Bográn, escribió y dio a luz el programa de gobierno más avanzado que registra la historia del país.

Hubiera puesto en práctica don Céleo Arias los principios consignados en Mis Ideas? Estamos en el deber de tener por bueno a cada hombre, mientras él no nos pruebe lo contrario, dice una máxima de filosofía alemana. Y tratándose de caballeros de seriedad reconocida, la honradez intelectual nos obliga a creer que sus manifiestos y declaraciones no merecen clasificarse entre las promesas de la hipocresía vana. La vida de don Céleo Arias presta garantías suficientes para juzgarlo sincero y honorable en sus ideas sobre política y administración; y si las turbulencias revolucionarias lo hicieron apartarse alguna vez de la norma que la ley establece, su conciencia estaba firme y su alma bien templada para traducir a la práctica el liberalismo ilustrado que su espíritu había concebido en las disciplinas del estudio y la experiencia.

Y con todo, su pensamiento en algunos capítulos iba muy lejos, más allá de las conveniencias que la realidad aconseja. Quería el establecimiento de la más pura democracia, y como un derivado de la república bien organizada prometía el "establecimiento de un Diario costeado por el gobierno, órgano de la oposición legal que ilustre, discuta y objete las providencias, los actos y las extralimitaciones de los poderes públicos". Esto es, don Céleo Arias pedía una prensa de oposición costeada con los fondos del Estado. Otro gobernante pretendió fundar un periódico destinado a censurar a sus empleados.

Esas son simpáticas exageraciones de imposible aplicación. La libertad de la prensa se conquista primero que la libertad del sufragio en el proceso del avance republicano; pero nuestras democracias no han llegado todavía a ese estado de madurez, pues el poder público abriga la convicción de que el debate airado y sin cortapisas provoca la protesta armada. Del pugilato del periodismo surge el alzamiento, porque los aletazos de la pasión no se contienen ante la primordial necesidad de conservar el orden, fundamento esencial de la existencia del Estado y de la Nación y de la Patria. Esto sin tomar en cuenta, dada la psiquis social, la corrupción que originaría un diario opositor sufragado por el dinero del pueblo, por orden y aquiescencia del poder ejecutivo.

La prensa de oposición, cuando es leal, se convierte en control benéfico; pero contribuye a la gesta de la farsa y de la completa desorientación cuando su papel de adversario no se asienta en la buena fe para con los intereses del país, sino que pretende sobre todo desquiciar al gobierno en provecho de los negocios egoístas de un partido. Queremos simplemente, porque no cabe más por ahora, ni cabrá por varios años, un diarismo independiente, que diga con franqueza lo que piensa, que coopere en el desenvolvimiento de las fuerzas nacionales, que respete el orden político establecido mediante la reciprocidad y que funde escuela para un porvenir próximo. Queremos la evolución en la prensa, pues convencidos de que las libertades y garantías no se conquistan de golpe, porque la naturaleza no da saltos, vamos en pos de los fueros del periodismo poco a poco, armados de calma, de paciencia, dispuestos a las mayores tolerancias y privaciones, para lograr que la hoja diaria se convierta en una necesidad y para establecer con el tiempo la verdadera diversidad armónica que debe existir entre el poder de la Prensa y el poder del Estado. Ambos se complementan en la tarea de la civilización.

Pero si la promesa citada de don Céleo Arias pertenece al género ideológico, su sola enunciación revela el alto concepto que aquel repúblico tenía de los derechos del hombre. Su memoria vivirá respetada y admirada por todas las generaciones que trabajan y piensan con franqueza y valor.

(El Cronista, N.° 968, enero de 1916).

RAFAEL ALVARADO MANZANO (1836-1923)

Don Rafael Alvarado Manzano es uno de los pocos doctores en Derecho que existen en Honduras, título que le fue conferido por el Consejo Supremo de Instrucción Pública, en homenaje a sus méritos como profesor y como letrado. Ha sido maestro de varias generaciones y se ha distinguido por su disciplina, por su sistema metódico y por su consagración al trabajo y al estudio. Poco amplio en el desarrollo de las teorías, llevaba al alumno atado al texto, con el sólido convencimiento de que el discípulo nunca sabría más que el libro, y por lo mismo cualquier discrepancia de opinión era inútil, pueril e inconducente. Su estilo es conciso, claro y constreñido al desarrollo de un concepto definido. Sus comentarios al código civil revelan un criterio bien ilustrado que puede expresar fácilmente, en pocas frases, el sentido exacto de la letra y de la mente de la ley.

Ha sido secretario de gobierno y ha representado papel importante en la administración pública. Observador atento y reservado, conoce bien la psicología nacional y ve deslizarse los acontecimientos con la serenidad de quien hace sesenta años que contempla, en la hoja histórica, la repetición que hace Honduras de sí misma. Ha visto caer a este gobernante y levantarse al de más allá, liberales unos, conservadores otros, siendo ineficaz la propaganda que a ligeros intervalos se hace en favor de la estabilidad pública. Y ojalá su ya larga vida durara lo bastante para que pudiera presenciar la obra que se propone realizar la juventud que evoluciona, no en el sentido de cambiar empleados como se cree generalmente, sino con la intención de revolucionar desde lo más hondo el procedimiento administrativo sobre la base del respeto al orden legal, en su debido funcionamiento.

En su discurso de incorporación en la Academia que adobó risueñamente en esta capital don Antonio Ramírez Fernández Fontecha, leído en 1889, el doctor Alvarado Manzano disertó sobre la religión, y no obstante, no es el hombre de rezos ni de misas dominicales. Considera esta idea fundamental como un atributo permanente de la personalidad humana, desligada de la liturgia, la que varía sin cesar en el tiempo y en el espacio, según las influencias del medio, raza y momento. Dice un europeo: "Una religión a la que se elimine el ritual desaparece, porque las religiones para los hombres (con excepción de los raros metafísicos, moralistas y místicos) no pasan de un conjunto de ritos, mediante los cuales cada pueblo procura establecer una comunicación con su Dios y obtener de él sus favores. Este, y solo este, ha sido el fin de todos los cultos, desde el más primitivo, desde el culto de Indra, hasta el culto reciente del corazón de María. La Iglesia es el vaso de que Dios es el perfume. Iglesia rota, Dios volatilizado".

En el sentido anterior, el doctor Alvarado Manzano, por su dedicación a la filosofía especulativa, pertenece a los metafísicos, que descartan la religión de sus ligerezas litúrgicas y la conciben abstractamente, como la unión íntima del espíritu con la voluntad creadora, que es Dios omnipotente, generador de las especies y los mundos. Y ya en esa esfera elevada, el creyente no es católico, ni se arrodilla ante Brahma o Buda, ni ante la multiplicidad de las divinidades del Nilo, sino que dirige su pensamiento a una causa única, clave del mecanismo universal. En Egipto riñeron dos tribus por un gavilán. Un distrito no creía en esa ave rapaz y el otro la adoraba entre sus deidades preferidas. Tal forma grotesca de practicar la religión tiene que desaparecer con el avance incesante de la cultura social.

La abogacía es el apoyo del débil contra el fuerte, decía acertadamente el doctor Alvarado Manzano, en la inteligencia de que tan meritoria profesión se ejerce para impartir la estricta justicia. La ley es la línea recta, y deshacer entuertos, esto es, rectificar las malas acciones encauzándolas por la vía de la verdad y la razón, ha sido en todas las épocas la tarea de los caballeros. Y habrá que propender a que la carrera del Derecho se convierta en un noble ejercicio, modelado por la honradez y la seriedad. La forma nada importa. Me han referido que algunos profesores pretendieron imponer la toga al colegio de abogados, durante la presidencia del gral. Bográn. En nuestra organización democrática y en nuestras llanas costumbres, tal propósito salía de tono, por exótico, ridículo, pretencioso y pedantesco. No triunfó afortunadamente, puesto que hoy no hallarían qué hacer con tal indumentaria los funcionarios jurisconsultos en los juzgados de policía, tribunales seccionales y demás audiencias honorables.

Fue vencida la toga; pero surgió la Academia, que ahora resucita cultivada con amor y entusiasmo. Y como en tópicos de esta clase no se puede hablar en pro o en contra sin la infalible corroboración del tiempo, suspendo mis juicios para dentro de treinta años contados de esta fecha, si es que la muerte no me sorprende antes. El doctor Alvarado Manzano es académico; pero de seguro él se acuerda poco de esa accidental circunstancia, ya que su reputación como abogado es universalmente reconocida y alabada.

(El Cronista, N.° 903, octubre de 1915).

GENERAL CALIXTO CARÍAS (1838-1914)

La guerra tiene sus espectáculos repugnantes, que espeluznan; pero también sus grandiosidades, como que es la que prepara las glorias más ambicionadas y los honores más altos.

En el campamento, a la luz del vivac, me he puesto a meditar en los hombres y en las cosas. No me han llamado la atención los militares jóvenes, bizarros y altivos, porque ellos llevan en sus sólidos pechos una muralla impenetrable para el miedo y la fatiga; pero me ha conmovido ver al gral. Calixto Carías, viejo, infatigable, calmoso y heroico.

Cuando recuerdo su larga vida de luchas, su incansable constancia en el trabajo honrado y su pureza republicana; cuando pienso que en todas las épocas en que la suerte de la patria peligra, deja su labor pacífica y sin contar sus años se lanza a las penalidades del destierro y a los campos de batalla, y cuando considero que no solo él se expone y sufre, sino que va rodeado de sus hijos, como un héroe de leyenda, a sucumbir por la libertad, entonces, emocionado, me digo: este viejo es de los míos; este tiene el alma joven y fresca como una flor de la campiña; este pertenece en espíritu a la juventud independiente de mi patria y puede servir de ejemplo para educar el carácter de las generaciones futuras.

Modesto, laborioso, sin ambiciones. Pasada la lucha y despejado el cielo del humo de la pólvora, deja el rifle, y sin pedir nada más que libertad para Honduras y garantías para los hombres, vuelve a sus faenas en su hogar pacífico y dichoso.

Allí, en el ambiente quieto y dulce de la familia, goza el veterano del cariño de los suyos, y debe considerarse feliz, hondamente feliz, pues solo el deber cumplido y la valiente honradez causan placeres intensos en un soldado de honor.

Si nuestra pobre patria pudiera premiar debidamente el mérito de sus hombres de carácter, el general Carías se llevaría uno de los primeros premios. Pero si no obtiene otra recompensa, debe tener el convencimiento íntimo de que los hombres de corazón lo admiran y respetan.

...Yo lo saludo y me descubro ante él, y, como un tributo de justicia, empiezo con su nombre estas siluetas de los jefes de la Restauración.

(La Prensa, N.° 28, mayo 11 de 1907).

ÁLVARO CONTRERAS (1839-1882)

No caben en un solo libro los nombres de los ciudadanos distinguidos que merecen en mi patria los honores de la publicidad. Se quedarán muchos para que criterios más ilustrados e imparciales los estudien y analicen; pero no quiero perder la oportunidad de hablar de Álvaro Contreras, quien representa el caso frecuente de rebeldía intelectual que busca en la guerra civil la solución de los problemas constitucionales. Enfermedad común de algunas repúblicas de América. Álvaro Contreras, hombre de talento, de viva imaginación, de alma combatiente y liberal conspicuo, colaboró con Céleo Arias y con el nítido Trinidad Cabañas en la obra de reparación centroamericana. Él esgrimió la pluma para enaltecer a los mártires de la emancipación cubana y supo apreciar y sentir el postrer infortunio de Bolívar.

Escritor espontáneo y enérgico, se hizo admirar en las repúblicas de habla castellana; pero más que escritor fue en su época la más alta representación de la elocuencia en los pueblos del istmo. En estas cinco nacionalidades circulan dos discursos que nada tienen que envidiar a la oratoria antigua y moderna del Viejo Mundo. Habrá alocuciones más sesudas, de mayor trascendencia, de conceptos más elegantes y nutridos, pero no existen exabruptos más vibrantes, desbordes de verba más sonoros y sugestivos que los pronunciados por Álvaro Contreras en el acto de descubrirse la estatua que el patriotismo salvadoreño erigió a Francisco Morazán y los expresados por Juan de Dios Uribe ante los restos de Máximo Jerez.

Muertos ilustres, tuvieron dignos panegiristas. Para rememorar la cruzada morazánica se necesitaba la palabra brillante de Álvaro Contreras: "Señores: estamos en presencia de la personificación en bronce del primer héroe centroamericano. El cincel de este artista ha venido a inmortalizar la noble imagen del hombre extraordinario que por maravillosa manera supo improvisarse el señor de la victoria, el numen del patriotismo, el genio de la libertad, el inmortal favorito de la gloria... ¡Juventud a quien el prócer encomendó la coronación de sus esfuerzos malogrados! Apercíbete a desarrollar con valentía los gérmenes de nuevas creaciones y de vida nueva que llevas en tu alma, porque la sombra de Morazán estará moviéndose inquieta hasta que un espíritu de los tuyos vuelva, como la paloma de Noé, llevándole el mensaje de la resurrección de su patria, mientras llega la procesión de los nuevos mártires que deben ir a confundirse con él en la inmortalidad".

Y el esclarecido colombiano improvisaba en la ciudad de León, en presencia de los despojos mortales de Jerez: "Señores: el partido liberal no espera en la resurrección de los muertos, sino que los resucita él mismo en la conciencia de los pueblos... ¡La sangre! En verdad, no se ha de escanciar este licor precioso como el vino en los festines; no bajará del cadalso a perturbar con su torrente los campos de la filosofía y de la piedad; el hermano no abrirá las venas del hermano. Es sagrada la sangre, pero como lo son todas las cosas de la naturaleza, por el tiempo en que no sea preciso tocarlas. La libertad está sobre todo, dentro de ella el honor de las naciones y de los partidos, y ya entonces la sangre es una contingencia, no verterla una debilidad, y estancarla en los momentos de la lucha un crimen, porque si no se pudre en los campos, se pudre en las conciencias y hace de los vivos asquerosos muertos que andan. ¡Qué corra, que corra por la salud del pueblo: ella da en cambio a los que caen su mortaja de púrpura y pone sobre la cabeza de los sobrevivientes el gorro colorado! Y luego, ¿a qué tenerla en las venas opulenta, para que se la chupen los vampiros de la tradición, de la teocracia y de la fuerza? ¡Qué corra! ¡Qué corra!".

En ese ambiente de lucha discutían los espíritus comprensivos de estos países turbulentos, y su voz tenía resonancia en los corazones de los jóvenes demócratas, porque alentaban un ideal sincero de republicanismo positivo. Se creía en la eficacia de la sangre para fecundar el árbol de la libertad, y Álvaro Contreras declaraba que antes de que la vieja patria resurgiera, nuevas víctimas irían a confundirse con el vencedor de Gualcho en el seno de la inmortalidad. Han pasado los años y el progreso político no se percibe en la ondulante trayectoria recorrida. Fracasaron los esfuerzos libertarios anunciados por el estampido del cañón, y ya los hombres serenos buscan en la filosofía social nuevos procedimientos de perfeccionamiento y de avance.

De allí la necesidad de apelar a un método evolutivo que prometa el desarrollo integral de las naciones a base de la garantía efectiva de los derechos del ciudadano. En nuestra pálida y breve historia podemos conocer cuánta energía se ha gastado inútilmente. Repasando la lista de los combatientes y de los pensadores, podemos apreciar en conjunto la importancia de su obra, y aleccionados por la experiencia del pasado, iremos al porvenir con una preparación mejor, más confiados en nuestra propia constancia y enarbolando una bandera que simboliza una idea práctica de trabajo y de paz, desenvolviéndose en la órbita de la ley, de la verdad y de la justicia.

(El Cronista, N.° 898, octubre de 1915).

JOSÉ MARÍA MARTÍNEZ Y CABAÑAS (1841-1921)

El dulce Nazareno dijo en cierta ocasión: "Dios existe en espíritu y en verdad". Esto es, la realidad de la existencia del Señor no solo está en el espíritu del hombre como concepto subjetivo, sino en la naturaleza palpitante, en el astro que fulgura, en la flor que perfuma y en la ola humana que recorre los siglos, riendo y llorando en este valle de lágrimas y risas. Así, pues, una religión amplia, generosa, que satisfaga las exigencias de la mente y los anhelos del corazón, siempre ganará prosélitos y no se desprestigiará nunca, porque cuanto más avance la civilización tendrá la inteligencia mayores dilataciones y el alma mejor cantidad de goces inefables con el ensanche del criterio altruista.

La tolerancia es una condición precisa en toda propaganda política o religiosa. Revela elevación del pensamiento, grandeza de ánimo y honradez efectiva y sólida. El ciudadano tolerante demuestra, desde luego, valor, firmeza en sus convicciones, fuerza combatiente y confianza en el éxito final.

Y la tolerancia es una de las cualidades que adornan al señor Obispo de Honduras, monseñor José María Martínez y Cabañas. Si las letras tienen sus representaciones en la República, si las tiene la política, debe tenerlas también la religión de Cristo, ya que la universalidad de los hondureños son católicos. Y nada más grato para mí que declarar públicamente que el señor Martínez y Cabañas es un sacerdote ejemplar, un digno representante de la Iglesia y un caballero culto, de juicio recto y bondadoso, conocedor de las debilidades de nuestros semejantes y fiel cumplidor de su elevada misión.

Nada de mojigaterías en el señor Martínez y Cabañas. Antes de dedicarse a la carrera sacerdotal, fue hombre de mundo, estudiante de aventuras, mozo de su tiempo, en la esfera de las diversiones decentes. Por eso su conversación está salpicada de franqueza, de humor festivo ante los problemas de la pasión; y por eso se hace simpático para todos, porque es llano, cordial y sincero. Para él no existe la hipocresía, ni la vanidad necia, ni el miedo monjil, ni la pedantesca presunción. Él sabe que Dios está en lo alto y que se le puede adorar con las manos juntas o con la plegaria muda de la razón serena.

La religión necesita de sus preceptos y de un ritual determinado; pero la esencia religiosa no está en sus preceptos ni en este ritual. Está en la comunicación íntima de la conciencia con el Todopoderoso. De allí que no merecen el dicterio aquellos que no se someten a las fórmulas de importancia secundaria, porque todos somos hijos del Señor y nuestra conducta define los puntos de moral que calzamos, aunque no vayamos a misa ni usemos escapulario.

Dicen que el obispo Vélez poseía una sólida instrucción y un gran talento. Hombre de barragana aquel, según las malas lenguas, filósofo atrevido, naturalista erudito y filólogo de mucho peso. Con todo, no creo que sea ese el tipo del verdadero sacerdote. En este deben resplandecer las virtudes antes que los destellos intelectuales.

Y el viejo Sócrates decía que la primera de las virtudes es el amor a la verdad, y la segunda el amor a la justicia. Verdad y justicia, dos términos que compendian la bondad del Omnipotente y el ideal humano.

Varón justo es el señor obispo Martínez y Cabañas y partidario del reinado de la verdad. Y esas virtudes, que abonaban a los paganos que las practicaban ante el concepto del sabio ateniense, exaltan al católico honesto, que consagra su vida a la práctica del bien y al cumplimiento de sus deberes.

(El Cronista, N.° 833, julio de 1915).

PEDRO J. BUSTILLO (1843-1917)

Sin duda alguna la abogacía va de capa caída. Los negocios de importancia se resuelven rápidamente mediante la conveniencia mutua o por la ley suprema de la recomendación oficial. El abogado no es hoy el sabio que arranca un principio desde las constituciones de Justiniano, le da vueltas a través de las Siete Partidas y lo aplica de acuerdo con los doctos comentaristas modernos. Aquellos alegatos de bien probado, de ochenta folios, con citas latinas, pasaron a la historia. Y se desconocen los discursos elocuentes, verdaderos torneos del foro, donde la voz del sentimiento conmueve corazones y el grito de la razón convence a los jueces impasibles.

Suprimido el sistema del jurado, la labor criminalista queda abierta al fácil expediente tinterillesco. Prosperan la coartada, a base del testimonio falso, y el amparo amplísimo que proporciona dilatorias y maniobras de pura maña que se alejan más cada día de la jurisprudencia técnica. Y por encima de todo, la recomendación de los gobernantes. Un expresidente de cierta república centroamericana, para sacudirse a los solicitantes, optó por la simple táctica de recomendar bien a las dos partes. Allá el juez o tribunal tenían que hilar muy fino, colocándose en el verdadero centro de gravedad de la ley. Y al fin y al cabo con ese procedimiento triunfaba la equidad. Para gestionar no se necesita, pues, ser abogado ni adquirir conocimientos jurídicos. Bastan la posición burocrática, un enjambre de influencias y la consiguiente gramática parda. Quizás esto entraña un progreso, porque desprestigiándose paulatinamente la profesión, ya las nuevas generaciones buscarán el industrialismo como fuente de bienestar individual y de riqueza pública. La nación se habrá salvado.

Don Pedro J. Bustillo es un abogado que ha sabido cumplir con su deber. Instruido en su profesión, erudito en historia, en literatura, en ciencias sociales. Ha vivido consagrado al estudio, y cuando el país ha requerido sus servicios, en puestos y misiones honorables, no ha vacilado en prestar su contingente, siempre eficaz y siempre dirigido por la más estricta honradez. Don Pedro J. Bustillo es uno de los pocos que han hecho un culto de la profesión, dignificándola y defendiéndola de la ola de prostitución que la amenaza.

Hombre de clara inteligencia y de gran carácter, ha visto pasar la historia de la patria con la calma del filósofo y con la firmeza de un espíritu convencido. Conservador según nuestra clasificación a veces caprichosa, es liberal en ideas y amigo decidido del cumplimiento de la Carta. Don Pedro J. Bustillo es un caballero que no claudica. De voluntad resuelta y conocedor de nuestro medio ambiente, vive un tanto alejado de los asuntos políticos. Para él nuestras convulsiones están medidas por el mismo rasero; todas se parecen porque todas surgen de un fermento común. La consolidación de la paz verdadera, fundamentada en el imperio del derecho, vendrá cuando la mayoría de los ciudadanos funden patrimonio.

Es don Pedro J. Bustillo un escritor serio, sereno y elegante; ha vivido lo suficiente para conocer los períodos más notorios de la historia de Honduras y posee sindéresis y alto criterio para ahondar en los sucesos y sus causas. Tiempo y ocasión tiene para tomar la pluma y legar a la juventud que se levanta una obra que enseñe deleitando.

(El Cronista, N.° 857, agosto de 1915).

JEREMÍAS CISNEROS (1845-1908)

Siendo yo niño empecé a leer en los periódicos, allá por los años de 1894, unas composiciones en verso, largas, interminables, positivamente insípidas, flojas y malas, en el sentido artístico. Don Jeremías Cisneros las firmaba. Después, de 1907 a 1908, recibí buena colaboración en prosa de don Jeremías, para el diario La Prensa; pero en cierta ocasión me envió unas estrofas que cubrían más de veinte cuartillas y tuve la mala ocurrencia de no darle cabida en el periódico. No volvió a escribirme.

Y en verdad me parecía extraño que, poseyendo el señor Cisneros inteligencia clara y vasta erudición literaria, y cultivando, además, una prosa firme, pulcra y a veces nerviosa, padeciera la ilusión de los versos en su parte más débil, que es la mediocridad.

Hablando César Cantú de Benjamín Franklin, dice que en su mocedad tuvo hipos de poeta, los que luego abandonó; y apunta la idea de que es preferible ser poeta malo a ser poeta mediano. Me adhiero a esa opinión.

Una trova del Bachiller Manuel era celebrada sin reparos, y en cambio nadie se fija en la enorme producción que diariamente lanzan al mercado las fábricas, con sus marcas respectivas. Se les hace el bombo, pero es la propaganda del anuncio, es la recomendación con leyenda y todo de las medicinas de patente. Pildoritas de Reuter, y abajo una dama con la pierna elegante y desnuda; Pectoral de Anacahuita, y en el centro un boscaje que enamora.

Y no sé por qué los primeros versos que leí de don Jeremías Cisneros me hacían la misma impresión que los de don Santos del Valle, que entonces se distribuían en folleto.

Probablemente la ignorancia provocaba esa semejanza, a la que no he tratado de buscar explicación más tarde, ni en la edad de las aficiones literarias, ni ya hombre con canas en la cabeza.

Me acuerdo bien:

"Alza Honduras altiva la frente,
Tú venciste el año pasado".

Así exclamaba don Santos del Valle, seguramente en prosa épica, porque no puedo convencerme de que esas frases copiadas entren en la jurisdicción de la poesía.

Pródigo continuaba:

"Policarpo Bonilla de Corinto
Se dirige con rumbo a Guatemala".

También esa me parece una exposición verídica, pero no descubro todavía el hondo sentido estético. ¡Ah!, decía Hipólito Taine, hallar seis versos bellos.

Pues bien, don Jeremías Cisneros no fue poeta, pero escribió muchos, muchísimos versos. Prosista fuerte y con rasgos de polemista, en otro ambiente habría realizado una labor memorable. Hombre de estudio, vivió consagrado a los libros, pero no se rezagaba en una biblioteca apolillada, sino que nutría su inteligencia con la incesante producción intelectual de Europa y América. Se suscribía a revistas importantes, consultaba catálogos y siempre buscaba lo más nuevo e interesante en el movimiento mundial de las ideas.

Tomó alguna participación en la política del país antes de 1876. Posteriormente militó en las filas del partido liberal, pero sin entrar en campaña activa. Su edad, su posición y, últimamente, sus enfermedades lo mantuvieron en completa quietud, recluido en la ciudad de Gracias. Su producción inédita debe ser interesante.

En 1908 era comandante de armas y gobernador político de aquel departamento. La ola revolucionaria amenazaba la paz de la república y se pensó en sustituirlo para garantizar sólidamente la seguridad de la plaza; pero un exceso de consideración a sus achaques, a sus antecedentes y a su condición de personalidad ilustre obligó al jefe del Ejecutivo a consultarle la conveniencia de aquel paso. Don Jeremías contestó erguido, manifestando que se consideraba capaz y con actitud firme para defender su puesto. A las pocas noches, y a sombrerazos, le quitaron los cuarteles. Se agravaron sus dolencias y murió luego. No siempre los hombres de la idea maniobran con éxito en nuestras acechanzas armadas. Y la pretensión es antigua, pues ya un retórico griego intentó enseñar al gran Aníbal el arte de la guerra.

(El Cronista, N.° 880, septiembre de 1915).

EL GENERAL DOMINGO VÁSQUEZ (1846-1909)

Erraba yo en plena barbarie por las colinas de mi pueblo, cuando por vez primera oí el nombre de Domingo Vásquez. Era en 1893, año de convulsión y de matanza. Los departamentos del centro, sur y oriente se habían echado al campo, trabuco en mano, creando un nuevo episodio en la historia larga del bochinche.

La guerra afligía los hogares, y los hombres, ciegos por el furor bélico, dejaban los cadáveres por docenas en su cruzada homicida. Un hermano mío cayó en Guaimaca, roto el cráneo de un balazo, batiéndose por la que entonces se llamaba causa liberal; otro hermano quedó en El Salto, Olancho, con una pierna quebrada, y el patrimonio familiar fue subastado y destruido.

Entonces vi por primera vez que una patrulla de soldados estrechaba con toda celeridad, contra una pared, a un pobre hombre y le disparaba cinco tiros de remington; entonces vi dar ochocientos palos a un infeliz indio, y entonces supe que en el furor de la contienda se incendian poblaciones y se ahorca sin misericordia a la gente indefensa.

La falange liberal huía en busca de una frontera salvadora. Conservo en la memoria algunas estrofas que se publicaban en esta capital, en las hojas periódicas que relataban los sucesos de la lucha:

"Policarpo Bonilla
No corre, sino que vuela,
Que si lo alcanza Villela
No contará con la vida".

Esas palabras medio rimadas tal vez no serán verso, pero en aquella época pudieron ser una verdad tremenda.

Terminó aquel estado de guerra, que propiamente tuvo su comienzo con las correrías del general Terencio Sierra en Coray, contra don Ponciano Leiva; vino el triunfo de la revolución liberal, logrado con el auxilio amplio y decisivo del gobierno nicaragüense, y la literatura que se gastó en Honduras era obligadamente acre contra el general Vásquez. Ocurría algo así como lo que aconteció a los espíritus de este continente después de conquistada la independencia: era preciso insultar a España, denigrarla, vilipendiarla y maldecirla. Por fortuna pasó la fiebre insana, y hoy los hijos de estas jóvenes repúblicas de América saludan con amor y entusiasmo a la vieja noble que parió un nuevo mundo.

Pues bien, estaba de moda eso de escribir contra el gral. Domingo Vásquez; era de buen tono hablar de sus crueldades y atropellos, y como el discurso público se había convertido en factor de la vida nacional, cada tribuna era una atalaya desde donde volaban en el viento de la fama los nombres de los libertadores y se deturpaba al tirano aborrecido.

Natural era que con tales antecedentes y tal ambiente mi criterio juzgara de la peor manera al general Vásquez y mi pasión lo acusara sin vacilaciones ni distingos. Porque el apasionamiento político guarda relación directa con la ignorancia y la incapacidad mental.

Transcurrieron los años, y con observación más reposada y serena he cambiado de ideas, rompiendo el prejuicio, y sin justificar las tropelías, quizá inevitables de las guerras, aprecié de modo distinto al caballero. En todas las obras —decía Taine—, en todos los acontecimientos, hay que buscar al hombre, y es que en último término la historia no es más que un archivo de psicología. En Vásquez había un hombre de gran talento y de energía inagotable, con el inconveniente de ser algo vano y arrogante. En cambio, sabía gastar una franqueza que a veces espeluznaba.

Por mis relaciones con el doctor Fernando Vásquez, conocí personalmente y traté al general en el último año de su vida. De baja estatura y de cuerpo débil al parecer, tenía toda la potencia sugestiva en la cabeza, donde un frontal amplísimo y elevado estaba denunciando el destello de la inteligencia clarísima. Varón culto, limpio y amanerado, sabía ironizar como pocos. Vásquez hería con solo el gesto, y cuando lanzaba la sátira iba acompañada de una sonrisa en la que retozaba el sarcasmo implacable. Oí de su boca frases alusivas a personotas de este país que me dejaron frío de miedo.

Un poco vano he dicho, y es verdad. Por sobra de arrogancia mal entendida retó al expresidente Zelaya en momentos indebidos y con la oposición de sus amigos. Aquel desafío le costó su caída, después de una contienda de odio y sangre que aniquiló las energías de la patria. Se ha dicho que si Vásquez se sostiene en el poder, el progreso de Honduras se habría acelerado. Yo creo lo mismo. Poseía dotes de buen administrador, tenía experiencia recogida en sus viajes y le sobraba fuerza volitiva.

Sin ser literato, escribía con gracia, limpidez y raro sentimiento estético. Sus cartas de Grecia y de Egipto son memorables por sus toques de arte. De Vásquez nada queda, salvo su nombre, como decía Napoleón al referirse a la herencia de su hijo único.

(El Cronista, N.° 793, junio de 1915).

En Honduras se ha agitado tanto la política en los últimos años, que tiene abiertas hondas divisiones de bandería en la sociedad; divisiones que han desviado más nuestros inseguros derroteros, manteniéndonos como sobre movediza arena, sin base para tomar una posición firme y expuestos a todos los riesgos de las ciegas pasiones, que arruinan las sociedades y enturbian y debilitan la esperanza de mejores días.

Sin darnos cuenta hemos avanzado mucho en la vía tortuosa y fatídica que llevamos, y ya peligran la vida y la propiedad, el honor y la justicia, la verdad y la fe, el hogar y todos los caros intereses sociales. La conciencia honrada tiembla ante este desquiciamiento general, porque no es posible atreverse a contener en su mal camino a las colectividades, cuando los que debieran ayudar a mantener el equilibrio, aunque aparentan algún respeto a esos mismos caros intereses, son los que más los violan y hasta profanan.

En este caos vivió los últimos seis meses y en él murió el gran personaje que motiva estas líneas, quien más preocupado que todos los hondureños por este enjambre de pasiones mezquinas que nos incapacitan para todo noble proceder, a cada amigo que se le acercaba le hacía patente, con el índice de su experiencia, las desventuras y los abismos que hemos abierto para hundirnos.

Sin duda el pueblo lo oyó y por su sano instinto se encariñó más con él; y cuando lo vio en el lecho de la muerte se quedó allí para conducirlo al cementerio, como sobre sus hombros.

A su espada, a su pluma, a sus energías morales, vivas y transparentes, que lo acorazaban, el general Vásquez reunía las cualidades de un pulcro gentleman, como debe tener pocos la misma Inglaterra. Había afinado su estética y sus modales con una larga vida de viajero. Educado, de modo que nunca se le oyó una frase indecorosa; benéfico, y tanto que daba a manos llenas sus caudales, aun en su escasez; conciliador, no atizaba discordias, ni se valía de la mentira para ganarse voluntades; sociable, lo era en grado máximo, siempre, en toda ocasión, con todos, dentro y fuera del país: admirablemente, era su fuerte; por eso se abrió paso con amplitud y en todas direcciones.

El general Vásquez era hombre más para la humanidad que para la política. Su crítica y sus sonrisas desdeñosas las empleaba indistintamente para con todos los bandos políticos y personas de todas las clases sociales.

Narrar la vida del general Vásquez es empresa romana, tarea de biógrafos de aliento y de autoridad, obra que es necesario escribir para honrar la patria, dando a conocer, principalmente al extranjero, a los hombres de altura cívica y moral que nos engrandecen en la historia y en quienes podemos cifrar nuestra fe para lo porvenir.

(La Prensa, N.° 888, 13 de diciembre de 1908).

MARCO AURELIO SOTO (1846-1908)

El doctor don Marco Aurelio Soto marca en Honduras una época nueva. Atrás, la colonia y la Edad Media. Él fija el punto de partida de la verdadera organización de la república, ensayando el reinado de la cultura moderna. Soto en Honduras ha sido un caso único, por la obra que realizó y por sus méritos intrínsecos. Era instruido y culto, fino en su persona y superfino en los destellos de su talento esclarecido.

—Soto no dio libertad de imprenta —me dijo un adversario suyo. Hay que tomar en consideración para estos cargos las circunstancias de tiempo. No había imprentas particulares, y Soto fue precisamente quien estableció la costumbre de leer hojas periódicas impresas. Antes, a toda hoja se le decía Gaceta, pero La Paz señaló horizontes nuevos y claros.

Soto fusiló al general Medina y a otros cuantos. La vida humana es sagrada, y si no se justifica la conducta de aquel gobernante, se explica perfectamente. Honduras se agitaba en plena anarquía y se hacía precisa una acción severa para el triunfo del orden. Otros gobernantes han fusilado sin que iguales causas los obligaran, y caudillos diferentes, cometiendo mayor crimen, han contribuido al derramamiento de sangre inocente en las guerras fraternas.

Soto cometió el delito de peculado. Sin pruebas, estos cargos son temerarios y arriesgados. Organizó, o mejor dicho creó, la renta nacional y se aprovechó de su situación para llevar dinero a Estados Unidos y a Europa. Responsabilidad grave esa, de la que se puede disculpar estableciendo algunos paralelismos y tomando en consideración lo fecundo de su labor administrativa y política.

El doctor Soto era un cerebral. Toda la actividad de aquel hombre estaba en la cabeza, grande, con un frontal inmenso, donde la inteligencia fulguraba. Era un estadista y un artista. Su prosa, principalmente la de los últimos años, era fluida, tersa y límpida, y sus observaciones y proyectos sobre la administración pública revelaban largo estudio y conocimientos muy sólidos.

Hay personas de talento que son, a la vez, cándidas. En el doctor Soto no había candidez, porque era agudo, penetrante, poseía don de gentes y tenía larga vista para ahondar en el corazón de sus semejantes. Sin embargo, en su campaña última, cuando vino a la patria en 1902, fue víctima de mil patrañas. ¿Habría degenerado a causa de la edad? No. Estaba en plena lozanía mental, pero desconocía casi por completo el nuevo ambiente.

Se encontró frente a frente con la complicada marrullería del general Terencio Sierra y tuvo que operar contra elementos vigorosos, amasados en las conspiraciones y en las contiendas civiles, que por lo mismo estaban en contacto inmediato con la opinión popular, mucho más despierta en 1902 que en 1876. Se ha dicho que la literatura revolucionaria que empezó en 1889 produjo ese relativo despertar del espíritu nacional. Cuestión de criterio. La revelación de la lucha democrática tiene precisamente su génesis en la escuela que fundó el doctor Soto. En aquella época empezó el despertar republicano de la juventud.

¿Que hubo antes personalidades eminentes, con un juicio perfecto acerca de los derechos del hombre y con un claro concepto de la agitación política por medio de la tribuna, del libro y de la prensa? Es cierto, pero eran individualidades. El núcleo, la colectividad viril y entusiasta, se fundó en los colegios de don Marco Aurelio Soto. La reforma de la instrucción pública, el Código de Ramón Rosa, allí está la clave.

El doctor Soto fue rudamente combatido y merecidamente elogiado. Hoy no pueden azotarlo las pasiones, porque ante el silencio de su tumba desaparece la figura combatiente que provoca rivalidades. Puede decirse que ya lo consagró la historia y que su nombre, como caballero y como jefe de Estado, ocupa quizá el primer puesto en la fila de hondureños prominentes desde 1876 hasta nuestros tiempos.

(El Cronista, N.° 839, agosto de 1915).

RAMÓN ROSA (1848-1893)

No conocí a Ramón Rosa. A todos los demás a quienes se refieren estos esbozos los he visto y tratado. Y es difícil encontrar un rasgo que caracterice a un personaje cuando de él solo se tienen referencias. Además, políticamente no puede separarse la obra de Ramón Rosa de la tarea de Marco Aurelio Soto. Ambos ayudaron a Rufino Barrios en Guatemala, cuando aquel caudillo empezó su labor reformista; ambos llegaron a Honduras a emprender aquí igual campaña y fueron solidarios en todo lo bueno y malo que realizaron.

Ramón Rosa trajo alientos vigorosos, nuevas ideas de organización y un concepto literario y filosófico avanzado, en relación con el grado cultural de la república. El esqueleto de su discurso de apertura de la Universidad Central se encuentra en cualquier libro —Victoriano Lastarria, para el caso—; sin embargo, Rosa lo revistió de un ropaje elegante y, sobre todo, supo traducir su espíritu en el Código de Instrucción Pública.

Hombre de estudio, pudo también ser hombre de acción en los trabajos de gabinete. Más impulsivo que el doctor Soto, imprimió a sus actos cierto sello de arbitrariedad. Su imaginación de artista es forzada e imitadora, pero su concepción como pensador es más espontánea y sincera. Con mayor empaque literario que Adolfo Zúñiga, nunca tuvo ni los chispazos ni los arranques de este.

Cuando las poesías de José Joaquín Palma vieron la luz pública, los lectores recibieron el prólogo de Ramón Rosa como una obra maestra que servía de portada espléndida al jardín artístico del trovador cubano. Hoy tal vez cambia el juicio de los desapasionados. Hay en ese prefacio un amaneramiento que no existe en la bella y exquisita carta de José Martí, ni en la elegante epístola de Domingo Zambrana, ni en las fáciles palabras de Adolfo Zúñiga. Fuera de la oportuna invocación al futuro de esta América joven, lo demás es retórica de mercado.

Ramón Rosa es una de las primeras figuras de la patria, en la política y en las letras. Pensando que podía heredar el poder que dejara el doctor Soto, o queriendo heredarlo, escribió algo sobre la organización de un partido progresista. Exponía buenas fórmulas de avance, el obligado programa de respeto a la libertad y a la ley, y bases generales de sociología y administración.

Sin embargo, no me es dable aludir a la firmeza de las convicciones de Ramón Rosa. Mi amigo el doctor Manuel Coronel Matus me refería que en cierta ocasión se encontraban en la cantina de un hotel varios centroamericanos, en la ciudad de Guatemala, en los tiempos del general Lisandro Barillas. Rosa se hallaba allí disertando con su voz autorizada y con su reconocida elocuencia sobre las cuestiones de los cinco Estados y acerca del triunfo de la democracia. Uno de los concurrentes lo llamó al orden y le exigió respuesta categórica sobre ciertas tropelías de la administración del doctor Soto.

No contestó el interpelado, pero se resintió, tomó un coche y terminó el día con una borrachera culminante. Rosa era alcohólico, y los que sufren este vicio corruptor pierden primero la voluntad que la inteligencia. El abúlico rara vez posee las convicciones arraigadas y capaces de los estímulos fuertes.

En 1892 todavía Rosa sorprendió agradablemente a los hondureños con su brillante discurso en celebración del cuarto centenario del descubrimiento de América. Aquella exuberancia de frases no se había marchitado. Y cuando decía que el empeño de las alhajas de Isabel la Católica empeñan la gratitud del Nuevo Mundo, los hondureños aplaudían entusiasmados. La oratoria era entonces respetada y enaltecida. Hoy se han retirado al descanso los tribunos y solo se empeñan las influencias oficiales.

(El Cronista, N.° 863, agosto de 1915).

TERENCIO SIERRA (1849-1907)

Ante la tumba del General Terencio Sierra no hubo duelo nacional. Un frío silencio cubrió el sepulcro del guerrillero atrevido y diligente. Murió en mala hora, cuando los corazones palpitaban al compás del odio que despierta la contienda civil.

Sierra se alzó en armas contra don Ponciano Leiva y representó importante papel en la guerra que asoló la república desde 1892 hasta 1894. Los acontecimientos, más que sus prestigios, lo elevaron a la primera magistratura del Estado; disparates propios lo hicieron salir con la amenaza del cañón y combinaciones exteriores lo llevaron al sepulcro. Sierra murió de ira, por la burla que le hicieron en Amapala, en 1907, los generales José Santos Zelaya y Fernando Figueroa.

Con los varones sobresalientes de Honduras acontece lo que naturalmente tiene que suceder, dado el pugilato personal en que vivimos. A veces se exaltan sus méritos sin tasa ni medida en el elogio, y en ocasiones se deturpan sin compasión, negándoles toda buena cualidad. Y Sierra ha pasado por esas argollas, que son el tamiz de nuestra crítica histórica.

La mayoría de los hondureños imparciales confiesa que el general Sierra hizo buen gobierno, hasta donde es posible hacerlo con las delimitaciones de la libertad; cultivó relaciones cordiales con los gobernantes vecinos y la paz que supo sostener fue provechosa para el desarrollo general de la nación. Sin ser un estadista esclarecido, tenía buena inteligencia, un agudo sentido práctico y gran actividad nerviosa. La carretera del sur representa su mejor obra.

El general Sierra no era un hombre ignorante. Por su parte, él se hacía pasar hasta por ingeniero, y se lo toleraban porque era caballero de bragas anchas y capaz de irse machete en mano contra cualquier incrédulo insolente.

Pero en realidad de verdad poseía nociones sólidas sobre los principios generales de la ciencia. Malicioso y desconfiado como todo guerrillero que ha vivido a salto de mata, raras veces miraba de frente, sino que, doblando cuello y cabeza, tenía ojeadas de soslayo que afligían.

Puede decirse que Sierra subió al poder como un representativo de los liberales revolucionarios que vencieron al General Domingo Vásquez en 1894. Sin embargo, en su administración fue tolerante en cuanto a personal. No excluyó a los elementos contrarios y así desenvolvió una política satisfactoria y progresiva.

¿Qué plan cruzó por la cabeza cuadrada del General Sierra en 1902? Investigando aquí y allá, no se obtiene un dato positivo. Conjeturas, opiniones de sus allegados y nada más. El hecho es que provocó una campaña eleccionaria, sin presión oficial al principio, con imposición gubernativa después, y siempre sin el propósito de entregar el poder a ninguno de los candidatos que se presentaron en la lucha.

Triunfó el Gral. Manuel Bonilla, se tramó una de tantas farsas congresales para declarar la elección en favor de otro y vino para la patria un nuevo derramamiento de sangre.

De este hecho para fundar mañana un juicio decisivo: el general Sierra salió de esta capital al frente de mil ochocientos hombres, con la seguridad de vencer al General Bonilla, contando con la neutralidad de El Salvador, Guatemala y Nicaragua. A su partida quedaba el Dr. Juan Ángel Arias, no como presidente, sino como jefe del Consejo de Ministros. En Sabanagrande supo Sierra la verdadera actitud centroamericana y se consideró perdido. Indicó al instante al Dr. Arias la conveniencia de que el Congreso declarara la elección en su favor. Es decir, mientras Sierra confió en su triunfo, no creyó oportuno que la presidencia recayera en otro ciudadano. Si esa versión no es cierta, no tengo yo empeño en defenderla.

Pero es positivo que jugó con los tres candidatos en 1902: Bonilla, Soto y Arias. Cuando don Marco Aurelio, olvidando la marrullería guanaca, vino candidato y confiado de París, con la ilusión de que los pueblos y el gobierno le entregarían el poder, don Terencio cerraba el ojo y reía como Mefistófeles.

En momentos en que el Dr. Soto atravesaba el puente de Mallol, con gran acompañamiento, el Gral. Sierra atisbaba por una ventana de ese que hemos dado en llamar palacio. Un ministro y amigo le dijo:

—Mucho prestigio tiene don Marco y es seguro que vuelva a la presidencia.

—No, señor —dijo don Terencio, acompañando la negación con el dedo índice—. Recuerde Ud. que don Marco fusiló a Medina, y podría hacer lo mismo con nosotros.

En tanto, el Dr. Soto se bañaba con el rocío de la esperanza y cuatro próceres clásicos formaban la Unión Patriótica, creyendo que con unos editoriales inmensos y difusos de La Paz y con un archivo de documentos redivivo podría el sotismo obtener el laurel de la victoria.

No contaban con la huéspeda, esto es, con la suspicacia de Sierra, quien jamás habría permitido que la elección favoreciera al Dr. Soto, ni le hubiera entregado la jefatura del país.

En la última hora, como acontece invariablemente, todos abandonaron al General Sierra. Llegó a Nicaragua, derrotado y mustio, relatando combates fantásticos en los que, según él, había triunfado técnicamente.

Tomó parte en la guerra de 1907, en Namasigüe, contra las fuerzas salvadoreñas. Y aquí otra cuestión: ¿tenía el ex presidente Zelaya, desde un principio, el proyecto de auxiliar definitivamente a Sierra, o tal idea surgió de las dificultades presentadas en las conferencias de Amapala?

Sierra fue tipógrafo y hombre escrupuloso en materia de prensa. Corregía las pruebas del periódico oficial y enmendaba y borraba sin descanso. Era descontentadizo hasta el fastidio. Hablando sobre esto me dijo una vez el colombiano Gustavo Ortega:

—¿Sabes lo que hizo Sierra con el Manifiesto de Coray? Pues me llevó a aquel pueblo para que lo escribiera. Lo formulé, imitando hasta donde me era posible el temperamento de su autor, y al terminarlo se lo presenté. Sierra lo tomó por su cuenta, y en su prurito de enmendar la plana, la ocurrencia que tuvo fue volverlo al revés; es decir, él puso al fin lo que yo había escrito al principio.

Y con motivo de esas enmendaduras vi la última vez al Gral. Sierra en Managua. Manuel Ugarte hijo había escrito una proclama revolucionaria y Sierra exigió que se la mostraran. Entraba yo al Hotel Lupone en momentos que Ugarte discutía con don Terencio. Requerida mi opinión, la di en favor de Ugarte, por supuesto, y con un poco de osadía. Exploraciones periodísticas de esos meses me habían conquistado la mala voluntad de Sierra. Y por eso él, al oírme, dio la vuelta con marcado desprecio para mi pueril insolencia. Y sin broma, yo le tenía miedo a don Terencio.

(El Cronista, N.° 804, Tegucigalpa, junio 21 de 1915).

LUIS BOGRÁN (1849-1895)

El general don Luis Bográn, en ejercicio de la presidencia, obsequió una pluma de oro a un publicista para que con ella escribiera siempre la verdad. Y la verdad no aparece todavía en la controversia de la política nacional, porque la energía de los ciudadanos se ha ejercitado en la guerra civil, cuyas violencias destierran la imparcialidad y ahogan todo juicio impersonal sincero. «Yo soy un centinela perdido en la guerra por la libertad», decía Heinrich Heine, refiriéndose a sus esfuerzos ilusorios por unir el pasado con el porvenir en las turbulencias de la agitada Francia. La verdad en algunas repúblicas de América, Honduras para el caso, es un centinela extraviado en las contiendas de la democracia descocada.

Fue Bográn un hombre inteligente, con regular instrucción, con alguna amplitud en sus ideas de progreso, adquiridas en sus viajes. Tolerante hasta el peligro en materia de concesiones. Las otorgaba sin tasa, ni medida, ni previsión, fundándose en que era preciso abrir las puertas sin reservas a la actividad del extranjero para que se desenvolviera en corto término la riqueza del país. No conoció el libro de Jones Jeffrey Roche, ni sospechó entonces la existencia del eslabón histórico y psicológico que une en la cadena del tiempo al especulador de hoy con el filibustero de ayer. De esa labor poco quedó, pues los que en aquella época llegaban creyendo arribar a Jauja, carecían de experiencia y fracasaron en sus empeños de fundar empresas perdurables y pujantes.

Después de la huida del Dr. Soto para San Francisco de California, subió al poder el general Bográn, a raíz de la muerte de don Enrique Gutiérrez y de combinaciones subsiguientes, previa la aquiescencia del general Rufino Barrios. La hegemonía de Guatemala en Honduras, comenzada de manera resuelta y franca en 1876, continuó durante los primeros años de la administración de don Luis Bográn. Se comprometió a secundar la campaña unionista proyectada por el caudillo guatemalteco, y cuando éste cayó en los campos de Chalchuapa, Bográn tuvo que someterse a las condiciones que le impusieron los vencedores. ¿Hemos tenido verdadera autonomía después de la caída de José María Medina? Yo creo que no. Unas veces nos empuja Nicaragua, otras Guatemala, y aun El Salvador ha extendido su mano intervencionista. Por consiguiente, es exigir demasiado cuando se acusa a Bográn de sus complacencias o debilidades en el tratado de Namasigüe. De aquella fecha hasta el presente, nuevos convenios se han suscrito, los más graves traspasando la jurisdicción internacional centroamericana, en acción pasiva.

No fue Bográn un hombre cruel. Se propinaron sendos palos por orden suya, pero apreciando esos hechos a base de comparación, no es él quien pueda salir perdiendo en el paralelismo. Testigo ocular me ha referido que lloró toda la noche, víspera del fusilamiento del general Emilio Delgado. En su mano estaba el indulto y no lo firmó, por esa maldita razón de Estado que guía los actos de los gobernantes desde antaño, empezando en el consejo griego de los Anfictiones que deliberaba en el apacible otoño, en los tiempos de Apolo y Delfos.

Bográn concedió relativa libertad de imprenta. En un instante en que la malacrianza personal profanaba la dignidad de la palabra, procedió con arbitrariedad, y en las demás circunstancias se valía de la socorrida ley de estado de sitio. Pero llegado el caso, él mismo tomaba la pluma y debatía con sensatez y gentileza, dando un ejemplo que debió ser imitado siempre para que la prensa conquistara poco a poco fueros y preeminencias.

La cultura y la seguridad en el afianzamiento del orden garantizaban el libre vuelo del pensamiento, y mientras aquellos dos factores de la civilización no operen eficazmente, nuestra ley de imprenta será una mentira vana, quizás no por culpa de este o aquel gobernante, sino por motivos de ambiente, de residuos históricos y de apasionamientos momentáneos. En la breve dictadura de Domingo Vásquez se fundó el diarismo; durante el período provisional de don Policarpo Bonilla se ordenó virtualmente la muerte de un semanario que se editaba en La Prensa Popular, cambiando al director don Juan R. Colindres por don José María Valladares; Terencio Sierra amordazó al periodista Juan Ramón Molina; Manuel Bonilla suprimió de golpe el Diario de Honduras; Miguel R. Dávila mató de un tajo La Regeneración, y una nota gubernativa prohibió la publicación del Diario de Occidente, de Gracias, en 1914.

Resultado contraproducente da en la enseñanza el cultivo del optimismo. Los británicos sesudos, en la gigantesca contienda, predican diariamente sus deficiencias y ponen de manifiesto la superioridad del enemigo. Ese sabio procedimiento obedece al carácter práctico de la raza, la que nunca se hace ilusiones, sino que mide y justiprecia las dificultades de los trabajos que acomete, para cobrar a toda hora nuevos y vigorosos estímulos que la lleven al triunfo definitivo. Tal es el método que debe guiar a los jefes de la política en nuestro país. Apreciemos con benévolo y sereno criterio los errores comunes, para que las lecciones de la historia nos conduzcan a la conquista de la libertad efectiva. Nuestra república se encuentra como ciertos problemas científicos: no es todavía una verdad verificada.

En la lista de nuestros hombres sobresalientes el general Bográn figura con méritos indiscutibles. Se le juzgó en su tiempo como un diplomático sagaz, tuvo talla de caudillo, organizó partido, se hizo de amigos consecuentes y cautivó por sus modales y su liberalidad a los extranjeros que lo trataron. Jamás cerró su bolsa ante ningún pedimento, y sólo la violencia revolucionaria lo obligó a morir en el destierro.

(El Cronista, N.° 909, Octubre de 1915).

SANTOS SOTO (1850-1932)

No es únicamente la acción política la que fundamenta el aprecio nacional, ni tampoco la sola labor literaria define de modo exclusivo las reputaciones. La consideración pública se adquiere, según el Vizconde de Cormenin, por una alta probidad, como la de Dupont de L'Eure; por un carácter político nunca desmentido, como la del general Lafayette; por una fortuna inmensa obtenida a fuerza de largos trabajos, como la de Casimiro Perier; por un patronato muy antiguo y por una generosidad regia, como la de Laffitte, y hasta por la gracia de las maneras y la distinguida afabilidad del lenguaje, como la del señor Talleyrand.

Ahora bien, juzgado según la relatividad del medio, don Santos Soto es una personalidad en Honduras, por la cuantía de su capital, por su laboriosidad meritísima y por el respetable contingente que aporta al movimiento económico de la República. En la plataforma burocrática solo ha sido diputado oficial y pasajeramente ministro de Hacienda y Crédito Público.

Cuando en una ciudad como New York se sabe que hay millonarios a lo Harriman, Morgan, Carnegie y Rockefeller, gozando del respeto y consideración populares, al momento encuentra el menos observador la razón de ese aprecio. Las clases pobres soportan con gusto la presencia de esas fortunas fabulosas concentradas en manos de un solo individuo, porque saben que ese ciudadano derrocha el dinero en obras de beneficencia. Un asilo que cuesta millones, un hospital, una inmensa biblioteca, un museo, y en fin, todo lo que tiende al perfeccionamiento de la especie o al alivio de sus desgracias, es objeto de la atención de los hombres opulentos.

Entre nosotros esa caridad colectiva no existe, no puede sistemarse todavía, por muchas y variadas causales. Ni el Estado mismo es capaz de organizar un jardín zoológico, para el caso, y mucho menos lo podría establecer el capital de los particulares. La caridad queda en la esfera privada y singular, y se hace de tapadillo y con los menesterosos vergonzantes. Y en esos casos, la mano de don

Santos Soto no ha sido esquiva, por más que lo nieguen aquellos que se han visto frente a él en la natural lucha del negocio.

Don Santos Soto no tiene filiaciones políticas, ni es un batallador en nuestras contiendas partidaristas; pero se mezcla en los negocios de Estado para garantizar su capital; y en eso obra de la manera más cuerda y sensata, porque aquí donde la contribución forzosa se suele emplear en las épocas de agitación, cualquiera pierde en un momento lo ganado en largos años de trabajo. El mismo señor Soto fue víctima de esos atropellos en 1894, cuando el Gral. Domingo Vásquez le exigió dinero, con la efectiva cárcel y la amenaza de palos.

A este propósito, más tarde relataré con detalles un incidente ocurrido en los primeros meses de 1911. Mi amigo don Eulogio Cuadra me visitó con el objeto de exponerme el temor que tenía el señor Soto de que el gobierno exigiera dinero por la fuerza a los capitalistas. Expliqué a Cuadra que tal miedo era infundado, pues estando el personal del Ejecutivo para entregar el poder, por medio de arreglos pacíficos, no había objeto de apelar a medidas extremas en una situación que estaba ya resuelta.

Pero don Eulogio volvía con una insistencia inusitada, y al fin y al cabo pude comprender que el temor de don Santos Soto se fundaba en que, siendo yo un fascineroso, algo así como un salteador desatentado, induciría al presidente Dávila a que nos lanzáramos al robo impune, en plena población. Yo no guardé silencio entonces con el señor Cuadra, pero hoy sí lo guardo. Mi solar nativo y patrimonio familiar responden por el momento.

Don Santos Soto fue un hombre pobre, que viajaba de Santa Lucía a esta capital en agencias humildísimas; pero perseverante, inteligente y activo, ha hecho una de las mayores fortunas del país. Ese es un mérito, un gran mérito. Me dicen que últimamente se dedica a la agricultura. Por allí debió empezar, dejando la engañosa industria minera.

(El Cronista, N.° 809, 1915).

JOSÉ MARÍA GONZÁLEZ (1851-1903)

Ahora que veo este retrato del maestro González, me sorprende la desemejanza que tiene con el jurisconsulto que conoció, apreció y amó aquella generación impetuosa de 1899. Era de regular estatura, de complexión robusta, gran papada y cabeza voluminosa, con cabellera cortada al rape. Sus ojos negros, llameantes, adquirían dulzura cuando su palabra sarcástica dejaba escapar frases agudas de incomparable cinismo.

Me han dicho que el maestro nació en Ojojona, el 21 de noviembre de 1851; que su pobreza lo trajo a servir en una casa medianamente rica de esta capital; que, en medio de los trajines de su labor diaria, leía, estudiaba y aprendía. El vigor de su talento triunfó, y la escuela preparó el camino a la voluntad que buscaba el complemento de la cultura intelectual. Obtuvo el título de abogado, se casó, creó familia y vivió su vida, la vida burocrática de la metrópoli, siempre pobre, sin resonancia en las turbulencias políticas ni provechos singulares en la administración del Estado.

Y es que la esfera propia de González estaba en la cátedra. Era un tribuno de la enseñanza, el mejor orador que ha tenido la Universidad de Honduras. La precisión de su lenguaje y la pureza exquisita de su estilo jamás riñeron con su elocuencia, que se dilataba, se hacía sugestiva y atrayente cuando hablaba de los problemas fundamentales que ha planteado la filosofía humana. Por aquella fecha, un número considerable de estudiantes iba a la Facultad armado de un positivismo fragmentario, aprendido en epítomes importados de Guatemala.

Nos chocaba, por lo mismo, en los primeros días, la elevación de concepto en que González trataba las cuestiones a base de autores metafísicos, como Strauss, Ahrens, Hegel, Kant. Nosotros creíamos que Augusto Comte era la punta de la pirámide en el vetusto andamiaje de la filosofía.

Hubo allá por 1915 un profesor de colegio que amasaba partículas de la doctrina comptista con las cursilerías heterodoxas de cierta prensa clerófoba y formaba un lío intraducible. Para los que se despertaban al calor de tales enseñanzas, negar la existencia de Dios y sostener esa negativa a punta de sofisma era cosa más fácil que bailar un trompo.

Después, maestros más enterados nos salían con el evangelio de que el sistema positivista ni afirma ni niega la existencia de Dios; y como el método va de lo simple a lo complejo, de los fenómenos particulares a los generales, de lo concreto a lo abstracto, puede ser que en esa peregrinación inquisitiva nos tropecemos con el Señor, en forma de causa primera o en figura de ley universal reguladora de los arcanos que rigen los vastos mundos.

El maestro González enderezó, en parte, el criterio de tales comptófilos, y la especulación filosófica, en las páginas de la historia, apareció como una función conspicua del espíritu del hombre, inquieto siempre, constantemente vario y perpetuamente insatisfecho. A través de la niebla del tiempo y valiéndose de una síntesis ajena, pude adivinar el nuevo punto de vista que se nos presentaba: "Las ciencias, en sus análisis secundarios, reducen una multitud de hechos especiales a tipos y leyes particulares, por donde se explican las modalidades del universo; y las filosofías reducen aquellos tipos y leyes a una fórmula general, por donde se explica la esencia misma del universo eterno".

No era el maestro González un batallador en la política ni en las lides curialescas. Modesto en sus pretensiones, fue hombre de temperamento independiente, amigo sincero de la libertad y fiel intérprete de la ley. Creía en la igualdad republicana y defendía los principios democráticos con simpatía mental, con esa pasión de los cerebros especulativos que derivan el fuero del hombre de la esencia de la naturaleza misma.

No era ortodoxo, ni con mucho, pues los atrevimientos de su concepción ideológica lo conducían, a ratos, a un panteísmo apacible. La creación se define en sus elementos componentes, y en éstos las reglas universales o particulares se complementan en el seno de un orden perfectamente natural. Pero era un creyente racionalista, una inteligencia ejercitada en las disquisiciones más sutiles, que respetaba el tiempo viejo en lo que éste ha tenido de laborioso y digno, aunque su afición y su carácter lo llevaban por las vías nuevas, por esas que sigue con sincero entusiasmo la juventud de todas las épocas.

No era un predicador de patriotismo que busca en el halago popular el molde en que se forjan las frágiles figurillas de la política pedigüeña.

Y, sin embargo, amaba a su país y presentía los peligros y las exigencias del futuro.

Creyó seriamente que se podía reconstruir la rota nacionalidad de 1821; y por eso, con buena fe y de modo espontáneo, se ofreció para explicar, gratis, la Constitución decretada en Managua, en 1898, para la República Mayor. Su talento, propio para las abstracciones, lo alejaba de los cálculos de la realidad cotidiana, y nunca supo ser cortesano ni adulador de multitudes. Vivió el soliloquio de su mente, transmitido a las almas incorruptas de aquellos discípulos que supieron llorarlo y sabrán recordarlo con especial admiración. Y a medida que los años corren y lo mediocre se impone, la personalidad del maestro crece, noble y diáfana, se eleva en proporciones magníficas y aparece, a nuestra imaginación, como la figura más alta en el apostolado de la enseñanza universitaria.

González no pertenecía al grupo del magister dixit ni a la falange de los profesores pasivos, que hacen recitar, de memoria, a un alumno aburrido, las aburridas páginas de un libro. Él provocaba al discípulo, lo obligaba a pensar, a discurrir, a defenderse. Y esto sin el propósito de convertirlo en ergotizador escolástico, sino con el fin de ejercitar su poder razonador. Después de una gimnasia intensa, a través de los diferentes aspectos de un problema, el estudiante comprendía con precisión y claridad su fondo y natural desenvolvimiento. Así enseñaba principios inolvidables, formó criterios sólidos y despertó la conciencia de la libertad del pensamiento. Él no imponía textos ni seguía uno por uno los artículos de un código, porque sus disertaciones fecundas y firmes revolvían los fundamentos generales de la jurisprudencia, ya se tratara de las legislaciones políticas o de las doctrinas que las sustentan.

En González privó siempre la buena fe. Jamás dio un consejo a sus amigos que no fuera inspirado por una sinceridad noble, ni disimuló sus opiniones por miedo o por egoísmo. Ajeno a las pasiones de la política ambiente, juzgaba los sucesos con franca imparcialidad, y de sus labios nunca brotó una mentira que sembrara dudas en las almas juveniles. Sin haber hecho cursos de pedagogía, pocos como él han sabido inspirar respeto y confianza y, a la vez, transmitir conocimientos. Murió en 1903, a los 52 años de edad. Hizo algunos estudios bajo la dirección de Máximo Jerez y obtuvo el título de abogado en 1880.

Lo sorprendió la muerte en plena posesión de su energía espiritual, dejando una familia desolada y un vacío inmenso en la intelectualidad de la patria.

Abandonó el maestro la vieja Universidad y el soplo del desaliento penetró en sus aulas.

Poco a poco la Escuela de Derecho decayó, degeneró, hasta que un viento fuerte le puso término inseguro. Pero restablecidas sus funciones, la Sociedad de Abogados procura cubrirla de prestigios, y en este concepto su deber le impone la obligación de recordar los nombres de los que le han dado lustre y fama, colocando en primera fila el de José María González. Más que una remembranza de periódico, merece un busto perdurable aquel maestro benévolo, que cultivó su inteligencia con destellos de luz y oprimió su corazón con las penas más acerbas.

PEDRO H. BONILLA (1853-1916)

Si hubiera un hombre que, uniendo a su laboriosidad alguna inteligencia y un poco de lealtad de corazón, se propusiera hacer un estudio de los liberales de Honduras que más han cooperado en favor de la guerra restauradora, empezaría, justamente, con el nombre del Dr. don Pedro H. Bonilla.

Nadie más que él ha puesto todo su esfuerzo, y un esfuerzo inteligente y bien dirigido, durante tres años, en favor de la Revolución. Pocos como él han sufrido tan hondamente, en los días de angustias, la muerte de las esperanzas, de esas esperanzas que para los revolucionarios resumen el objeto de la suprema aspiración. Pequeño de cuerpo, modesto, con más experiencia que el mismo Merlín, y decidido siempre, pone toda su actividad y energía al servicio de su causa. Es un luchador infatigable, y por su audaz acometividad y su grandeza de alma parece un joven de veinte años.

Es proverbial su carácter reservado, y debido a su natural propensión a ocultar sus proyectos y propósitos, se le censura su conducta hasta por sus mismos amigos. Pero todo es aparente, porque en el seno de la amistad, cuando él tiene confianza y comprende que hay buena fe e hidalguía, entonces es franco y, más que todo, leal, con una lealtad que raya en culto religioso.

Amigo de sus amigos. Es un hermoso ejemplar de los pocos que quedan de esa clase de hombres de amplio corazón, que saben que a las luchas por la patria debe preceder la confraternidad de los hombres.

Hombre práctico y soñador. En el fondo hay en él un tesoro de romanticismo no extinguido por los choques diarios con las realidades brutales.

Creo que me ha contado que en sus juveniles años escribió algunos versos, los que, si no son perfectos en lo que a la factura literaria concierne, son de seguro ricos en sentimientos, abundantes en legítimo lirismo.

Tiene la rara habilidad de ocultarse. Si fuera rebuscador de bombo, sería uno de los ciudadanos más prestigiados de Honduras, porque su labor política es dilatada, tiene muchos años y es fecunda.

Es activo por temperamento. En el destierro mismo, cuando no estaba sobre el papel cifrando correspondencia o traduciendo claves, se ponía a estudiar, pero no a leer por distracción cualquier novela recreativa, sino a repasar, hasta aprendérselo, un método de inglés.

Pasada la revolución, vencidas las dificultades, que más que obstáculos han sido muros infranqueables, vuelve él a su vida de ciudadano pacífico.

No lo halaguéis con empleos públicos ni con honores de similar. Él vuelve a su terruño, a su querida Marcala, y allí sentirá transcurrir el tiempo lentamente, con ese ritmo no oído que prepara las eternidades; verá los celajes blancos, tenues, como gasas finísimas; contemplará los pámpanos que brotan en aquella fría tierra al soplo del frío invierno, y olvidará por un momento a los hombres, sus pasiones insanas, sus torpezas, sus crueldades y sus ambiciones devoradoras, que hacen de esta pobre humanidad un campo de lucha sin término ni fin.

(La Prensa, N.° 107, agosto de 1907).

GENERAL DIONISIO GUTIÉRREZ (1853-1935)

En el año de 1892, allá lejos, como quien dice, leía yo, a la edad de diez años, el viejo y celebrado libro de caballería Los Doce Pares de Francia.

En mi imaginación infantil daba por ciertas las proezas de aquellos héroes, y me interesaban vivamente los mandobles entre Fierabrás y Oliveros, y sentía hondo placer cuando veía a Ricaurte de Normandía penetrar por entre una nube de turcos y salir sano y salvo, después de haber burlado la vigilancia de los guardas de la puente de Mantible.

En aquel año, memorable para los hombres libres de Honduras, conocí de paso por mi aldea al general Gutiérrez, que salía expatriado por deseos del general Domingo Vásquez y por orden de don Ponciano Leiva.

En cuanto me dijeron quién de aquellos expulsados ilustres era el general Gutiérrez, se me vino a la mente el nombre de don Roldán: bajo de cuerpo, de anchas espaldas, tostado el rostro por las fatigas de las andanzas caballerescas, de complexión fuerte y maciza, y de un pecho sólido, más sólido que un roble.

Y durante mucho tiempo, a través de las peripecias de la campaña, que empezó en Las Anonas en 1892 y terminó en 1894, siempre que sonaba el nombre de Gutiérrez lo asociaba, impremeditadamente, al par sin par que dio timbre y lustre a la caballería heroica de Francia, en los buenos tiempos del emperador Carlo Magno.

Pasados los años, tornado el niño en hombre, y echado al mundo de la fantasía toda la caballeresca leyenda, como se echan los cuentos de hadas que nos mecen en ensueños dorados en la infancia, he visto en el general Gutiérrez siempre al mismo don Roldán, pero un Roldán de otros tiempos, no menos fervoroso ni heroico que el primero; porque si aquel esgrimía su espada por un rey y se batía con esfuerzo místico por recobrar las reliquias del que murió en la cruz, en una tarde gris, en una colina de la Jerusalén de las profecías judaicas, el general Gutiérrez ora siempre con unción religiosa ante el altar de Nuestra Señora la Libertad, y cuando se llega el momento, saca su espada, sube nuestras escarpadas montañas y, seguido de los suyos, emprende una cruzada sacra por reconquistar las reliquias de la religión moderna, que son los derechos del ciudadano libre.

Infatigable, con una energía de bronce, lucha siempre, sin descanso, y en sus esfuerzos renuncia a toda ambición personal. No tiene idea de la riqueza ni del poder. Cree solamente en los principios de la democracia y en los derechos del pueblo. Para él la voluntad nacional es la ley suprema de las repúblicas. Es un romántico incorregible.

En plena campaña no le pidáis disciplina militar ni rigorismo en el servicio. Él no entiende de eso. Busca al enemigo, lo halla y lo vence siempre; pero con gran heroísmo, porque en toda ocasión que lucha lo hace poseído de la justicia de su causa.

En la campaña no me lo he imaginado como un militar moderno, como Kléber, altanero y cuidadoso de la fórmula disciplinaria, sino como un profeta antiguo que, rodeado de su pueblo, va para el país de la libertad, como iba Moisés con los suyos a la tierra de promisión, o como conducía Mahoma a sus tribus, a través de áridos desiertos, a la Meca sagrada de la peregrinación de los árabes.

Cuando han pasado los combates, el general Gutiérrez vuelve a su casa, al lado de sus hijos. Tranquilo, frente a su mesa de estudio, lee libros, estudia códigos, ejerce su profesión de abogado, y solo levanta su altiva cabeza, como la de un león sorprendido, cuando escucha otra vez las plegarias de la libertad.

(La Prensa, N.° 35, mayo de 1907).

CARLOS ALBERTO UCLÉS (1854-1942)

Quien conoce de cerca al Dr. don Carlos Alberto Uclés, forzosamente lo estima, quiere y aprecia. En él queda, quizás por última vez en Honduras, la benevolencia innata, la limpidez de corazón. Un nicaragüense de talento me decía cierta vez:

—¿Ha observado Ud. que cuando uno sabe la desgracia de otro, siente un íntimo regocijo allá en lo profundo del lado izquierdo, cierta cosita grata que lo alegra sin saber por qué?

Pues bien, aquí en Honduras es universal el goce saboreado cuando un prójimo cae bajo las ruedas del infortunio político.

—¿Sabes lo que le pasa a fulano? Pues está en la cárcel.

—¿De veras, pero en la pura cárcel, bien asegurado?

—Sí, hombre. Yo lo siento. Pobre. Pero, en fin, se lo merece, por pícaro o por bruto.

Y esos diálogos condensan los comentarios que rodean a la víctima, y se repiten interminablemente con curiosas inquisiciones sobre los detalles más nimios. Y en todos los semblantes se observa la misma complacencia cruel, el mismo gesto de satisfacción por la desgracia ajena.

Pues en ese sentido el Dr. Uclés es una excepción en su patria. Es un caballero sin odios, sin envidias, sin venganzas que ejercer en el camino de su vida. Hombre de letras y de inteligencia apta para las más curiosas abstracciones, no ha cultivado el rencor como una rosa encarnada y necesaria en el jardín de sus pasiones, donde florecen solamente lirios blancos.

El Dr. Uclés, más que jurisconsulto, es un literato pulcro y exquisito. Escribe y ha publicado versos que mejor debieron dormir eternamente en el panteón de la nada, pero su prosa es viva, flexible, original, chispeante y fina.

Hay ciertos fenómenos que obedecen al empaque psicológico que cada individuo trae consigo al venir al mundo, o a la dirección educativa que recibe en la primera edad. El Dr. Uclés posee buen talento, clara percepción de las ideas en su conjunto ideológico, y, sin embargo, en la traducción a la realidad ve siempre las cosas a través de un prisma de ilusión. Y en él ya es este un procedimiento incorregible. Un ejemplo.

En febrero de 1907 merodeábamos varios amigos en plena guerra civil. Las fuerzas que debían tomar San Marcos de Colón ocuparon primeramente las alturas de Tamboyás. Allí, en pláticas amables, gozábamos del aire libre, barajando con buen humor las acechanzas del hambre. Y don Constantino Fiallos, al ver los accidentes y asperezas del terreno, se reía grandemente evocando recuerdos de mejores tiempos.

—¿Qué les parece a ustedes?, nos decía. En una ocasión llegó por estas tierras Alberto Uclés, en negocios de ganado, y con su acostumbrada galantería le dedicó a una gentil dama una producción literaria en la que hablaba de las llanuras del Tamboyás.

Y caramba, las llanuras del Tamboyás me sabían lo mismo que aquellos versos de un bardo que describía las gracias de una paloma que se posaba, en alta mar, sobre la chimenea de un vapor que corría veinte nudos por hora. Esa ave voladora y peregrina debía estar blindada para no asarse. El divorcio con las enseñanzas de la naturaleza palpitante es a veces ignorancia, prurito de artificio o ilusión sincera de que los hechos sean tales como en nuestra mente los concebimos, a base de idealidad. Y el Dr. Uclés es instruido y no es jactancioso ni vano. Su idealismo, tal vez solamente literario, lo aleja tal cual momento del frío pero entonante soplo de lo natural.

El Dr. Uclés nunca ha tomado participación decidida en la política de facciones. Es liberal, porque su filosofía sana y elevada así se lo aconseja, y porque su ilustración le enseña que el culto de la libertad es el único digno de los hombres de la idea, aunque esa religión sufra y fracase temporalmente en la ondulante trayectoria de los siglos. Es un liberal clásico y romántico. En la época de la Revolución hubiera militado con los girondinos. Sin ser héroe habría llegado al cadalso, que era entonces el único pedestal digno.

(El Cronista, N.° 875, septiembre de 1915).

POLICARPO BONILLA (1858-1926)

Cuando hay violencia en las pasiones y exageración en los criterios para juzgar a un hombre, es porque tal sujeto tiene un valor positivo. La ola del mar se rompe con furia en la roca abrupta y firme, y lanza a lo lejos sus espumas blancas. Y la onda del océano llega queda y sutil a la playa arenosa y suavemente inclinada, sin ruido, y sin cólera y sin estallido. Las medianías mansas jamás provocarán un plumazo airado.

Don Policarpo Bonilla abarca más de dos décadas de lucha. Fue batallador, pugilista político tenaz y sin miedo. Escritor abundante, pero enrevesado. Sin noción del ritmo y de las gracias del estilo, todo lo sacrifica al propósito de decir las cosas tal como él las comprende, sin fijarse en que la prosa más inteligible es la más diáfana. Ha provocado odios implacables, pero también fue el caudillo adorado que fanatizó a sus partidarios en las luchas eleccionarias y en los encuentros campales. Hombre de acción, ha tenido sus errores y tiene sus defectos, pero también posee cualidades distinguidas. Es muy fácil combatirlo y muy sencillo defenderlo y exaltarlo. Lo difícil es acertar un juicio acerca de su verdadera significación. Y para eso no ha llegado todavía el tiempo, porque sólo el rigor y la imparcialidad de la historia podrán fallar definitivamente.

Muerto don Céleo Arias, don Policarpo recogió las doctrinas de aquel pensador y emprendió la lucha que originó la organización del partido liberal. Cumplió con su deber, según la opinión de los liberales y las ideas flotantes de la época. Bien, el analista impersonal formula estas interrogaciones: ¿De 1894 a la fecha, hay más libertad, más garantía individual que de 1894 a 1876? ¿La soberanía e independencia de Honduras están más afianzadas en el período de 1915 a 1894 que lo estuvieron de esta última fecha hasta 1876?

Si esas preguntas se contestan negativamente, entonces hay que confesar con dolor y espanto que la sangre derramada ha sido estéril y que el pueblo fue al sacrificio sin recompensa alguna, porque éste sólo puede inmolar su vida para fecundar la libertad humana. Lección elocuente para las generaciones que se levantan, las que deben ir a buscar la clave del progreso integral de la república en el procedimiento de la evolución pacífica. Y ésta no es un sofisma, como decía Juan de Dios Uribe, porque hoy la geografía y la locura de los partidos nos tienen atados al peligro de las intervenciones inminentes. Revolucionar es sucumbir; evolucionar es quizás salvar la independencia y resolver el avance nacional.

El partido liberal existe, pero fraccionado y disperso. "De sus caudillos, los unos murieron y los otros se fatigaron de la obra; de sus pensadores, los unos ya no existen y los otros difunden en todas partes el miedo sustantivo". Vendrá de modo fatal una nueva reorganización, con programa diferente, con nombre distinto y con ideales más en consonancia con las aspiraciones del momento y las necesidades del país. Menos bambolla política y más energía administrativa, pero ante todo y sobre todo, efectivo respeto a los derechos del ciudadano.

No es ésta la hora de irse a fondo en el estudio del gobierno presidido por don Policarpo Bonilla. Es él un hombre de actualidad en las agitaciones del país y su actuación no ha terminado. En las disensiones lamentables de los partidos surge y prospera admirablemente el exclusivismo, y roto el ligamento de la tolerancia, las agrupaciones se desquician para siempre. Juntarlas y compenetrarlas es tarea fatigante y de resultados negativos.

Pero como las sociedades no pueden vegetar en la inercia, de su actividad dinámica brotará la nueva fórmula. Y en la falange que evoluciona prestará su cooperación el Dr. Bonilla, porque en ella, que no reconoce jefatura, caben todos los que están en capacidad de aportar un pensamiento fructífero, un esfuerzo noble, una experiencia provechosa y una orientación práctica y benéfica.

(El Cronista, N.° 845, agosto de 1915).

ALBERTO MEMBREÑO (1859-1921)

Conocí al Dr. Alberto Membreño a fines de 1895, en el colegio El Espíritu del Siglo. Divagaba entonces en la inocente edad de los trece años, y en mi pobre imaginación los hombres y las cosas tomaban proporciones sorprendentes.

Maximiliano Sagastume, buen maestro de castellano, pidió que se nombrara miembro del jurado examinador al Dr. Membreño, como el más competente en la materia de los letrados hondureños. Los sustentantes, agradecidos y nerviosos, cobraban estímulo y repasaban el libro y los apuntes con ansiedad febril.

Pasaron los años, y encontré más tarde al Dr. Membreño en la Universidad, explicando lecciones de código civil. Todavía se estudiaba en ese centro de cultura y luz; todavía José María González, con su verba espontánea, hacía comprensible la enrevesada metafísica alemana.

No era el Dr. Membreño en la cátedra un expositor ampuloso y elocuente; pero nadie como él para hacer fácil lo difícil, en dos palabras, con explicación sencilla, con argumentos claros, encontrados al alcance de la mano, sin los rebuscamientos dolorosos del ignorante.

Transcurre el tiempo, y en las ondulaciones de nuestra política mediocre, fui a las filas opuestas del sotismo en 1902; pero siempre tuve para el Dr. Membreño la consideración más cumplida, y aun en el momento de la controversia, cuando se esgrime la pluma defensora, dije de él en el diario La Prensa, en noviembre de 1908: "El que estas líneas escribe tiene la obligación, por deber impuesto a sí mismo, de respetar al señor Dr. Alberto Membreño, en todo lo que en asuntos personales pueda suscitarse, ahora y siempre". En esa obligación existe algo más que el agradecimiento y la amistad para con el maestro distinguido.

Es el Dr. Membreño un espíritu nutrido. A sus viajes hay que agregar su inagotable afición por la lectura. Es un bibliófilo. José Dolores Gámez fue a España cuando se discutía la cuestión de límites entre Nicaragua y Honduras. A su regreso en la ciudad de Granada, le pregunté:

—¿Y el Dr. Membreño?

—Comprando libros, como siempre —me contestó, en son de elogio, no obstante ser abogado de la causa contraria.

Los que leemos literatura de propaganda o novelas insulsas no apreciamos el desgaste cerebral que requieren ciertos estudios serios, de paciencia, constancia y rigorismo lógico. Los Hondureñismos de Membreño y su nomenclatura de los nombres geográficos valen en cualquier país del mundo como obras serias de filosofía. Quizás el mismo Dr. Membreño tenga que hacer las enmendaduras que toda obra humana requiere, por la forzosa rectificación de la experiencia, pero el fundamento de la sabia labor queda inconmovible.

Un abogado amigo mío se quejaba en Nicaragua: "Aquí —decía—, como es costumbre en estas democracias vacilantes, se legisla a cada momento, y nadie se ha ocupado de escribir un cuerpo de doctrina procesal, que señale orientaciones generales para el jurisconsulto. En cambio, ustedes tienen la Práctica Forense de Membreño, que yo conservo, lo que demuestra que entre ustedes hay dedicación y severidad en los estudios jurídicos". Y lo que son las cosas de este mundo: yo, abogado de Tegucigalpa, no conocí en Honduras la Práctica Forense. Fui a leerla a un país vecino, con el interés con que se ve siempre de lejos todo lo que a la patria se refiere.

Se cree a veces que la calidad y el número de puestos públicos que ha ocupado un hombre definen su valor intrínseco. Y esa regla falla muchas veces. El Dr. Membreño ha sido magistrado, ministro, diplomático y ha tomado parte activa en la política del país; pero prescindiendo de su categoría oficial, tiene méritos positivos, esenciales, por su inteligencia, por su cultura y por su labor científica dilatada y provechosa para la república.

En esta época de afianzamiento pacifista, el contingente del Dr. Membreño ha sido y seguirá siendo fructífero para la nación, y de seguro él, caballero civil y comprensivo, encaminará su esfuerzo en el sentido de que la paz sea inalterable y fecunda.

(El Cronista, N.° 792, 1915).

JUAN ÁNGEL ARIAS (1859-1927)

Yo tengo un amigo en esta metrópoli que casi siempre me da una impresión segura, en lo que se relaciona con mis pequeños intereses. Cuando afable me estrecha la mano y agasaja, me sonrío, porque de seguro no ha oído nada en contra de este infelice diario que dirijo. Y cuando casi me niega el saludo, dilata los carrillos y con la mirada me reprocha y amenaza, también me sonrío, pues adivino que alguna guasa amenazante circula en menoscabo de esta hojita liviana. Por mi parte, cada vez le manifiesto obediencia y conformidad, demostrándole que me considero dichoso con su benévola protección.

El mundo social es algo viejo, y si se toma en cuenta la cronología de la India, difícil nos sería contar los años que van corridos desde que Brahama encarnó la inteligencia íntima que flota en el espíritu del universo vasto. Y desde que hay bímanos sobre el planeta, se observa en los imperios absolutos, en las monarquías constitucionales, en las repúblicas fingidas y en las verdaderas, que constantemente el hombre reverencia al núcleo que representa el poder público, por miedo y por negocio, y a la vez rechaza el contacto con los sin ventura que no valen un dígito en la nomenclatura oficial.

Y como así es el hombre desde su origen, así hay que aceptarlo, sin rebuscar argumentos de mejora en la moral artificiosa que escriben los pedagogos de pacotilla. Esto no va en abono de la negación del progreso, sino que viene simplemente a confirmar la gran verdad de que Caín mató a Abel, porque éste, al depositar su ofrenda pastoril a los pies de Jehová, mereció mayor agradecimiento que su hermano. Y Jehová era entonces el poder. Después lo ha compartido con los descendientes de Adán, quienes lo ejercen con vario criterio y periódicamente con medida igual.

Lo anterior se le ocurre a cualquiera que se ocupa de escribir acerca de las personalidades que han tomado participación en los asuntos públicos y que dejan tras de sí una huella de simpatía y de odio. Siempre hay un porcentaje de lectores que adivina en el autor un designio recóndito dirigido a remover sentimientos adormecidos en obsequio de un fin concreto. Tal pudiera acontecer con el Dr. Juan Ángel Arias, quien ha operado en la política de Honduras durante los últimos veinticinco años, organizando una fracción del partido liberal, adicta, numerosa, disciplinada y compacta.

El Dr. Arias no ha tenido lo que puede llamarse fortuna en su actuación pública. Hijo de un hombre prestigiado, que condensó los principios del credo liberal, quedó, aunque muy joven, en condiciones de recoger la herencia de aquél para organizar un partido perdurable. Pero entonces no le dio importancia a ese legado moral, porque en aquella época, como en las anteriores y en las que han seguido, la combinación momentánea y el azar de los sucesos han creado las situaciones políticas, dejando a un lado todo plan que cuente con la opinión popular espontáneamente expresada.

El Dr. Arias es un caballero culto, de claro talento, de amplia concepción y radical de pura sangre. Sin que su profesión ni su constancia lo inclinen a las labores literarias, escribe con gallardía y con algún énfasis. Posee juicio seguro y afirmativo sobre los asuntos de Estado, y sus conceptos acerca de las cuestiones de administración revelan un temperamento innovador y atrevido. El que sabe trabajar y maneja con buen éxito sus propios intereses presta garantía de buen administrador de los ajenos. Pero muchas veces ocurre que los acontecimientos llevan a la gestión de los negocios nacionales, en cualquier ramo, a individuos que desconocen toda labor, excepto la de leguleyos, y que viven en bancarrota personal interminable desde que nacieron.

El Dr. Arias se alejó hace poco tiempo, de manera definitiva, de la política de su país. Vive consagrado al trabajo, cultivando la tierra y los recuerdos. Es un hombre franco, de carácter ameno y de una confianza en sus semejantes muy rara en su edad y en su inteligencia. Le falta la gramática parda que tanta eficacia tiene, según las últimas teorías.

(El Cronista, N.° 892, octubre de 1915).

E. CONSTANTINO FIALLOS (1861-1910)

Yo no escribo biografías sino pálidas siluetas para recordar a los ciudadanos que en mi concepto han valido y valen en Honduras. Y en esta humilde y ligera labor basta un rasgo, un gesto, para caracterizar un personaje.

Y también no hay que olvidar que las naciones, como dice Eça de Queiroz, no sólo valen por sus conquistas industriales, sino por sus grandes hombres, y si nosotros carecemos de grandes hombres, debemos al menos juzgar a los que de un modo u otro han sobresalido por sus méritos propios. En este sentido tal vez no es infecunda mi tarea.

El ingeniero don E. Constantino Fiallos tenía un buen talento cultivado y gran candorosidad de espíritu. Caballero cultísimo, trabajador infatigable, hombre de ciencia y de acción, le faltó un medio más amplio para desarrollar su energía inteligente.

A este propósito me decía que en su último viaje a los Estados Unidos se había encontrado con varios de sus compañeros de colegio. Grandes profesionales aquéllos, directores de compañías, constructores de esos enormes edificios de New York que asombran al viajero.

«En cambio yo —observaba risueño don Constantino— me he quedado en Honduras sin hacer nada, mezclándome en las trapisondas civiles y perdiendo mi tiempo lastimosamente. En Tegucigalpa, fuera de ese edificio de la Tipografía Nacional, no hay otra obra que yo haya dirigido».

Como ingeniero civil era superior a cuantos se conocían en esta república. Hablaba un inglés literario y correcto, escribía un castellano limpio, pulcro y ameno, y poseía un bagaje intelectual nutrido.

Cuando platicaba de geología, de paleontología o de cualquiera otra ciencia relacionada con su profesión, lo hacía con una facilidad atrayente y con envidiable sencillez. Y su alma delicada no veía en los secretos de la naturaleza solamente el hecho escueto y útil, sino el admirable conjunto que una alta razón y una elevada poesía descubren en los fenómenos del universo. Para él un conglomerado de granito era un poema forjado por los siglos, y un cuarzo era a veces una flor.

Me enganché en una de nuestras revueltas fratricidas, porque ellas han creado situación en nuestro ambiente. Ojalá que ese pasado no resucite. Pues bien, en la partida trashumante merodeaba también don Constantino, y en el vivac hablábamos de todo, menos de aquel episodio bárbaro que representábamos. Fiallos no era militar ni lo pretendía, y eso me hacía reflexionar a veces. Al ver en el campamento a aquel hombre de cuerpo débil, de sentimientos altruistas, civilizado y apto para todas las lides de la idea, sentía ánimos para justificar la guerra.

Es Honduras que pasa a través del tiempo, pensaba; va la patria por el atajo, con sus figuras selectas y grotescas, mientras Clío sonreía.

Tenía don Constantino, como hombre público, dos pasiones: la agricultura y la instrucción pública. No era un ministro a secas, que firma papeles según la inspiración de su jefe; era un iniciador, un innovador que fracasaba con frecuencia por la mediocridad de los elementos. Un ministerio que no disponga de dinero y de personal idóneo para desarrollar sus planes o proyectos, sencillamente causa risa. Cuando regresó de Washington en 1908, venía ilusionado con la eficacia de las conferencias. Pedía que se suprimieran todas las guarniciones, porque la contienda fraterna había pasado a la historia, según su criterio.

Ese botón demuestra una de sus varias candorosidades.

Habló en aquella capital con el secretario del departamento de Agricultura y trajo nobles y hermosos proyectos. Creó el ministerio respectivo, cuya eficacia tendrá que ser decisiva en lo porvenir, cuando el pueblo, desenvolviendo la industria con empuje resuelto, haga de su territorio la principal fuente de riqueza pública y privada.

El día en que los trenes crucen las montañas y los ríos se conviertan en canales de transporte, Ceres tendrá en mi país un templo magnífico. Para don Constantino Fiallos, entonces, una estatua.

¿Qué dejó don Constantino? Poco, salvo una gran enseñanza: creyó siempre en el futuro esplendoroso de la república y en la emancipación del hombre por la influencia cultural. Y fue un luchador caballeroso.

(El Cronista, N.° 815, julio de 1915).

Después de larga y penosa enfermedad, murió hoy, a las 3 de la mañana, el Dr. don E. Constantino Fiallos, en esta capital.

Deja el escenario de la vida todavía joven cuando la República aún esperaba mucho de su cultivada inteligencia; deja una viuda joven y bella a quien entregó su noble corazón; deja en la familia un duelo hondo y sentido, y en el concurso de la amistad seria y franca, un vacío que no se podrá llenar muy fácilmente.

El Dr. Fiallos fue uno de esos hombres raros, de los que muy de tarde en tarde se presentan en el mundo. Con clarísima inteligencia se dedicó, en los Estados Unidos de América, al estudio de la Ingeniería Civil, carrera que coronó con éxito brillante. Vino a su patria, donde pagando tributo al medio ambiente, se vio envuelto en nuestras luchas políticas. Ocupó elevados puestos públicos, distinguiéndose siempre por su firmeza de pensamiento y su laboriosidad infatigable. Fue representante de Honduras en la Primera Conferencia Panamericana que se reunió en Washington, fue ministro en distintas administraciones, y uno de los delegados de este país a las conferencias celebradas en la capital americana, en 1907, que han marcado en el papel de la historia un paso de avance en la vida de la América Central.

Hombre bondadoso de corazón y amante de toda buena idea. La política le hizo daño. Tenía demasiada buena fe para poder luchar en medio de este laberinto de emboscadas. Su espíritu fino y culto encontraba a cada paso decepciones crueles, que lentamente le iban amargando la existencia.

Poseía exquisita educación, y sobre todo, un carácter decidido y constante. No conoció el miedo; hasta en la hora de su muerte, sin ser pagano, se presentó ante ese pavoroso problema con la serenidad y confianza de un filósofo antiguo. El morir infunde terror a los mediocres; para los pechos fuertes y las inteligencias sanas es un hecho consecuencial necesario y justo. Ver con calma y bondad que se acerca la última hora de la vida es heroico y santo.

Ha muerto un hombre de méritos. Sobre su tumba se derramarán flores, y su nombre salvará las distancias del tiempo amparado por sus obras. Nosotros, con el sentimiento de un cariño leal, escribimos estas solas frases: consolador recuerdo, enseñanza para las generaciones que vienen atrás, las que deben aprender a trabajar, a ser firmes, a ser cultas y buenas.

(La Prensa, N.° 996, abril de 1910).

SOTERO BARAHONA (1862-1907)

En 1907, pocos meses después de terminada la revolución de aquel año, familiares del general Sotero Barahona visitaron su tumba en la aldea de Galeras. Con tal motivo, un empleado corresponsal dio la noticia a los periódicos de Nicaragua, expresando más o menos este concepto: «El general Barahona fue el único conservador hondureño de positivos méritos en los últimos tiempos».

A los varios días recibí bajo cubierta y en forma anónima el suelto del periódico que contenía el telegrama, pero suprimida con lápiz la palabra conservador, de manera que el párrafo se leía así: «El general Barahona fue el único hondureño de positivos méritos en los últimos tiempos». Sin duda algún verde nicaragüense, resentido por las consecuencias de la guerra de aquella época, me creyó autor de la información y quiso lanzar a mi patria un reproche ingenioso y contundente.

No se concibe la existencia de un país autónomo sin la agitación de los partidos políticos, y en Honduras, a través de la historia, han disputado siempre. Pero el mismo transcurso de los años ha venido desvirtuando los fundamentos primitivos, hasta el grado de establecer grupos inclasificables y crear personalidades epicenas.

¿Por qué puede decirse que el general Barahona era conservador? Tomando como concreción del programa liberal el folleto Mis Ideas, de don Céleo Arias, que se tradujeron en principios constitucionales en 1894, no queda ya discrepancia en materia de libertades y garantías, sino estímulo de esfuerzo para realizar labor de progreso administrativo. El partido liberal consignó sus ideas en la Carta Fundamental, pero de entonces acá, con valor y franqueza hay que decirlo, ninguno de los gobernantes ha respetado en su verdadero sentido las declaraciones de aquel código.

Sin embargo, cabe declarar que hemos adelantado algo, porque ya no hay causas fundamentales que nos dividan. Sólo resta que ambos partidos cumplan con la ley y que la nueva corriente de ideas y las aspiraciones de la juventud lozana que evoluciona marquen puntos de administración como reglas de lucha ciudadana.

Para hacer patente este pensamiento es oportuno un ejemplo inmediato. Cuando triunfó en Nicaragua la revolución de 1893, removió hondamente el régimen político. Los liberales establecieron las leyes de reforma: libertad de cultos, laicización de la enseñanza, igualdad democrática absoluta, el jurado como fundamento del juicio criminal, secularización de cementerios y otras muchas avanzadas. Y cuando en 1911 vencieron los conservadores, reaccionaron de la manera más sustantiva y violenta. Restablecieron la enseñanza religiosa, cambiaron el sistema unicamarista, consagraron la república al Corazón de Jesús, admitieron el tutelaje extranjero armado y, en fin, verificaron un completo cuarto de conversión. Quiere decir que allá las tradicionales agrupaciones combaten todavía por ideas madres que afectan el fondo de los estatutos de la nación.

En Honduras no ocurre lo mismo. Sin caer en la exageración se puede afirmar que en materia de principios todos son liberales, y sólo falta establecer nuevos puntos de vista para que los partidos se definan y se apresten al combate de la civilización en el seno de la paz. De allí que unos proclaman la evolución como plataforma de progreso: que se cumpla con el derecho y que se lancen al debate público programas concretos de trabajo práctico; atrás las vaciedades líricas, la fraseología convencional de los manifiestos necios, plagados del conceptismo metafísico y fementido, y que resplandezca el propósito sano y viril de sacar al país del marasmo en que vegeta.

Y tarea semejante sólo pueden coronarla los hombres comprensivos, los que unen a un bagaje intelectual robusto y experimentado la energía recta y amplia de los estadistas de verdad. El general Barahona poseía talento claro y rectilíneo. Leí gran parte de su correspondencia privada y encontré un temperamento conciso, firme, fuerte en el impulso de pensar, de querer y de sentir. Barahona tenía voluntad afirmativa y tal vez hubiera sido el abanderado de esta generación que va surgiendo, apta y sin miedo a la fatiga y al trabajo.

Por última vez vi al general Sotero Barahona ya muerto bajo un árbol, a la orilla de la sepultura que abrieron para encerrar su cuerpo. Los furores de la contienda civil nos llevan a la encrucijada, al cerro abrupto, en mutua asechanza para degollarnos, y en esas emboscadas caen de cuando en vez vidas preciosas que dejan un vacío en el corazón de la patria. Pero día vendrá en que la razón impere, y entonces los hondureños nos acogeremos al emblema que simbolice actividad cultural, dejando en el antro del olvido y del desprecio la rutina infeliz, el odio infecundo y el convencionalismo personal nocivo.

(El Cronista, N.° 827, julio de 1915).

VALENTÍN DURÓN (1870-1907)

Para los amigos buenos, para los hermanos en ideas, para los que han sido solidarios en la obra común de trabajo y de anhelos de perfeccionamiento, no quisiéramos escribir con el lenguaje oficial de los duelos. Quizá para este caso es más propia la frase que cita Guillermo Valencia: «El arte supremo es el silencio supremo». El dolor intenso debe ser mudo, con la solemnidad del silencio.

Valentín Durón fue mi maestro primero, mi compañero y correligionario después; pero siempre fue el joven de sano corazón y de ideas amplias, como un extenso horizonte, que abarcaba en un sentido elevado el concepto general de las cosas.

De clara inteligencia, con una instrucción nada común, supo prestar importantes servicios al país como representante del pueblo en varias Asambleas; a la sociedad, en el ejercicio de su humanitaria profesión; a la familia, con sus cuidados de buen esposo, hijo magnífico y excelente padre; a la juventud, con sus lecciones sinceras, y a las letras patrias con su constante y entusiasta consagración.

En esta confusión filosófica y literaria de la edad moderna, tuvo siempre un criterio honrado y profundamente humano. Jamás vaciló su razón ante el rumbo que debía seguir su espíritu, en la apreciación general de la vida contemporánea.

Hace algunos años, cuando yo despertaba a la adolescencia, conversaba con él, y le exponía mis dudas, que eran muchas, acerca de las injusticias humanas, de los prejuicios creados por las filosofías y las religiones, y concluía por manifestarle que no me explicaba la necesidad de vivir, ni de conservar la familia, y menos de soportar voluntariamente la dura carga de la existencia, cuando ésta no nos presentaba más que amarguras y fuertes golpes, que nos hacían vacilar en cada paso de avance.

—Hay que convencerse —me dijo— de que la vida es un gran bien, de que es una cosa buena, a la que hay que librar de los peligros.

Hoy ese gran bien, esa cosa buena, ha desaparecido para siempre, y de Valentín no queda más que un organismo ultrajado por la enfermedad, que seguirá la transformación indefinida de la materia, y que, merced a la labor continua y creadora del tiempo, irá mañana a ungir la alameda convertido en flor aromática, o será útil, transformado en fruto, a los demás seres animados de la creación. «Del cadáver brotan los gusanos y en el estercolero nacen flores».

Valentín murió joven. Eso es un error de la naturaleza y contratiempo en el movimiento civilizador de las razas. La muerte, que llegue en su época oportuna, que dé el pasaporte a los que ya cumplieron su misión en este mundo; pero que respete a las energías nuevas, que tienen la alta misión de coadyuvar en las luchas del progreso revolucionario de la humanidad. La evolución no es suficiente para determinar el adelanto de las sociedades; se necesita la revolución osada, y de esa sólo son capaces los ánimos viriles y jóvenes que no tienen cuentas con el pasado, sino que, confiados, ven cara a cara el porvenir.

Un sabio médico dijo con mucha razón, y cito sus palabras porque Valentín fue un médico de talento: «La ciencia nos enseña que la muerte, terror de los individuos, constituye la alegría de la especie. Ella descarta lo caduco por inflexible y entroniza lo nuevo por adaptable. A las cabezas orientadas hacia el pasado sustituye las orientadas hacia el porvenir. Gracias a ella, la labor de la civilización es perpetuamente confiada a manos jóvenes y vigorosas y cerebros viriles y entusiastas».

Valentín fue un cerebro viril y entusiasta. Donde había una manifestación generosa, un impulso de progreso, un deseo de mejoramiento individual y colectivo, allí estaba él, desprovisto de todo egoísmo, dispuesto a prestar su decidida cooperación.

A pesar de su talento cultivado, fue modesto siempre. En su trato íntimo fue un muchacho generoso y de gran corazón. Parecía un estudiante, con su alegría franca y su genio complaciente.

Que otros lo juzguen como médico, poeta y escritor; yo me refiero simplemente al amigo a quien quise de verdad, al hombre de legítimas esperanzas que traidoramente fue sorprendido, al mediodía de su vida, en la mitad de un camino sembrado por las rosas del cariño y del amor, por la muerte, siempre artera e implacable.

Para su familia toda, mi más franca expresión de duelo; para él, mis más leales recuerdos a través de la tumba, donde ya no hay ni luz, ni cielo, ni esperanza, sino el silencio monótono y la lenta transformación de la materia, que es quizá la verdaderamente inmortal en su labor infinita de cambio de estados y de formas.

(La Prensa, N.° 121, 29 de agosto de 1907).

JESÚS M. ALVARADO (1873-1967)

El bizantinismo en política, que ha hecho daño a los pueblos pretendiendo purificar la corrupción de los gobiernos, ha invadido en América la esfera del periodismo, ensayando a veces una explotación inicua. Se especula sin descanso ni conmiseración con la vanidad humana, y en la confusión de los caracteres y de los juicios que los califican, se pierde con frecuencia la pauta que señala el mérito positivo. De la palabra fácil y barata de cierta prensa inconsistente resulta en ocasiones exaltado el vicio y postergada la virtud, y sin duda por eso los espíritus selectos desdeñan el diarismo mistificador y venal.

Pero esa circunstancia exige precisamente, en estas sociedades en formación, la tarea útil de recordar a la juventud que se prepara para las contiendas de mañana, los nombres de aquellos ciudadanos que representan valores efectivos, en carácter, en honradez e inteligencia. Jesús M. Alvarado es uno de esos jóvenes independientes, con labor reconocida y enaltecedora, llamado a ejemplarizar en su país, porque su conducta está modelada en el civismo, su talento en las lecciones republicanas que proclaman el progreso radical, y su energía en la máxima que predica la lucha constante y honorable.

Jesús M. Alvarado no atraviesa la edad florida de los versos, de las teorías vacuas y de las cartas líricas. Es un hombre. Ha sido representante del pueblo en nuestra Asamblea Legislativa y magistrado del Tribunal Supremo de Justicia. Profesional competente, analista sagaz y desapasionado, fuerte de cerebro y de cuerpo, no razona envuelto en la ilusión pasajera, sino que juzga los acontecimientos con criterio sólido, a base de las realidades confortantes.

Sin las alucinaciones de la fantasía ni los reclamos dolorosos de un ideal imposible, va por la vida, sereno y calmoso, convencido de que la fatiga no invade las almas libres.

En mis confusos recuerdos de ayer vive imborrable el día en que, tras discusión acalorada provocadora de un golpe de Estado, se puso en pie un miembro del Congreso para fundamentar su voto. Fueron cuatro palabras terminantes, decisivas, pronunciadas con la cabeza y el corazón; hijas del convencimiento que protesta sin vacilaciones ni miedos. Aquel representante del pueblo, cuyo nombre ignoraba yo entonces, era Jesús M. Alvarado. He conocido después su temperamento, sus ideas, la lógica de sus actos, su entusiasmo, a veces tardío, pero siempre firme y rectilíneo. No es un indiferente ni un rezagado. Desde las alturas de su departamento, en esa Esperanza del frío y del melocotonero, él medita, compara y estudia, viendo deslizarse los hechos por las páginas insubstanciales de la historia nacional. Y como es comprensivo y viril, alienta todo lo que significa adelanto, paz y bienestar para la república.

Se lanzan a menudo frases despectivas contra el viejismo, sin diferenciar lo que el tiempo da y quita a la naturaleza humana. El joven inútil será siempre un viejo vacío y cacoquimio; pero así como el cachorro forzosamente se convierte en león, el mozo apto y capacitado mostrará en todo momento, en sus actos, el sello de esfuerzo creador, hasta que las leyes de la física y de la química determinen su agotamiento total. Y Alvarado es hombre de nutrida inteligencia y de voluntad afirmativa, que promete un concurso provechoso y eficaz a la juventud liberal que evoluciona.

La cultura que triunfa es la que con más esmero se dedica al cultivo del hombre, en su desarrollo integral. Educación científica que modele el pensamiento, enseñanza moral que aquilate el carácter, desarrollo físico que capacite para los azares de la contienda diaria. Formar pueblos sin hombres es una quimera, porque las masas ignorantes no se encauzan fácilmente por las vías de la civilización, ni la voluntad prostituida es guía segura en el camino de la verdad, que es luz y bien.

Por eso el programa de los varones nuevos que aspiren a fortalecer la dignidad de la patria debe consignar en su primer capítulo la necesidad de ampliar la enseñanza, en aquellos conceptos que afianzan el civismo que origina la ciudadanía altiva.

La nación necesita vigor en las conciencias, que provocará el desarrollo general al amparo de la libertad respetuosa y respetada. Y caballeros como Jesús M. Alvarado, que son independientes porque son trabajadores, y viven satisfechos por la fe que tienen en su energía y por la limpidez de sus procedimientos, servirán de apoyo y de estímulo a la falange que se aproxima al porvenir.

(El Cronista, N.° 1045, 1916).

JUAN RAMÓN MOLINA (1875-1908)

Siempre creímos, con perdón de los demás, que Juan Ramón Molina es el único poeta que ha producido Honduras. Los otros, muy pocos, son cantores más o menos inspirados, que no traspasan el verdadero país del Arte.

La admiración y cariño que tuvimos por el poeta fue constante y firme, y él correspondió a nuestras simpatías con una amistad franca y cordial. En 1905 nos escribió a la vecina República de Nicaragua, enviándonos su precioso poema Una Muerta, y pidiendo nuestra opinión acerca de aquella joya de arte. Le contestamos en una carta abierta que se publicó en La Estrella, de Granada.

Como nuestras ideas acerca de la personalidad del poeta no han variado, reproducimos hoy aquella carta, tanto porque no se conoce en este país como porque existe la rara coincidencia de haberse sabido ayer, día de difuntos, la muerte de Molina, tercer aniversario de la publicación, con éxito inmenso, de Una Muerta.

Señor don Juan Ramón Molina.
Tegucigalpa.
Mi estimado amigo:

Recibí la carta de Ud. fechada en esa ciudad el cinco de noviembre próximo anterior y junto con ella una plana del Diario de Honduras, en la que aparece publicado el poema de Ud. que se intitula Una Muerta.

Su carta me ha hecho recordar con tristeza los buenos tiempos en que la armonía de una estrofa bella o la sugestión honda que produce la lectura de un buen libro hacen la felicidad relativa que se disfruta al despuntar la adolescencia. La literatura es el pasatiempo más estéril que puede proporcionarse la juventud de estos países, porque no deja para el porvenir sino un recuerdo, semejante al que conservamos de haber jugado a los soldados de plomo o de haber formado ampollas multicolores de jabón, bellas como el iris, pero fugitivas, caprichosas y efímeras, como si fuesen revelaciones infantiles de la fragilidad desconsoladora de las cosas humanas.

Tal vez espera Ud. una crítica de su poema; pero la crítica anda de tal manera, se presenta en formas tan variadas, son tantos los criterios —como infinitos los hombres— que no queda más camino al que analiza obras ajenas que el de manifestar sus impresiones personales. Y esas impresiones son simples mensajeras de un estado de ánimo normal, pero nunca el juicio certero de las obras a través de las cuales juzgamos a los hombres.

No espere Ud., pues, una crítica, porque de este mi criterio ya vacío por culpa de los ejercicios prosaicos que imponen las materialidades indecorosas de la existencia, no puede salir nada aceptable literariamente. Pero conversaré con Ud. por medio de esta carta, a través de esa distancia en que se interpone un horizonte azulado, acerca de su poema. Y conversaré cariñosamente, con la sencillez con que siempre he tratado a Ud. y con el respeto que me inspiran su inteligencia y su vigorosa imaginación de poeta.

He notado, señor Molina, que a la mayoría de los verseros les encoleriza que no se les llame notabilidades a cada triquiñuela retórica que hacen. Y la culpa la tienen, en parte, los ociosos que, por burla o pasatiempo, les aplauden cualquier triquitraque prosódico, contribuyendo con esos bombos nocivos a que la víctima se crea poeta de verdad. Creencia perjudicial hasta el grado de convertirlos en neuróticos ficticios, y a la larga en verdaderos, en fuerza de la sugestión. Con Ud. es otra cosa, porque no es Ud. un poeta discutible. Pero Ud. presenta un fenómeno —si es que Ud. mismo no es un fenómeno en las esterilidades literarias de mi patria— consistente en el giro religioso, casi místico, que van tomando sus últimas composiciones.

En sus primeros versos tenía Ud. algo de soberbio, poseía una virilidad pujante, y con más gusto hubiera Ud. pintado un gesto iracundo de Satán que un bostezo de mansedumbre angelical de Jehová. Ud. se ha cristianizado poéticamente. En sus admirables sonetos, en Vino tinto, por ejemplo, parece Ud. un buen pagano que pudo sentarse a la mesa con Critóbulo y Alcibíades a escuchar al viejo Sócrates y salir de allí, en seguida, a depositar besos ardientes, revueltos con ditirambos, en las bocas sensuales de las blancas atenienses. En Después que muera es Ud. el materialista serio, elevado, que no ve en la muerte más que las transformaciones químicas de los organismos vivientes, y por un esfuerzo de fantasía se convierte Ud. en mariposa para ir a sorprender el sueño de la amada, resurgiendo después, una noche de doliente plenilunio, en el cementerio, convertido en un esqueleto trágico que hace muecas con su repugnante calavera. No hay allí una sola palabra que revele a Dios.

En su vibrante poema El Águila es Ud. majestuoso, cual corresponde al ave de la gloria que guía a los combates sangrientos. La noble falcónida, ensoberbecida de su pujanza, fuerte en su cauda formidable y vanidosa de su terrible pico, se rebela como Luzbel contra la omnipotencia celeste, y cuando exclama "no puede ni Dios mismo", un estridente rayo la hace rodar en veinte mil pedazos a los abismos que ella desafió aleteando osadamente con sus alas tremantes, en sus correrías audaces por el espacio infinito, y de donde recogió un día, al rodar una piedra, el estrépito violento que sube retumbando desde el fondo. En ese poema, que ha mucho tiempo aprendí de memoria y que me consuela cuando lo repito en mis arruchuchos de hastío, se menciona a Dios; pero al Dios irritable, vengador y lleno de ira divina, parecido al antiguo Júpiter que hacía retemblar el Olimpo con sus estruendosas cóleras. No hay en las obras citadas invocaciones llenas de humildad cristiana, sino enérgicas alusiones a la Sabiduría generadora de los mundos.

Perdone Ud. si desbarro al citar sus composiciones, perdón que imploro en gracia de que escribo basado solamente en el recuerdo que de ellas conservo, porque no poseo aquí un solo libro en el que estén coleccionadas sus poesías. Y el simple recuerdo suele ser traidor a veces.

Leí de Ud. unas letanías en El Tiempo de esa ciudad y después Una Muerta. ¡Qué transformación se ha operado en su psicología, o qué mutaciones ha sufrido su macizo cerebro! Tal vez el ambiente en que Ud. se agita, las desesperanzas sin fin que caen sobre su espíritu, causándole ese espanto por la vida y ese horror por la natura de que Ud. habla, lo han hecho volver sus ojos hacia arriba, buscando con triste afán una ráfaga de celeste brisa que refresque las quemaduras ardientes de su alma, convertida en depósito de arañas, escorpiones y venenosas víboras.

Me río yo, sin embargo, de su misticismo, señor Molina, mientras de su pluma inspirada en unción santa salgan gemas como ésta:

Y como el del arcángel
De las anunciaciones
Era su pie de jaspe.

Y le diré francamente que es una verdad de a folio aquello de que los grandes dolores son la fuente natural y más fecunda del Arte: le diré que como amigo de Ud. sentiría sus amargas congojas, sí, las sentiría mucho; pero como admirador de la belleza deseo que Ud. sufra siempre, si de las torturas de su espíritu nacen poemas como Una Muerta. En eso verá Ud. el egoísmo implacable de las pasiones intensas, y sabe Ud. muy bien que las intelectuales son más intensas aún que las del corazón. ¿Quién tiene la culpa de esas crueldades de la estética? Simplemente la naturaleza humana impresionable, desgraciada, y a veces canallesca.

Con eso le revelo a Ud. mi opinión sobre su poema. Si se tratara de escoger para mi uso particular —dado el caso de que los poemas se usaran— entre El Águila y Una Muerta, me quedaría con el primero; pero sé que el segundo tiene más belleza sentida, más sinceridad literaria, menos artificio, porque es una queja doliente y sugestiva que Ud. de verdad exhala. En ese poema se repliega su espíritu, tan amplio que abarca todas las altas latitudes del pensamiento, se reconcentra en sí mismo, y con la mirada fija en el cielo y la esperanza puesta en Dios, espera, suplicante, el momento en que irá a confundirse, junto con la amada muerta, en la divina esencia del Espíritu Santo.

¿La religiosidad poética de Ud. será conveniente para la salvación de su alma y para el Arte? ¿Perderá Ud. su espontaneidad, su vigor, su estro pujante de otros tiempos, convirtiéndose en una especie de Santa Teresa de Jesús con pantalones, que muere porque no muere?

Por mi parte, sea Ud. cuáquero o mahometano; inspírese en la contemplación de las pagodas indostánicas; báñese en las fuentes donde lo hacían las ninfas de la antigüedad clásica; beba con

Jesucristo la amarga hiel que brota de los hígados o haga pacto con Satanás como el doctor Fausto. Eso no importa. Pero creyente o rebelde, cristiano o hereje, pagano o monoteísta, idólatra o ateo, sea Ud. poeta siempre; lleve consigo mientras viva esa arpa que Ud. recogió en las impalpabilidades de la nada al venir al mundo, y atraviese este planeta, dejando tras de Ud. ondas sonoras y jirones de belleza confundidos con los pedazos de su corazón, que herido de dolor y saturado de un tedio supremo va sangrando gota a gota… (roto original).

Gozo recordando a las personas como Ud., que son mis compañeros en soñar, disparatar, sufrir y reír perpetuamente; pero ya el cajista se alarma porque van muchas cuartillas escritas.

Escriba Ud. más poemas, no para acrecentar su fama, sino para proporcionar, a los que le admiramos, ratos de verdadero regocijo espiritual.

Soy su amigo afectísimo,

(Paulino Valladares)
Granada, diciembre de 1905.

(La Prensa, N.° 483, noviembre de 1908).

ROSENDO CONTRERAS (1876-1915)

En diferentes épocas han desaparecido jóvenes de aliento, cuya actuación pudo ser útil para la república. Francisco Lobo Herrera, Policarpo Irías, Valentín Turcios Reina, Francisco Argueta Vargas, Félix A. Tejeda, Francisco Cálix, César y Valentín Durón y varios más. Cálix fue el diarista espontáneo, fácil, inteligente y resuelto. Y por desgracia, el alcohol cuenta víctimas ilustres en esta patria y sigue convirtiéndose en amenaza peligrosa, sin que hasta el presente se haya combatido con buen éxito, pues los consejos teóricos de la prensa no pueden traducirse todavía en prescripciones eficaces, con la positiva cooperación de la sociedad y del Estado.

En los últimos tiempos el ingeniero Rosendo Contreras representaba una de las nuevas personalidades más completas de Honduras. Inteligente como estudiante, con una capacidad profesional de primer orden, sobrio, trabajador, vigoroso y entusiasta, caminaba firme, bien preparado para la lucha, confiando en su fuerza, sin miedo ni vacilaciones. Laborioso y metódico, sabía lo que vale el dinero honradamente adquirido para garantizar la independencia de los hombres; y resuelto y audaz, sabía también que la vida es una contingencia, cuyo valor moral sólo puede apreciarse por el exponente del noble esfuerzo realizado.

Pocas veces se reúnen en un temperamento cualidades opuestas. Echegaray, matemático y dramaturgo, no es caso frecuente. Contreras escribía como literato y la mayor parte de su tiempo lo empleaba en resolver fórmulas algebraicas. Y sobre todo, nunca creyó que los acontecimientos deben sacar a los individuos de la pasividad punible, sino que éstos están comprometidos a buscar su propio teatro de acción, agitándose en la esfera del bien en provecho del particular y de la colectividad. Desechaba las vanidades precisamente porque tenía conciencia de sus méritos, y si jamás se preocupó del bombo, tampoco tuvo una sola inclinación ante nadie, porque le sobraba valor, poseía talento nutrido y sabía bastarse a sí mismo. Con su muerte perdió el país un factor importante y la juventud uno de los mejores combatientes.

Contreras tuvo concepto político amplio en el sentido de reorganización administrativa. En lo general, pensamos que la guerra del fusil o la combinación eleccionaria sirven para que los unos obtengan trabajo en las oficinas del gobierno y gocen de sus bondades, mientras los otros suspiran cesantes en un ayuno infinito, cuando no se ven atacados en su seguridad personal; ese criterio no es privativo de Honduras, sino de todos los pueblos donde las instituciones oscilan entre los azares de la contienda intestina, o de la anarquía o del despotismo. De allí que el punto de partida para que el principio democrático se defina y afiance es la estabilidad del orden, mediante el respeto mutuo de gobernantes y gobernados, a cuyo amparo se desarrollarán las integrales energías patrias, convirtiéndose la libertad en una evidencia satisfactoria.

Así razonaba Contreras. Creía que la civilización se conquista paralelamente con el ejercicio de los derechos humanos, y abrigaba ciega confianza en el advenimiento definitivo de la paz. Sus ideas, el ardor con que las expresaba y la fe con que las sostenía, congregaron a un grupo de amigos que se identificaron con su pensamiento. La nueva plataforma que predica el reinado de la estabilidad y el ensanche del progreso no es sangrienta, ni egoísta, ni personalista, ni absurda. Creyendo Contreras que esa agrupación podría convertirse más tarde en una falange seria, decente y caballerosa, le dio el nombre de partido evolucionista, aprobado por unanimidad.

Esa herencia nos dejó Rosendo Contreras. La aceptamos solemnemente, y siguiendo el sentido íntimo de su inspiración, laboraremos con paciencia, con lealtad, con honradez y cordura.

(El Cronista, N.° 921, noviembre de 1915).

VICENTE MEJÍA COLINDRES (1876-1966)

Se conoce, más o menos, la labor de los viejos, de los que han operado en la política del país, de los que han sobresalido por su energía intelectual, por sus virtudes, por su contingente en la obra común de la patria. De unos queda el producto de la inteligencia, de otros el resultado del trabajo, sin que, por desgracia, la cooperación total, en noventa y cinco años de vida independiente, haya desarrollado las fuerzas del país a un nivel igual al de la mayoría de las repúblicas de América. No tenemos ferrocarril, pero poseemos una carretera, dicen los hombres de Estado. Ese criterio resume, condensa y establece nuestra distancia con respecto al meridiano de la civilización. ¿Y los jóvenes qué harán?

Cuando en nuestras rivalidades viciadas e infecundas se habla de alguna nueva representación de la juventud, salta la murmuración con su saliva envenenada y salpica a la víctima con saña mortal. Y así como para anonadar a un prójimo abúlico basta decir que es enemigo del gobierno, para herir a un ciudadano que empieza a distinguirse por sus méritos se echa mano de la palabra candidato. Pero ante el vigoroso tesón de los que se proponen evolucionar, ya no hacen ruido ni espantan esos tópicos, porque resueltos y confiados en la rectitud y legalidad de su divisa, no pierden su tiempo en revolver apasionamientos estériles. Escribe un joven, habla con razón independiente de los negocios públicos, expresa ideas de provecho general, trabaja y piensa. Entonces el politiquerismo lugareño sonríe con malicia, viendo un aspirante a la presidencia en toda alma ardiente que ejercita su actividad creadora. Así somos, y ojalá podamos dejar en la vera del camino todo este residuo moral de campanario, que descarta el provecho del colectivismo cordial y nos deshonra, aísla y empequeñece.

El Dr. Vicente Mejía Colindres es un representativo de la falange entusiasta que sueña y confía en el porvenir de la nación. No es un muchacho. Es un hombre con ejecutorias que lo abonan. Ha sido ministro, representante del pueblo en los congresos, jefe político de un departamento. Eso tal vez quiere decir algo para el burocratismo de reglamento y de clasificaciones; pero en el concepto de que hoy se aprecia a los hombres, Mejía Colindres vale por sus cualidades intrínsecas, por su buena organización mental, por su honradez, por su carácter firme y libre y por su corazón sincero y resuelto.

No espera como espectador abogado el desenvolvimiento de los sucesos, que van tejiendo, en el volar del tiempo, la trama de la historia, sino que medita, analiza, juzga con sereno juicio las causas de los hechos y su engranaje íntimo. No se cree un factor desligado de las energías de la república, sino que, como miembro consciente de la familia hondureña, es de los que consideran un deber ineludible el aporte del contingente individual en la tarea común de ascendimiento.

Su temperamento nervioso se revela en su prosa. En estilo cortado, con imágenes líricas, suele desarrollar sus ideas, en procesión rápida intermitente y con soltura y sindéresis magníficas. Con dedicación pudo ser un escritor atildado y brillante; pero él no coge la pluma sino cuando el desborde del sentimiento agita su numen, limpio de las impurezas de la vanidad y el egoísmo.

Sobre el pasado caben las opiniones definitivas, pero el presente y el porvenir no admiten fallos terminantes. El Dr. Mejía Colindres, por su actuación y antecedentes, es una esperanza lisonjera para este núcleo de individualidades lozanas, que rechazan las jefaturas del caudillaje y caminan en busca de las organizaciones fundamentales que establecen bases de propaganda y que operan prescindiendo de los personalismos. Se congregará, con lenta y segura reglamentación, la juventud seria, la que teme a las responsabilidades; y si en un lapso de veinte o treinta años nada útil y aceptable realiza en pro de esta sección centroamericana, dará franco paso a los que vengan atrás, con mejores orientaciones y preparación más completa y segura. Por el momento se nos considera ocupados en hilvanar las frases de Perogrullo. Esperemos.

(El Cronista, N.° 915, noviembre de 1915).

TIBURCIO CARÍAS (1876–1969)

El filósofo alemán Hegel decía que en este bajo mundo sólo estaban destinadas a dominar las razas batalladoras de Oriente, y los griegos, romanos y teutones. Terminado el poderío de las tres primeras, los pueblos verían levantarse pujante el poder de los germanos, cuyo destino civilizador se cumpliría en el tiempo y en el espacio a través de las mayores vicisitudes y obstáculos. Si tal pensamiento pudo ser extravagante juzgado desde el punto de vista de las nacionalidades modernas, y sobre todo en presencia de los trabajos del socialismo internacional que proclama la paz a base del respeto mutuo, hoy que las naciones cultas y ricas se disputan el predominio con la fuerza de los cañones, el espíritu se entristece, porque no encuentra en la eficacia del derecho la garantía suficiente que exige la existencia de los países débiles.

Presentada así la tesis, las pequeñas democracias de América no hallarán seguridad de vida si se confiesa que el instinto conquistador prevalece en todos los pueblos vigorosos, y no tendrán porvenir sino aquellos grupos que saben compactarse con la oportunidad debida para hacer frente a los peligros futuros. Las ideas madres que flotan en una época determinada desaparecen, se gastan, se diluyen en el correr de los años, a medida que nuevos problemas y mejores conveniencias estimulan el esfuerzo de los individuos.

En un tiempo el ideal de la independencia se presentó ante las aspiraciones de los hondureños como la meta de la felicidad colectiva; después la lucha se entabló, corajuda y violenta, por restablecer la unidad rota por el localismo extraviado; a continuación los partidos disputaron por obtener a balazos el triunfo de un principio, y hoy, cuando todavía fermenta el pasado, con su secuela de rutina y odio, nos sorprende el riesgo de la intervención extranjera. La entidad republicana puede desaparecer, y entonces nuestra misión histórica sería nula, nula siempre, antes de la conquista, durante la dominación española, en el fementido período de libertad y en un devenir anónimo, en el que no tendremos otra importancia que la valía territorial.

Se impone, pues, la concentración de los hombres aptos y de significación para que, congregados, mediten sobre las contingencias posibles. Si etnológicamente no estamos clasificados en los cuerpos dominadores, si no somos ni seremos gran potencia, es justo que laboremos por desarrollar en toda su intensidad el valor intrínseco de la república, y esa tarea meritoria corresponderá, en parte, a la nueva falange. A esta pertenece el general Tiburcio Carías, quien en su actuación política ha logrado acrecentar su carácter y prestigio.

Tiburcio Carías ha obedecido a la ley fatal del ambiente. De joven fue a la guerra civil, seducido por la propaganda democrática; de hombre también ha disparado en la contienda fraterna, pero a toda hora y en cualquier circunstancia ha revelado un temperamento sobrio y un criterio cabal de la justicia. Acata en su racional sentido la libertad y la ley, y también sabe estimarse a sí mismo, escuchando con respeto la voz de su conciencia. Es poco general y mucho ciudadano, porque, con franqueza hay que decirlo, nuestro militarismo, que a veces espeluzna, no es el llamado a verificar obra cultural sobresaliente.

"Amo al que ama su virtud", decía Federico Nietzsche. Carías es un carácter, en la acepción clara de rectitud volitiva y de firmeza de convicciones. Y Carías cultiva su carácter, no en el significado de capricho, sino como la aplicación constante de la voluntad en la persecución inteligente de un fin honrado y provechoso. Con buen talento, disciplinado en el estudio de la geometría y del álgebra, juzga con acierto y espera siempre en el terreno sólido del convencimiento. Abogado competente, no ejerce la profesión de procurador, pero conoce a fondo el mecanismo del Estado y la razón fundamental del sistema republicano. Puede ser un buen conductor de hombres, por su valor, por su abnegación y por su energía moral y corporal. Ha buscado un retiro provechoso en el campo, donde la naturaleza palpitante se convierte, para el meditativo, en maestra excelente, más sugestiva que los libros de los sabios y los poetas.

El general Carías es joven, y si en las asperezas del camino ha dejado muchas ilusiones, con la madurez de juicio comprenderá que la decepción no anida en los corazones erectos, porque si bueno fue el hombre en la época de Abraham, bueno es en el día, y si malos hubo en la era de Pigmalión, malos también existen en la hora presente. Ante los unos y los otros el alma bien templada siempre resplandece.

(El Cronista, N.º 933, Tegucigalpa, 22 de noviembre de 1915).

CARLOS MARÍA VARELA (1878–1916)

El 8 de abril de 1916 en Choluteca.

El sábado anterior, a las 8 p. m., rindió la última jornada de la vida en Choluteca el escritor y poeta, Lic. don Carlos María Varela.

Desciende joven a la tumba, pues apenas contaba 38 años. Perteneció a la generación literaria de Jerónimo J. Reina, J. Antonio Midence, Valentín Turcios Reina y cien más, que hoy día han ascendido a las cumbres del poder, y se han conquistado un nombre en la literatura y en la política o yacen durmiendo el último sueño en el regazo del Misterio.

Sólo él —el mejor organizado cerebralmente de todos—, en el concepto de muchos no pudo triunfar en la lucha por la vida y fue eternamente un fracasado. Pudo haber escalado las más altas cimas, como sus compañeros, y no quiso, porque no pudo arrancar de sí fatales estigmas ancestrales, que llevaba adheridos a la carne y a los huesos, como una nueva túnica de Neso.

Y lo arrastró la ola fatídica que ahogara a Edgar Poe y sumergiera a Rubén; la ola fatídica que amenaza a negar lo mejor y más puro de la intelectualidad hondureña. Conocimos a Carlos allá por el año 1897, cuando éramos estudiantes en el colegio del Padre Ernesto. Y dimos de niños nuestra admiración entusiasta al brillante orador que en cincos de julio y quinces de septiembre arrebatara el entusiasmo a las muchedumbres, con sus períodos sonoros, de puro sabor castelariano; al maestro que hacía para nosotros cuentos de hadas, por lo sabrosas, las lecciones de Historia de Centroamérica; al poeta que sabía poner música a sus canciones y cantarlas con voz dulce al pie de una celosía, como un trovador provenzal; al joven que, viniendo de humilde cuna, se había hecho un lugar en la sociedad, pedestal de éxitos futuros que le prometía el mañana.

Y un día, de pronto, como cediendo al empuje de un fatal determinismo atávico, todo se hundió en la noche, se perdió en la sombra. Pasaron los años, vino la reflexión cuando el joven se tornó hombre, y logró hacerse abogado. Mas no por los Códigos y expedientes curiales dejó de oficiar en el culto de Apolo. Dejaba que su Pegaso fuese de vez en cuando a pacer estrellas en el azul y a abrevarse en la fuente del ensueño. Pero ¡ay!, ya la Musa estaba envejecida y no tenía por el poeta el amor de los veinte años.

Rezagado quince años en literatura, no conoció sino superficialmente el movimiento artístico iniciado por Rubén en el idioma castellano, y que ha producido nombres que son: Ramón del Valle Inclán, Antonio y Manuel Machado, Francisco Villaespesa, Juan Ramón Jiménez, Emilio Carrere, Eduardo Marquina, Guillermo Valencia, Leopoldo Lugones, Amado Nervo, Julio Herrera Reissig y cien más, todos de la estirpe gloriosa de Darío, ramas todos del fuerte y alto roble nicaragüense.

De ahí su intransigencia con los nuevos, y sus críticas de estilo valbuenesco, como éstas, amenas, pero vacías como ellas. Creía que sólo deben seguirse las huellas de los clásicos y los románticos, y que la poesía que no encaja en los moldes de Rioja, los Argensola y el de León, o en los de Quintana, Zorrilla y Velarde, no era verdadera poesía.

Como orador, después de 15 años, aun cuando su pensamiento fuese el mismo, no tenía ya aquella voz sonora que nos entusiasmara de niños.

Pero era siempre el hombre amable y fino, el amigo de nuestra infancia, bueno y noble; el abogado que hacía suyo propio el asunto del cliente; el caballero, el buen hijo que adoraba a su madre y velaba solícito por sus hermanas.

Con el desaparecimiento de Varela, sentimos que algo se va de nosotros mismos, que nuestros recuerdos de la infancia, los recuerdos del colegio, se deshacen al viento, como el polvito de las alas de una mariposa. Que ya no somos lo que éramos ayer, como que a lo largo del camino de la vida hemos ido dejando pedazos de nuestro corazón. Descanse en paz el viejo amigo y maestro, y que no sea turbado el sueño sin ensueños que ya duerme.

(El Cronista, N.º 1050, 1916).

CÉSAR BONILLA (1916—)

¿Tiene talento don César Bonilla? Cualquiera responde afirmativamente, sin vacilar. ¿Ha hecho don César Bonilla el uso que debiera de su talento? Yo respondo que no, sin atenuantes ni distingos.

No se crea que viene un periodista a dictar leyes de conducta individual o a emitir fallos inusitados sobre los hombres. Es que aquellos que han sobresalido en la política o que brillan por su inteligencia están sometidos al examen de sus semejantes, bueno o malo, pero necesario en toda sociedad deliberante. Un hombre que se ha retirado al descanso de la vida privada y medita en los ángulos de su casa dirá que nadie tiene derecho de perturbar su reposo, enfocando la lente de la crítica hacia su personalidad. Y en estas democracias y en estos tiempos todo se analiza, todo se escudriña, todo se revuelve, porque sólo la agitación depura la verdad alrededor de los batalladores.

Sin embargo, don César Bonilla no ha sido combatiente, y esa es una de sus faltas. Desde luego no llamo combate al hecho de salir por la encrucijada, rifle en mano, a comer carne caliente y a matar conciudadanos. Se lucha también en la prensa, en la tribuna y en el libro.

Pocos en Honduras tienen aptitudes de publicistas tan raras y excelentes como don César Bonilla. Puede tomar la pluma y relatar la historia patria con profundidad de concepto y estilo sobrio y magnífico, y puede escribir una obra magna, condensando nuestros males y señalando mejores orientaciones a la juventud. Pero no lo hace, quizás por esta razón que resume nuestra apatía tropical: ¿para qué?

Se piensa que somos ingobernables, que estamos condenados a la mediocridad más triste y que nuestra prematura corrupción será incurable. Y con razonamiento semejante van camino de la muerte y de la nada muchas energías valiosas que, puestas en acción, dejarían tras de sí una huella de luz y de provecho.

El millonario John Rockefeller tiene sesenta y siete años de edad y vive consagrado al trabajo. Sólo se queja de que ya no puede desarrollar el esfuerzo de su juventud.

¿Y para qué trabaja más?, le dice un majadero. ¿Para ganar más millones?

El gran filántropo contesta sencillamente: creo que el deber del hombre consiste en ganar honradamente el dinero que pueda, guardar el que pueda y gastar cuanto más pueda. Y este rey del petróleo ha hecho donativos por doscientos millones de pesos oro y sigue bregando para ganar más, guardar más y regalar más.

Esa lección que da Rockefeller de la vida es un programa completo de educación. Hacer alarde de pereza ya no es de esta época de cultura y rapidez. Eso lo hacían en otras edades los nobletes segundones que no tenían ante sí ningún problema que resolver. Hoy cada individuo es un factor del mecanismo colectivo, y a mayor capacidad del componente corresponde más vigor y lozanía en la masa social, en la nación, en la república.

Digo, pues, que poseyendo don César Bonilla un talento de primer orden y una ilustración regular, ha dejado pasar los mejores años de su vida en una inactividad punible. Pudo ser todo lo que se puede ser en Honduras, y no ha querido salir de la apacible dulzura del hogar, relacionándose con la politiquería anodina que se entretiene barajando noticias sin trascendencia ni enjundia.

Yo creo que nada hay ineluctable en este mundo. Ni pueblos, ni razas, ni hombres, ni cosas, ni problemas recónditos. Todo puede acometerlo la voluntad afirmativa, con la seguridad de que todo empuje sano y viril deja algo bueno y útil en el proceso general de la civilización. El Almirante genovés descubrió el Nuevo Mundo a los 56 años de edad. Fue aquel un espíritu sustantivo que perseveró y triunfó.

Pero se dirá que no todos son Cristóbal Colón, ni se halla un nuevo continente a la vuelta de cada esquina. Es verdad: el hecho de América es uno, pero la enseñanza que de él se deriva es infinita. Cada persona es un mundo, decía Paul Bourget; es decir, cada individuo es un universo y es un Colón y es un Pizarro. La cuestión consiste en emprender un proyecto cualquiera, concorde con nuestra capacidad y con el medio en que nos agitamos. Realizarlo es descubrir un nuevo mundo.

Don César Bonilla merece toda mi admiración y respeto, y no me equivoco al declarar que todos sus amigos deploran, como yo, que, teniendo capacidades sobresalientes, las deje dormir el sueño de lo inútil.

(El Cronista, N.º 798, junio de 1915).

MÓNICO CÓRDOVA

Razón relativa tienen los que ponderan el pasado. Cuando Manrique echaba de menos el tiempo mejor, condensaba en una estrofa inmortal las deficiencias, en ciertos aspectos, del presente, las que son compensadas con nuevas creaciones de recreo moral, que en el porvenir serán lloradas, pero repuestas por otras alegrías, mutables también en la indefinida sucesión del tiempo.

Ya no hay hombres como los de tal época, se dice con frecuencia, porque en realidad, por circunstancias especiales, la generación de un período determinado tal vez ha sabido distinguirse, superando a las posteriores en el sentido verdaderamente cultural. Tendrán éstas mayor suma de conocimientos, más nociones de ciencia y de confort, pero no alcanzan la noble disciplina espiritual que conquistaron aquellos varones alabados.

Don Mónico Córdova no fue un político militante, ni un escritor, ni un sabio, ni un guerrero memorable; pero él representa, como el Dr. don Manuel Gamero, una casta de hombres honorables que casi han desaparecido en Honduras. Su religión, el trabajo; su ley, la hombría de bien en su acepción más amplia; su moral, el amor y la caridad para sus semejantes; su ambición, el bienestar y el progreso de todos, el niño en la escuela y el adulto en su labor honesta.

Cuando fue gobernador de su departamento, más que el jefe político que intriga con el Ejecutivo para congraciarse, obtener granjerías o satisfacer venganzas, era el padre de la comunidad, el consejero benévolo y desinteresado, el promotor sincero de toda idea de adelanto, y eso sin alardes, sin vanidades, sin ostentaciones indebidas. Rico, independiente, con buena posición social, con claro talento y respetado y querido por los que sabían conocerlo, su nombre era una garantía de probidad hidalga.

Filósofo, no de esos que trasegan a su cabeza vacía las teorías y lucubraciones ajenas, sino de los que observan los fenómenos de la vida en la realidad que pasa diariamente, dejando al analista penetrante una enseñanza, un dato, una impresión provechosa del interminable libro del mundo. Con vocación y constancia, Mónico Córdova habría escrito muchas cosas bellas y buenas. No a la manera de Federico Amiel ni de La Bruyère, sino en la forma apacible de Montaigne. Tenía suficiente elevación del pensamiento y un concepto claro del civismo. Agudo en ocasiones para juzgar los acontecimientos, su criterio ético fue invariable.

Conservador, quizás por tradiciones familiares, sus ideas eran tolerantes y sus juicios sobre la libertad humana pudo suscribirlos cualquier radical de América. Deploraba sin acritud las consecuencias de nuestras luchas intestinas, porque era hombre de paz y de luz. «Mis ganados —decía— son cachurecos y liberales, pues cuando pasa una fuerza conservadora se come a las reses liberales, y viceversa». Y esa ha sido la eterna queja de aquellos que han podido comprender que la guerra civil sólo ha servido para retrasar el avance de la república, desanimando o arruinando al propietario que únicamente necesita garantías para prosperar al amparo del orden legal.

El recuerdo de don Mónico Córdova trae a la mente las palabras del gran orador español Costa: «Hombres, hombres, y no papel necesitan los pueblos en disolución. Gobernantes con el alma de Jovellanos y de Aranda y la acción de Fernando y Cisneros. Esto se necesita para rescatar los cuatro siglos perdidos en la historia. Hombres con cabeza de sesos y no de estopa; hombres de enjundia, con corazón que no mane tinta para los expedientes, sino sangre roja para el pueblo».

Para que surja el país se necesitan hombres, y la juventud que evoluciona debe inspirarse en el ejemplo de aquellas personalidades que, como don Mónico Córdova, han tenido cerebro magnífico, alma grande y un corazón que ha dado su sangre roja, en forma de positivos beneficios, a todos sus conciudadanos.

(El Cronista, N.° 980, enero de 1916).

FALLECIÓ EN MÉXICO EL FUERTE ESCRITOR SALATIEL ROSALES (1884–1926)

Ayer en la tarde fuimos dolorosamente sorprendidos cuando se nos participó la muerte del escritor don Salatiel Rosales, ocurrida en México ayer mismo. Nos costó creerlo, pero el cablegrama que a continuación publicamos íntegro vino a confirmar la fatal noticia.

"México, 22 de septiembre de 1926. A Froylán Turcios, Tegucigalpa. Suplicóle informar: Salatiel Rosales falleció hoy en esta ciudad. Porfirio Hernández".

Nos llena un sincero pesar, porque el desaparecido era una mentalidad que daba lustre a las letras contemporáneas. Era de los pocos que en nuestra tierra amaba la meditación y se entregaba a serias y concienzudas especulaciones.

Parecía el escritor adusto una de esas naturalezas herméticas impermeables a todo lo que es de este mundo que no se traduzca en seriedad y reflexión. ¡Qué equivocados los que tal pensaban del fuerte Salatiel! Alma soñadora y encantada de la Belleza, casi era un lírico filósofo, amador del ritmo múltiple y de la prosa armoniosa.

Estilista, investigador y energista, creyó que lo que hacía falta a su alma en su propia tierra podría obtenerlo en sus viajes. Y esa era su gran inquietud. Dos veces fue a México y aunque del primer viaje trajo amargores que se le clavaron muy hondo, exiliado tuvo de nuevo que buscar la tierra que debería acoger sus restos como un tálamo de bondad.

Hizo ensayos de periodismo y cuando estuvo al frente de un semanario en Atlántida probó su firmeza de carácter y su entereza en estas lides; los arbitrarios mandaron a darle de palos y una noche lo deportaron a Puerto Barrios, pero allá no quisieron recibirlo y volvió a Puerto Cortés, preso siempre, hasta que lo desembarcaron en Belice. Desde entonces no volvió a Honduras aquel batallador incomprendido y desalojado porque no era ni áulico ni proxeneta.

Volvió a enderezar su marcha hacia México, donde soñó triunfar y su lucha fue desesperada, pero se abrió paso y colaboró en las grandes publicaciones. Sus producciones atrevidas y afirmantes provocaron ataques tempestuosos, como su artículo a raíz de la muerte de Anatole France.

Titulado en nuestra Universidad, no ejerció su profesión de abogado; más bien en México hizo armas en el bufete de un eminente jurisconsulto.

Su vida era de estudio y de meditación. Aislado y maltratado por los cuidados pequeños de la vida, parecía a veces un misántropo. De espíritu aguzado, su ironía era un arma florentina que hundía con deleite hasta por antojo de sus nervios. Polemista contundente, tenía aptitudes de ático gladiador.

Su conversación era exquisita, y aunque se deleitaba oyéndose, se hacía oír porque en ella se revelaba en gran parte. Íntimamente era un «completo amigo», amplio y cordial. No le conocimos los bajos egoísmos de otros que se colocan antes que todos. Era generoso y sincero, no por alardes sentimentales, sino por un razonamiento que le imponía estos ademanes que se tienen como inconscientes.

Gustaba de los deleites refinados y comprendía toda la excelencia del savoir vivre. A veces llamábase él mismo un epicúreo y oponía una notable sonrisa de contraste a las vulgaridades de la vida diaria.

Sus lecturas no pudieron ser más extensas y variadas. Salatiel lo leyó todo y su gran tendencia de literato pensador hizo que no rehusara cuanto podía embellecer su espíritu. Ora se le encuentra como un discípulo kantiano, apegado a su sistema y lleno de una devoción exaltada. Ora es el exegeta analista y pulcro en sus investigaciones. A veces se daba tonos de literato jovial que cuadraban en él afablemente.

Así era, y por eso se le estimaba como el escritor de reposo y amanerado.

En México, en estos últimos años, se le empezó a notar un cierto decaimiento orgánico y empezó a consultar su mal con varios médicos, pero se cansaba de las dictaduras dietéticas. El hígado, la víscera formidable de tan grandes funciones, lo tenía enfermo y lo fue aniquilando hasta que el mal prosperó tanto en estos últimos días que tuvo que buscar la Casa del Periodista, refugio bondadoso que creó El Universal, y allí expiró rodeado de los camaradas que estimaron su claro talento.

Soñó con el retorno a sus montañas; así escribió a muchos de sus amigos, confesando su nostalgia por la tierra maternal, evocando el pueblecito de San Esteban, Olancho, en donde nació.

Sin tiempo para un más extenso artículo, le consagramos estas líneas plenas de sincero afecto, deseando que repose tranquilamente bajo el cielo de Anáhuac.

(El Cronista, N.º 3675, noviembre de 1926).

ERNESTO ARGUETA (1884–1962)

En el caso de invocar los nombres del joven pensamiento hondureño, habrá que mencionar en primera fila al Dr. don Ernesto Argueta. El cogito de Descartes es universal, porque la inteligencia está repartida en todos los individuos del planeta; pero algo va de la mente de Platón al círculo intelectual de un negro de la Abisinia, y hay distancia regular entre lo que discurre un esquimal y lo que meditaban Malebranche y Rousseau. Y en las mismas colectividades contemporáneas siempre se representa la cumbre de la idea por los selectos, por aquellos que reflejan mayor fuerza cerebral resguardada por la rectitud del alma.

No es el hecho de ser el más inteligente. Es la circunstancia de unir a un talento equilibrado la ecuanimidad moral, la honradez privada y pública, el concepto claro de la justicia, la decencia en el corazón y en el cuerpo, el amor a lo verdadero y a lo bueno. De los conceptos metafísicos quedan muchos principios inmutables, cuya interpretación es imposible en la edad de los ejercicios escolares, pero que en el curso del tiempo se presentan claros y precisos para los varones comprensivos. El hijo predilecto de Dios tiene un destino común: descubrir la verdad, que no es otra cosa que realizar el progreso, practicar el bien y amar la belleza, porque esa trinidad responde satisfactoriamente a las más nobles aspiraciones del espíritu. Y sólo se predican las ascensiones generosas, porque la corrupción, aunque es práctica, jamás ha recibido una voz de aliento. Por ese motivo el prostituido vive en la comunidad social, pero jamás conquistará simpatías sinceras y espontáneas.

El Dr. Argueta se inscribió en aquella falange juvenil que se propuso dar un impulso resuelto a los trabajos unionistas. Su tarea fue meritoria, pero tal labor era inconsistente hasta cierto punto, porque el desenvolvimiento fatal de la política centroamericana señala otros senderos al patriotismo que anhela verificar una obra nacional positiva. Hoy se piensa que los hondureños están obligados a hondureñizarse, esto es, que las fuerzas creadoras de la juventud deben propender en primer término a desarrollar las virtudes totales de la república, a fin de que, organizada una democracia respetable y fuerte, sea un contingente valioso en la entidad federativa. Esta nueva tesis dará resultados más provechosos, porque no desviará las energías de los combatientes en la persecución de un ideal inconcreto, sino que concentrará el trabajo en beneficio de los problemas urgentes de la patria.

El Dr. Argueta, con voluntad bien dirigida, ha sufrido la evolución natural de toda inteligencia observadora y penetrante, y hoy ya no es el muchacho que busca el éxito efímero de un discurso lírico dedicado a llorar sobre las ruinas del pasado, sino que, con visión exacta, comprende perfectamente el sentido trascendental de la nueva orientación que persigue el evolucionismo. Acepta risueño la befa que pesa sobre nosotros por el momento, pero perseverante, calmoso, independiente y emprendedor, va por el camino que siguen siempre los caballeros educados en la escuela del trabajo eficaz. No pertenece a los proyectistas vacíos, en quienes la abulia, más que enfermedad, es el resultado de nuestro incompleto sistema de enseñanza.

Ernesto Argueta es muy joven, y por lo mismo su porvenir es también otra esperanza. Con cualidades oratorias de primer orden, con una profesión en la que se distingue por su laboriosidad y honradez, con las consideraciones de todos y el cariño de sus amigos, figura en la presente generación como uno de los colaboradores más queridos y sobresalientes.

Nuestros bachilleres aliteratados no han hecho obra útil. Vamos, en el tiempo, por un período que requiere lucha fructífera, porque las vaguedades del palabrerismo poético nos llevan a una cursilería punible. No condenamos el arte, pues simplemente deploramos la creciente afición al cultivo de un arte mediocre, soso y flaco. La ruta es la que ha señalado Argueta con la creación de una Junta de Fomento en su departamento. Por allí se empieza. Si ese paso no produce los efectos que se buscan, se da otro, y otro y otro, pero siempre en pos de un fin serio y provechoso para la nación.

(El Cronista, noviembre de 1915, núm. 927).

LOS QUE HABLAN

Oyendo ayer, en el Salón de Actos de la Universidad, al notable escritor don José Antonio López, sentimos un gran entusiasmo. No importa que no estemos de acuerdo con él en lo que toca a su opinión sobre materialismo: lo que importa es que, a su edad, llegue a la tribuna a explanar sus ideas, a elogiar lo que él cree que es bueno y a combatir lo que cree que es malo. Hombres como el señor López son los que en nuestro concepto merecen el aprecio y el respeto de la juventud. Hombres que hablan; hombres que, en la madurez de su inteligencia, doctrinan públicamente en el propósito de ser útiles a sus conciudadanos.

Aquí, por desgracia, cuando el hombre instruido pasa de los treinta años, se encierra en un mutismo desconsolador. Piensa, pero su pensamiento no sale a luz, no sirve a la patria.

El viejo entre nosotros no es como el viejo en otros países. El viejo entre nosotros se recoge en la anonimidad, en el silencio, en el egoísmo; el viejo en otros países vive combatiendo, enseñando, exponiendo constantemente los frutos de su experiencia y su sabiduría. Viejos así son amables, dignos de reverencia y homenaje. El señor López es hondureño, pero no parece de Honduras. Hay razón: ha vivido muchos años fuera de Honduras.

Cordialmente lo aplaudimos desde estas columnas.

(El Cronista, N.º 726, marzo de 1915).

ESTANDO ENFERMO

Que estoy enfermo es una verdad matemática, aunque no de esas que necesita conocer el sabio.

Estando mal de salud, sin deseos de trabajar, tengo que hacer algo, forzosamente, que me divierta y distraiga, y me pongo en mi holganza a barajar tipos, pueblos, episodios y paisajes, para dar ocupación a la loca de la casa y para conllevar el dolor de este reuma que me aqueja.

Y como la nota palpitante que embarga la atención del público es la política, y como de la política lo que se toma en última substancia son los hombres, ya en su condición de autores o de histriones, hay que apechugar con los hombres y revolverlos y sacudirlos en sus actos, para conocer sus manifestaciones más legítimas, positivas, reales.

Y allá van hombres.

Me apena, a veces, cuando por casualidad me siento humano (no pretendo ser divino tampoco), considerar que de los hombres, los unos nacen para divertir al público, y los otros, los menos y más culpables, viven para gozar con los hechos ajenos. Y de todos ellos, un grupo fuerte vive de la credulidad de sus semejantes, a quienes envuelve en una red interminable de chamarros.

Y me remuerde la conciencia, porque para ser escudero del público, fiel y leal, magnífico y grande, como lo era Sancho de don Quijote, necesitaría desnudar constantemente a muchos espíritus para que sean conocidos en su expresión metafísica más simple.

Y aquí vendrían los viejos; pero como ese es un problema delicado y difícil, que se queden aparte, allí, a un lado, por el momento. Yo me voy con algunos más jóvenes, en amigable compañía, por el camino que conduce hacia un pasado bien corto.

Decidido a leer los códigos de Honduras, para ejercer oportunamente la profesión, ya que profesión es la palabra consagrada, recordé que uno de nuestros jurisconsultos más voluminosos es el Dr. don Mariano Vásquez, censor de la codificación de 1898, que se pudre de mala, y autor o inspirador de las leyes vigentes, promulgadas en los tiempos del Gral. Bonilla, como si dijéramos en la muy hidalga era del muy noble y sabio don Alfonso X.

Recordar a don Mariano y olvidar reuma, código y profesión, todo fue uno. Y olvidé todo eso, porque la mente se fijó en dos episodios que paso a relatar y que motivan esta cháchara.

Me habían referido, en otros tiempos, que en un Congreso reunido en Comayagua, don Mariano, en un rapto de lirismo incivil, dio tamaño beso en la mejilla al Gral. don Luis Bográn, Presidente a la sazón de la República.

Ni me importó esa referencia ni me sorprendió, porque dar un beso no es cosa trascendental ni costosa, y menos al Gral. Bográn, a quien, si no los hombres, las mujeres supieron darle muchos y prolongados y ardientes.

Me contaban también que, en tiempos de la reelección del General Bográn, y cuando los liberales de Honduras postulaban como candidato a la Presidencia al Dr. don Céleo Arias, don Mariano trabajó con sus amigos liberales en favor de Arias; pero en el momento de dar su voto, como éste era público entonces, lo dio por el General Bográn. Cosa tampoco nueva ni admirable, ni siquiera digna de aprenderse de memoria.

Todo lo dicho me interesa poco y lo doy por no referido ni contado.

Vamos a cosas más recientes y recomendables.

Hubo en Corinto, en 1904, una reunión de Presidentes, a la cual reunión asistió don Mariano, en su carácter de Ministro de Relaciones Exteriores.

En la mesa, a la hora de los discursos, y después que había hablado el señor Presidente General Zelaya, habló don Mariano en nombre del General Bonilla. Cierto personaje importante de Nicaragua dijo don Manuel, quedo, pero para que lo oyera don Mariano: «Qué bien habla este señor; debe ser muy inteligente».

—Ah, sí —dijo el General Bonilla—, por eso lo tengo en el Ministerio.

Pasados algunos días, me dijo en Managua un caballero amigo lo siguiente: «Hablé con el señor X acerca de la Conferencia de Corinto, y entre otras cosas me preguntó: "¿Quién es un hombrecito que pronunció un discurso que se venía aprendiendo, sin duda, desde Amapala, y de quien yo dije al General, en burla y para que oyera, que me parecía muy inteligente?"».

En Tegucigalpa he oído decir que sonó ese discurso de don Mariano como la nota más alta de la oratoria americana.

¡Y en Corinto aquello fue sencillamente bufo!

Yendo para El Salvador el año próximo pasado, supe en La Unión que don Mariano había dicho allí, o en otra parte, que afortunadamente el Gobierno de Honduras lo había nombrado a él Agente ante el Gobierno salvadoreño, pues creía haber asegurado la paz en Centroamérica con sus gestiones oportunas.

Eso lo decía en abril o mayo del año anterior, ¡y en junio estallaba la guerra entre Guatemala y El Salvador!, en la cual tomó cierta parte el Gobierno de Honduras, puesto que movilizó fuerzas y chilló en la prensa, hasta enronquecer, contra el señor Estrada Cabrera.

Saco en conclusión que don Mariano me ha proporcionado un rato de solaz, haciéndome olvidar el reuma y dándome asunto para el editorial de hoy, que buena dificultad me estaba presentando.

Muchas gracias.

(La Prensa, N.º 80, 12 de julio de 1907).

GENERAL JESÚS QUIROZ

Ayer a las 8 p. m. falleció en la ciudad de Yoro el General Quiroz, causando su pérdida mucho pesar a su familia, a los amigos y a la sociedad.

Dotado de talento y de una actividad infatigable, sobresalió en cuanto ejecutaban sus energías, con una destreza práctica que era su capacidad culminante.

Formó familia en su matrimonio con doña Francisca Morejón, persona distinguida, culta y hacendosa, que le ha sobrevivido para honrar su memoria y humedecer con sus lágrimas la tumba en que descansarán sus despojos.

Formó propiedad mediante duradero y económico esfuerzo, en tareas de comercio, de agricultura y de negocios varios, como obrero agencioso de múltiple iniciativa.

En su larga vida, con frecuencia tomó cartas en la política y colaboró en la Administración pública, sin hacerse sospechoso de bajezas y de indignidades que lo deshonraran; y ahora que ya no existe, la historia debe recoger su nombre para agregarlo a la lista de los hijos selectos de nuestra Patria.

Mucho que honre la memoria del señor Quiroz y consuele a su viuda doña Francisca Morejón puede servir para formar una corona al peregrino que emprendió anoche la jira de ultratumba.

¡Paz a su sepulcro y resignación a su familia!

(La Prensa, N.° 881, 1908).

EL DOCTOR ALEJO S. LARA 1865–1917

El sábado a las cinco de la tarde murió en esta capital el Dr. don Alejo S. Lara, después de una violenta enfermedad.

Sin tiempo para dedicarle una necrología, lamentamos su muerte y damos a su esposa, hijos y demás familia nuestro sincero pésame.

Fue el Dr. Lara un hombre de talento. Pocos en Honduras poseían como él un criterio sólido y exacto sobre los sucesos y las cosas. La misma facilidad que tenía para pensar, y pensar bien, la tenía para escribir. Sus cartas, cuando quería, eran interesantísimas. Nosotros conocimos una colección de su correspondencia de hace años, cuando joven permaneció en París. Hay en su estilo gracia, flexibilidad y soltura natural. Era hombre observador y penetrante.

Buen amigo. Hizo el bien siempre que pudo y evitó el mal cada vez que su posición se lo permitió. Buen esposo y buen padre. Deja un hogar sin consuelo y desolado.

Ayer a las cuatro de la tarde fue conducido su cadáver al cementerio general. Reposa ya en el lugar común, allí donde comienza lo desconocido y lo obscuro, donde no penetra más que el recuerdo.

Paz sobre su tumba.

(El Cronista, N.º 1346, 1917).

COMBATE DE MARAITA

No es el primero de los combates del mundo que lleva el nombre sin que en realidad le corresponda. Un incidente cualquiera o la proximidad de un lugar de nombre más conocido han bautizado la mayoría de las batallas trabadas por los hombres.

En la prensa extranjera, y en Honduras misma, se cree a pie juntillas que la última acción de armas dada por los revolucionarios antes de tomar la capital fue precisamente en el pueblo de Maraita, donde murió el jefe de las fuerzas gobiernistas, General Sotero Barahona.

Y nadie, aunque demuestre lo contrario, hará que deje de llamársele de Maraita al combate que se libró en Los Coyotes, a pesar de que en el cerro de ese nombre fue donde en realidad se combatió y donde se había parapetado, desde nueve días antes de la lucha, el General Barahona.

El día trece de marzo, el General José María Valladares fue atacado en el cerro de Las Calabaceras. Con el auxilio de la columna que de Yuscarán llevaba el General en Jefe, Dr. Gutiérrez, y la que más tarde llegó al mando del General Tiburcio Carías, fueron rechazadas las fuerzas de Barahona, las que descendieron del cerro mencionado, adonde habían logrado subir en parte, atravesaron el pequeño valle de Las Galeras y el llano de Lizapa, y fueron a acamparse en Los Coyotes, cerro muy extenso, que tiene cerca, y al Poniente, el pueblo de Maraita.

Allí permaneció Barahona, atrincherándose, saludando algunas veces al enemigo con disparos de cañón y tiroteando a todos los que atravesaban el llano de Lizapa para ir adonde el Gral. Valladares, que se encontraba con el Gral. Moncada, en La Unión.

En Maraita sólo estaban los heridos que resultaron del combate de Las Calabaceras y un pequeño resguardo, como de cincuenta hombres, mandados por Barahona para cuidar a los enfermos.

El veintidós se dio el ataque general, principiando por la toma de Maraita, para poder picar la retaguardia. Pero en Maraita no hubo combate. De El Retiro, donde se encontraba el Jefe de las fuerzas auxiliares, Gral. don Emiliano J. Herrera, se dispararon algunos cañonazos, mientras el Gral. Salamanca se dirigía al pueblo, el que fue tomado inmediatamente.

Eso como a las nueve de la mañana, quizá antes.

A continuación se procedió al ataque de Los Coyotes por el flanco izquierdo, ataque que fue favorecido por la artillería colocada en la cumbre de El Retiro. Rechazado el enemigo por ese flanco, se empezó el ataque del frente, el más reñido de los que tuvieron lugar en la parte Sur de Los Coyotes.

Como a las dos de la tarde, el General Herrera, de El Retiro, dirigió un telegrama, que yo escribí, al señor Presidente de Nicaragua, General Zelaya, diciéndole lo comprometido que estaba el combate por el centro, comunicándole que Maraita había sido tomado y participándole que tenía dos piezas de artillería inutilizadas.

Como a las cuatro fue rechazado el enemigo por el frente y se empezó el ataque por el flanco izquierdo, esto es, por el lado de Las Casitas.

Eso por la parte Sur y Poniente.

Por el Norte habían empezado el ataque, de modo formidable, y desde temprano del día, los Generales Moncada y Valladares, quienes estrecharon las fuerzas de Barahona, cortándoles la salida que pudieran haber tenido por La Unión, con destino a Tegucigalpa.

Rodeado Barahona por el Sur, Poniente y Norte, no tuvo más remedio que romper línea por el Oriente, descendiendo al llano de Lizapa, donde se encontraban pequeñas columnas, entre otras, las del General Carías, Coronel Gamero y el Estado Mayor de Gutiérrez. Allí fue la catástrofe, el final trágico de aquel rudo combate que duró todo el día.

Por el lado de El Retiro se vio casi terminada la jornada a las cinco de la tarde. A esa hora, el General Herrera telegrafió al señor Presidente de Nicaragua, comunicándole la derrota de Barahona. El telegrama fue escrito en El Retiro, transmitido en Las Casitas y fechado en Maraita, a donde aún no había llegado Herrera, y donde no había oficina telegráfica.

Esos mensajes llegaban a Managua, y de allí se transmitían las noticias a la prensa extranjera, dando, por supuesto, el nombre de Maraita a la acción de armas librada.

Hay que advertir, entre paréntesis, que la línea de fuego nuestra era muy extensa, pues empezaba en La Unión y terminaba en El Retiro, esto es, tenía tres o cuatro leguas.

Barahona nunca creyó que lo atacaran por El Retiro.

Como a las siete de la noche llegamos con Herrera a Maraita. Al siguiente día salí para Las Galeras, donde aún estaba insepulto el cadáver de Barahona.

De allí salí para Güinope a cumplir una comisión del General Oquelí Bustillo.

Recordé en aquel pueblo que los manuelistas habían dicho que las fuerzas de la revolución, en San Marcos, habían asesinado cruelmente al General Florencio Mejía Juárez, y temiendo que en lo de adelante hicieran igual afirmación respecto de la muerte de Barahona, fui expresamente a interrogar al General Lee Christmas, que se encontraba como prisionero de guerra en el pueblo precitado, sobre el combate de Los Coyotes y la muerte del jefe de las fuerzas manuelistas.

Y para que el señor General Christmas no se negase a contestarme, en la creencia de que yo fuese un simple Juan Particular, con resabios de curioso impertinente, le mostré un pliego en que constaba mi carácter de corresponsal en campaña de un diario nicaragüense.

Christmas, con toda deferencia, contestó a mis preguntas y me autorizó ampliamente para que usara de su nombre cuando quisiera relatar la muerte de Barahona, declarando que aquel jefe murió en la lucha, en el llano de Lizapa, cuando trataba de escaparse por el camino de San Francisco y El Zamorano, con dirección a esta capital. Christmas y Barahona cayeron cerca el uno del otro, el primero con una herida y el segundo con dos.

Los comentarios del combate y de la muerte de Barahona, por su impericia o porque la rueda de la fortuna lo llevó a tan heroico y prematuro fin, que los hagan otros más amantes de los relatos bélicos y más entendidos en crítica militar.

Yo refiero lo anterior porque más de una persona dice en esta capital, por despecho o malicia, que Barahona fue bárbaramente asesinado. Mi conversación con Christmas pasó delante del Coronel Adolfo Nolasco, que actualmente reside en Amapala.

Hasta hoy no había tenido tiempo de hacer el relato que antecede. Considero gloriosa la muerte de Barahona, quien fue un hombre de acción y de empuje; y si sus correligionarios estimaran su memoria lo bastante, no lo harían aparecer ante las generaciones nuevas como un jefe valeroso vulgarmente asesinado, sino como un héroe de leyenda, muerto con la heroicidad de un semidiós, para hacerle renombre y convertirlo en un estímulo que les diera alientos para conquistar el porvenir.

Yo no lo adulo después de muerto, ni lo denigro a través del sepulcro.

Sobre su tumba sólo pongo el silencio.

(La Prensa, N.º 146, 27 de septiembre de 1907).

A PROPÓSITO DE LAS CUESTIONES HISTÓRICAS

Hemos publicado algo que se relaciona con la personalidad del ex presidente de la república, Gral. don José Santos Guardiola. Notamos con mucha frecuencia que lo escrito por algún conocedor de los hechos es rectificado por otro siempre que se trata de cuestiones históricas.

A pesar de ser tan joven nuestra democracia, no es fácil establecer la verdad sobre sucesos y personas de ayer. País que no tiene historia, ha dicho alguien, no es país.

El General Morazán, en sus Memorias de David, refiere las maniobras de los enemigos de don Dionisio Herrera, después de que éste acusó ante el Congreso al presidente Arce, y relata lo siguiente:

«Despechados los enemigos del jefe Herrera con el mal resultado que tuvieron los medios que habían empleado hasta entonces para trastornar el orden, se decidieron a quitarle la vida. A media noche los asesinos dirigieron sus tiros por dos balcones de la casa que habitaba, a otras tantas camas colocadas al frente. Los malvados ignoraban cuál de ellas pertenecía al jefe Herrera; pero sabían muy bien que una era ocupada por su esposa. Sin embargo, antes quisieron triplicar las víctimas, agravando su crimen con la muerte de la madre inocente y del hijo tierno que aquella tenía en sus brazos en el fatal momento, que permitir que se les escapase lo que era objeto de la venganza de aquellos que habían estimulado su sórdido y mezquino interés. Pero por una feliz casualidad las balas se introdujeron en el colchón de la cama en que se hallaba la señora de Herrera, y otras rompieron una columna del catre en que dormitaba éste, sin haberles causado daño alguno».

«Los asesinos presentaron en su precipitada fuga las señales positivas de su crimen. En aquella misma noche, sin ser perseguidos, desaparecieron de la ciudad de Comayagua el escribano Ciriaco Velásquez y Rosa Medina, quien después acreditó, con la destrucción de las mejores casas de Comayagua, mandada a ejecutar por el coronel Milla cuando sitiaba aquella ciudad, que era tan buen incendiario como torpe asesino».

El presbítero don Antonio R. Vallejo, en su Historia Social y Política de Honduras, aludiendo al atentado anterior, dice:

«En estas aseveraciones del General Morazán hay un grave error, que queremos deshacer, porque ha llegado el tiempo de escribir la verdad y de hacer justicia a los hombres, sin distinción de carácter político. Lo que pasó fue lo siguiente: personas contemporáneas, que aún viven, aseguran que lo acaecido en la noche del 1.º de noviembre fue una farsa fraguada por el jefe Herrera para tener pretexto de perseguir a sus desafectos políticos, como lo hizo. Comprobantes de este hecho son el haberse ido a dormir esa noche con su familia a la cocina de la casa que habitaba y el haber figurado a la cabeza de sus asesinos el comandante de la guardia de honor, que era un tal Escobar, que continuó en su puesto. Otro tanto pretendió hacer cuando gobernaba en 1830, 31, 32 y 33 a Nicaragua; pero oportunamente le hicieron comprender que ya conocían sus prestidigitaciones».

Vallejo cita para comprobar su afirmación el dicho accidental e incoherente de una sirvienta de Herrera, llamada Dorotea Arrazola, y las conversaciones tenidas sobre el particular con algunas personas de Comayagua.

El caso histórico es interesante. Nosotros lo sometemos a la crítica de nuestros hombres de letras. Desde luego declaramos que nos merece más fe la palabra del general Morazán que la del presbítero Vallejo. La seriedad de don Dionisio Herrera y su pura y diáfana actuación como jefe de Estado de Nicaragua nos obligan a creerlo incapaz de una farsa. Y además, si alguien, con mayor motivo que una sirvienta, pudo conocer y apreciar la tentativa de asesinato fue Morazán, amigo de Herrera, hombre de genio y esclavo del honor. Morazán escribía la historia de los acontecimientos a raíz de los mismos. Si pudo equivocarse en cuanto se refiere a la apreciación de los sucesos, no podía desconocer la existencia de los mismos, y mucho menos falsearlos ante la posteridad.

(El Cronista, N.º 3.337, mayo de 1925).

DOS PALABRAS DE CRÍTICA HISTÓRICA

Hemos leído en la prensa de nuestra patria los mayores denuestos contra el tratado de Namasigüe, firmado el 11 de abril de 1885 por los representantes de Honduras, El Salvador, Nicaragua y Costa Rica. En la tribuna pública oímos siempre la palabra airada contra este pacto, y tal vez nosotros mismos, influenciados por el ambiente y sin reflexionar con el reposo necesario, hemos tenido quizás alguna frase de censura contra ese convenio memorable.

Releyendo los antecedentes de la guerra que provocó el general Rufino Barrios y sus consecuencias, encontramos un despropósito en el plan del tirano guatemalteco, al proclamarse jefe militar de Centro América, y un acto débil en la política del general Bográn al prestar su apoyo bélico a proyecto tan audaz y aventurado.

Muerto el general Barrios en Chalchuapa, ¿qué papel le correspondía al general Bográn en Honduras? ¿Debió éste, él solo, continuar la guerra para realizar el ideal morazánico? ¿Debió lanzarse a la pelea para salvar el honor nacional? Y en este caso, ¿en qué consistía el honor nacional?

El 28 de febrero de 1885 se proclamó Barrios director militar de Centro América. El 5 de marzo, la asamblea nacional guatemalteca declaró que secundaba en un todo los empujes unionistas del jefe del poder ejecutivo. El 22 de marzo se firmaba en Santa Ana un tratado de alianza ofensivo y defensivo entre los gobiernos de El Salvador, Nicaragua y Costa Rica, en cuyo artículo quinto declaraban, respecto de Honduras, que atendiendo a las simpatías que este pueblo ha inspirado siempre e inspiraba en la actualidad, los gobiernos signatarios emplearían todos los esfuerzos para atraerlo a la amistad y alianza que motivaba el convenio, el que tenía por objeto primordial, según lo establecía en su artículo primero, derrocar a Barrios de todo poder en Centro América.

El 2 de abril de 1885 moría Barrios en Chalchuapa. El 23 del mismo mes la asamblea guatemalteca derogaba los decretos anteriores del 28 de febrero y el 5 de marzo. Cesaba oficialmente y de hecho la guerra por la unión de Centro América.

¿Qué actitud debió tomar entonces el gobierno de Honduras? Envainar el sable y nada más.

En tales condiciones puede decirse que el tratado de Namasigüe fue un triunfo para Honduras y un éxito magnífico para el general Bográn. Conforme a las prácticas de la guerra de todos los países y todos los tiempos, los ejércitos de Costa Rica, Nicaragua y El Salvador pudieron caer sobre Honduras, vencerla, cambiar el personal del gobierno, cobrarle una fuerte indemnización en dinero y hasta cercenarle el territorio.

¿Qué estipuló, en esencia, el tratado de Namasigüe? Lo que era lógico en el marco de las circunstancias, sin sacrificar el decoro ni la honra de la nación. Al contrario, la idea madre que motivó la guerra salía triunfante, puesto que Honduras se comprometía con sus nuevos aliados a empeñar todas sus fuerzas para llevar a cabo la reorganización de la nacionalidad centroamericana por las vías racionales y pacíficas que aconseja la civilización.

Se comprometía también Honduras a emplear sus buenos oficios a fin de obtener la organización de un nuevo gobierno en Guatemala, que diera garantías efectivas para un arreglo satisfactorio de paz entre los gobiernos de El Salvador, Nicaragua, Costa Rica y Guatemala.

El 11 de abril, fecha del tratado de Namasigüe, no se conocía la definitiva reorganización de Guatemala; por consiguiente, por razones de precaución muy obvias, en el convenio de que nos ocupamos se comprometía Honduras a dejar pasar por su territorio, si necesario fuere, los ejércitos de los pactantes. El Congreso Nacional reunido en Tegucigalpa, por decreto del 7 de marzo, facultó omnímodamente al poder ejecutivo para que concurriera a la campaña nacionalista. Consecuencia de esa campaña y de esa facultad era el tratado de Namasigüe.

Acerca de él dice el general Bográn en su mensaje del 3 de enero de 1887:

«...En tal concepto, comisioné al inteligente y patriota Dr. don Adolfo Zúñiga para ajustar la paz con Nicaragua, representada por el honorable general Joaquín Zavala, y con El Salvador y Costa Rica, representadas por el honorable general don Lisandro Letona. Tratóse la cuestión en mi presencia, con la cordura y elevación de sanos propósitos en que abundaban los tres agentes en pro de la paz, la dignidad y el interés de Centro América, y sin ofender en lo más mínimo ni la dignidad ni los derechos de la República de Guatemala, nuestra amiga aliada. Se firmó en consecuencia el convenio que lleva el nombre de Tratado de Namasigüe; convenio que hirió en el corazón a los bochincheros de oficio, que querían la guerra, porque la guerra es para ellos profesión para ganarse la vida y para llenar ilegítimas ambiciones. Y en verdad, el convenio de Namasigüe, altamente patriótico y digno, les arrebató la ocasión propicia de anarquía que produjeron la muerte del general Barrios y el singular entusiasmo guerrero que se había despertado en el ánimo de los señores Presidentes doctores don Rafael Zaldívar y don Adán Cárdenas».

Bográn, por habilidad, por instinto, o porque lo protegía su estrella, conjuró una tempestad para Honduras en Namasigüe, porque el politiquerismo faccioso y homicida ululaba ya alrededor de la sangre que había empezado a derramar el dictador de Guatemala.

(El Cronista, N.º 3.685, 1926).

POR CASUALIDAD

Hace dos años, más o menos, que escribí en Granada un artículo a propósito de la política de Honduras, y como pretexto tomé dos libros, uno del Dr. Rómulo E. Durón, La Provincia de Tegucigalpa durante el Gobierno de Mayol, y otro de Fernando Somoza Vivas, intitulado La Reivindicación.

Aquel artículo, que obedecía a circunstancias políticas del momento y no al deseo mío de analizar los citados libros, fue atribuido a don José Dolores Gámez, quien hizo la conveniente aclaración en El Comercio de Managua.

Hago esa relación para demostrar que jamás se me ha antojado escribir algo sobre los libros publicados en Honduras, y que si lo hago hoy acerca de una historia patria elaborada por don Félix Salgado, es por puro pasatiempo, y porque el hecho concreto a que me voy a referir tiene cierto sabor de actualidad.

Por casualidad leí en un folletito titulado La Biblioteca la conclusión de uno como trabajo histórico firmado por el señor Salgado, y como en él hace referencias a sucesos contemporáneos que hasta los niños de diez años han presenciado y comprendido, voy a permitirme una mala crianza con don Félix, por haberse convertido en encubridor de la verdad histórica, no obstante de que historia se llama su trabajo.

Quiero prescindir de las condiciones puramente literarias del libro. Se toma un capítulo… y más valiera tomar un acta municipal. Don Adolfo Thiers meditó mucho tiempo para escoger un modelo a fin de preparar su obra monumental de La Revolución, el Consulado y el Imperio, y cuentan que Thiers era literato insigne, y había leído a Heródoto, comprendido a Jenofonte, analizado a Salustio, admirado a Tácito y hojeado a todos los historiadores modernos, desde Maquiavelo hasta Federico el Grande.

Pero don Félix, sin preparación artística ninguna, toma un montón de hechos, los pone unos tras otros, como quien coloca las cartas de un naipe, y sin correlación, sin engranaje lógico, sin la sindéresis indispensable que selecciona el hecho y lo analiza, se pone a escribir un libro para que lo lean en las escuelas los niños de toda la República. ¡Y esos pobres inocentes van a deglutir ese estilo y a retener ese relato simplón y falso!

Pero todo eso nos importa muy poco, puesto que con no leer nosotros el librito nos evitamos su repugnancia. Lo que sí nos llamó la atención es el hecho de que don Félix Salgado, abogado y pedagogo y hombre honrado, dice que don Manuel Bonilla, en el año memorable de 1904, y el 8 de febrero, se vio obligado a suspender las sesiones del Congreso Legislativo reunido a la sazón, porque no había quórum, es decir, porque no llegó al recinto del Congreso el número de diputados requeridos por la ley para que aquel alto Cuerpo pudiera abrir sesiones. Y agrega don Félix que varios diputados fueron encarcelados después, por considerárseles culpables de los delitos de rebelión y otros varios de grave responsabilidad.

¿Dónde estaba Ud., don Félix, el 8 de febrero? De seguro en su casa, o a noventa leguas de la capital. Ud., don Félix, ni en aquel entonces ni hoy se ha dado cuenta de los motivos íntimos que tuvo el General Bonilla para dar el golpe de Estado; pero esa ignorancia suya es perdonable, porque no es Ud. hombre que conozca la trama secreta de los designios de los partidos políticos; pero es imperdonable que tergiverse los hechos recientes, que han entrado en el dominio público. Todo el mundo sabe que don Manuel Bonilla se echó sobre el Congreso Nacional, el cual no sólo estaba reunido con sobra de diputados, sino que se había declarado en sesión permanente, esperando así una respuesta del Ejecutivo.

¿Por qué Ud. dice que no hubo quórum? Once mil veces hemos visto falseada la verdad acerca de aquel acontecimiento: unas por decretos del Ejecutivo de aquella época, otras por la prensa periódica, otras por correspondencias epistolares, y algunas en folletos nítidamente impresos; pero jamás nos habíamos sorprendido ni disgustado, puesto que los que tal hacían obraban conforme a una consigna de política militante. Lo que sí nos extraña es que Ud., hombre manso y pacífico, cambie la verdad en un libro didáctico que servirá para la enseñanza de la juventud del porvenir. Si Ud. lo hizo por ignorar los hechos relatados, merece el perdón de sus conciudadanos, siempre que con toda hidalguía incinere públicamente lo escrito; pero si Ud., a sabiendas, quiso engañar a las generaciones futuras, por tener una complacencia presente con el señor ex Presidente de Honduras, entonces, ah, entonces, Ud. ha defraudado el buen concepto que de Ud. hemos tenido sus amigos.

Se dirá que por ser una obra elemental no debe ir adornada de la dicción elegante y clara, y por la misma razón nada importa que en ella se falte a la verdad. Ud. ha sido director de escuelas públicas y de colegios de segunda enseñanza, y tiene obligación de saber que una mentira que se le enseñe a un alumno equivale a una puñalada moral, y también sabe que las enseñanzas mal dichas o escritas son perlas en el estercolero. Por lo demás, debe Ud. comprender que es muy arriesgado eso de analizar con criterio histórico los hechos de actualidad. Sólo el tiempo los depura y aclara, revelando documentos privados, conversaciones, cartas, confesiones y memorias. El golpe de Estado del 8 de febrero, generador de la revolución que acaba de pasar, no lo conoce Ud. en sus elementos genésicos simples, ni puede apreciar la trascendencia que tendrá, puesto que la presente restauración no es más que una forma de esos efectos.

Conviene, pues, para su buen nombre, que bonitamente y sin que nadie se entere, destruya todos esos cuadernos, porque si hay en sus libros algunos capítulos que no sean falsos, de seguro no hay un solo bien escrito.

Sé que en este mi país acostumbran disgustarse, y aun pelearse, los autores cuando alguien los sorprende en infracciones de forma o de fondo; pero eso no me impedirá decir la verdad siempre que la crea necesaria; y después… que salga el sol por Antequera.

(La Prensa, N.º 19, Tegucigalpa, 30 de abril de 1907).

UN CHISME AL VIENTO

Yo no soy historiógrafo, ni nada; pero ahora que se debaten por la prensa algunos episodios de nuestros hombres que fueron, se me viene el recuerdo de un chisme que persona erudita y vieja me refirió en Guatemala en septiembre del año anterior.

No respondo de la veracidad del cuento, ni me impulsa intención buena o mala al repetirlo.

Lo copio como quien alude a un chiste de almanaque. Si es falso, me alegro; si fuere cierto, me parece que sería indiferente para la suerte que le espera a esta América del Centro.

Pues éste era un presidente que se llamaba Gerardo Barrios y gobernaba en una tierra que responde al nombre de El Salvador.

En el vecino país, Guatemala por más señas, regía los destinos de la sociedad un caudillo adorado por los pueblos, cuyo nombre de pila fue Rafael Carrera.

En cierta ocasión —la fecha no hace al caso— se reunieron las dos majestades, la primera tan liberal como una huelga de bolcheviques, y la segunda tan cachureca como un convento español de los dulces tiempos de Fernando Narizotas.

El general Barrios, con el tono circunspecto que exigen las conveniencias nacionales, propuso al general Carrera que se dividieran el territorio hondureño. Los argumentos eran pertinentes y perfectos en la lógica de los beneficios mutuos.

Oyó con mucha calma el dictador chapín la sugestión del mandatario cuscatleco. Su ojo ladino relampagueaba, y su mente, quizás no tan obscura, atendió con fijeza el desenvolvimiento que hacía su interlocutor del plan que tan oportunamente concibiera. Al cabo dijo don Rafael:

—¿Qué diría Ud., general Barrios, si se tratara de dividir entre Honduras y Guatemala el territorio salvadoreño?

—¡Oh señor, eso no puede ni suponerse! El Salvador es una nación soberana e independiente, que tiene derecho a la vida, y sabrá en todo caso defender su existencia y su integridad.

—Pues lo mismo, señor, lo mismo que dicen los salvadoreños dirían los hondureños. No podemos echarnos sobre una república que se ha constituido como entidad libre.

Meditó un rato don Gerardo. En las perplejidades de su pensamiento retozaba la ambición, y ésta, más poderosa que la prudencia y que el respeto al fuero ajeno, le inspiró otra maniobra.

—Pues bien, Gral. Carrera —replicó—, si Ud. no acepta mi propósito, prométame guardar una neutralidad absoluta, y yo anexaré Honduras al Salvador. Respondo de realizar mis intenciones si Ud. no me lo impide.

Sonrió don Rafael con una malicia atávica de siete siglos. Miró a su colega con infinita ternura, y con el tono más cordial y meloso observó:

—Mire Ud., Gral. Barrios, mi gobierno es más fuerte que el suyo. Y si yo, que puedo cogerme a Honduras sin que nadie me lo impida, no lo hago, ¿cómo cree Ud. que puedo permitir que Ud. se la coja, pudiendo yo evitarlo?

Muchos creen que no hay en nuestra historia raquítica lances curiosos y bonitos. El que apunto es de los buenos y de pura prosapia legendaria.

No pretendo yo sacarle moraleja, porque empiezo por ignorar su autenticidad; pero si resultara verídico ese diálogo, ¡qué de reflexiones no provoca en los ánimos meditativos!

En nuestros tiempos cambió la plataforma política, no sólo en el bello centro del Nuevo Mundo, sino en todo el continente.

Ya no podrían los gobernantes istmeños atrapar por la fuerza un territorio extraño, porque existe un poder más alto que la ley internacional, y ese control que sirve de garantía reside en la misma conveniencia que sostiene el panamericanismo de Washington.

Pero en resumen, ¿cuál estado es mejor para los hondureños: el presente, cuando los Estados Unidos impiden la invasión recíproca de los caribeños, o el pasado, cuando el garrido don Gerardo quería suprimirlos?

Yo creo que ambos estados son buenos y son malos. La más honda lección de filosofía es ésta: si Dios nunca concede todo el bien deseado, tampoco nos oprime con todo el peso del mal. Siempre, en las peores situaciones, asoma un rayito de luz, que es un destello de esperanza.

(El Cronista, N.º 2.256, junio 10 de 1920).

EL ORADOR DE LOS PALITOS

Cenábamos algunos hombres en Puerto Cortés, y a la hora de los brindis hablaron varios con soltura magnífica. Nuestro buen amigo Mr. Alger, cónsul americano en aquel lugar, se puso de pie y empezó su discurso con entonación resuelta: «Señores, brindo por Honduras, tierra que en otro tiempo fue teatro de invasiones piratéricas...». Allí terminó y confundido sentóse, diciendo que lo demás se le había olvidado. Todos guardamos silencio por un momento y en seguida empezó nuevamente la charla.

Pasado un instante Mr. Alger dijo: «¡Ya me acordé!», y tomando la copa de champán en la mano comenzó otra vez: «Señores, brindo por Honduras, tierra que en otro tiempo fue teatro de invasiones piratéricas...», y cayó anonadado en la silla, por causa de la infiel memoria. Los comensales ya no resistieron más, y estalló una tempestad de aplausos y de risas. Estimulado por la ovación, el orador se exalta, y da el mismo toque: «Señores, brindo por Honduras, tierra que en otro tiempo fue teatro de invasiones piratéricas...». Último fracaso que aumenta el regocijo común y deja al autor convencido de que es preciso guardarse para mejor ocasión.

Al siguiente día, cuando en cordial plática se comentaba el rasgo de Mr. Alger, éste, risueño, se lamentó de haber echado a perder su discurso, tan bonito, en su concepto, y ya más sereno lo recitó valientemente.

Casos muchos, infinitos, registran las crónicas de alocuciones famosas por su originalidad. Había en Granada, en tiempo de los conservadores, un caballero de apellido Lacayo. José María Medina, aliado de Carrera, apostó tropas en la frontera para capturarlo. El Patojo heroico tuvo que regresar de incógnito a la ciudad de San Miguel, ocupada a la sazón por algunas fuerzas hondureñas y nicaragüenses.

En esta población habitaba, en la casa del presbítero Cruz, el Dr. don Carlos Bernhard, padrastro del general Streber. Tal inmueble colindaba con la casa de Barrios. Este llegó una noche a tocar la puerta del domicilio del Dr. Bernhard, pasando a continuación, por la tapia divisoria, a su propiedad. De allí, saltando muros, llegó hasta el hotel que explotaba en aquel entonces un súbdito alemán amigo suyo.

En San Miguel se había publicado un bando ofreciendo veinticinco mil pesos por la captura del Patojo. El hotelero alemán que le dio acogida lo alojó en una pequeña pieza inmediata a la cantina. Como a las diez de la noche reuniéronse en el establecimiento más de cuarenta oficiales del ejército perseguidor resueltos a beber y a reír. El hotelero maleante les gritó en un momento de buen humor:

—Señores, si apostamos dos cajas de champán yo les digo dónde está el general Barrios.

—Apostadas —replicaron en el acto—, pagando a continuación el valor del líquido espumante. Y cuando ansiosos interrogaban:

—¿Dónde, dónde?

—Aquí en mis calzones —replicó el tudesco socarrón.

Se armó una gresca de filisteos, pues los sayones de sable se habían embriagado, pero el germano era sujeto de puño recio y salió con gloria de aquella trapisonda. A las dos de la mañana del nuevo día escapó Barrios a uña de caballo con destino al puerto de La Unión, adonde llegó ya muy entrada la noche, hospedándose en casa del cónsul americano Mr. Livingston. Este se encontraba en Estados Unidos, pero su esposa, partidaria y admiradora del general Barrios, supo recibirlo y ocultarlo.

Pasadas cuarenta y ocho horas la señora de Livingston recibió la visita del general González, quien trataba de inquirir la verdad sobre la permanencia del Patojo en el edificio del consulado, para lo cual dirigió la interrogación correspondiente a la digna matrona.

—Sí, señor mariscal —le contestó la gentil dama—, el general Barrios se encuentra en mi casa, y si Ud. gusta se lo mostraré al instante.

—Son mis mejores deseos —musitó Gonzalón.

La señora guio al mariscal hacia el dormitorio. En su lecho había colocado el retrato del perseguido.

—Ahí tiene Ud. al general Barrios —exclamó con la mayor gracia y desenvoltura.

Ese mismo día, a las dos de la tarde, desembarcaron cien marinos de un buque de guerra norteamericano surto en la bahía. Se esparcieron por el puerto en la más alegre juerga. Apuraban whisky en las cantinas y cortejaban a las mozas callejeras. A las nueve de la noche llegaron al consulado de su nación entonando cánticos patrióticos. De allí sacaron en brazos a un oficial con uniforme de la marina yanqui. Al parecer la borrachera lo había postrado. Con dicho individuo a cuestas los marinos atravesaron el muelle, donde el mariscal González tenía una guardia considerable para impedir que Barrios se embarcara.

Pero aquel oficial conducido como ebrio era Barrios. Gracias a esa estratagema logró burlar la vigilancia enemiga. El vapor levó anclas a las doce rumbo a Panamá, después de disparar seis cañonazos irónicos, saludando al puerto y despidiéndose del ameno Gonzalón.

(Revista «Alma América», N.º 3, octubre de 1925).

VICENTE ACOSTA (1867–1908)

En la agitación en que vivimos en estos momentos, por la situación anómala del país, ha venido a sorprendernos dolorosamente la muerte de don Vicente Acosta, amigo y colaborador inteligente en nuestras labores periodísticas.

Se ha ido el señor Acosta como por sorpresa, pues al parecer su enfermedad no era mortal. Se ha ido en un momento, para un viaje sin fin, dejando en este mundo recuerdos buenos, amigos leales, labor mental fecunda y un mar, tal vez, de ilusiones muertas.

Ya no era un joven de vivas fantasías y de locuras pasionales. Era un hombre serio, con ideas fijas, con juicio definido, con un criterio seguro sobre las causas que impulsan las luchas de los hombres. Poeta culto y fino, llegó a alcanzar el primer puesto entre los inspirados de su país.

Acosta era solo, sin padre, sin madre, sin familia. Había concentrado su vida afectiva al amor de las letras. Pagó tributo al medio ambiente; y envuelto en las campañas políticas de El Salvador, salió expulsado de aquel país, a principios del presente año.

¡Qué impresiones abatirían su alma delicada, al verse lejos de la patria, moribundo, en el pobre lecho que proporciona siempre el destierro!

Hombre de intelecto cultivado y de espíritu lozano, tenía lisonjeras esperanzas para el porvenir; y con la conciencia segura de su valer, veía hermosas claridades en el horizonte.

Pensaba, en sus halagadores proyectos, ir de aquí a México, y allá, en un teatro más amplio, en una civilización superior, dedicar sus energías a la conquista del Arte.

Pero todo acabó de un golpe. Del poeta quedarán sus cantos, engalanando la poesía de Hispanoamérica; del hombre quedará el recuerdo, que se irá apagando día por día, en la extensión sin límites del tiempo.

¡Pobre Acosta, pobre amigo! En su patria lamentarán su muerte, y reconocerán sus méritos; pero ya tarde, como sucede siempre.

La Prensa, que se honró con su colaboración diaria, siente profundamente la muerte del amigo y compañero, y dedica a la memoria del infortunado poeta sus frases más sinceras de cariño.

(La Prensa, N.º 398, 24 de julio de 1908).

RUBÉN DARÍO CONFESÁNDOSE (1867–1916)

La muerte de Rubén Darío ocupó durante muchos meses las columnas de los periódicos de las naciones de ambos mundos que hablan español. Poetas, oradores, periodistas y amigos ilustres del ínclito panida desfilaron por las páginas de la prensa dando vuelo a las manifestaciones del cariño y de la admiración. Y también barajó la letra de molde el enjambre de aficionados, esos aspirantes a literatos que buscan el tema sensacional para arrojarse sobre él con todo el afán de los noviciados insaciables. Si Alejandro, César y Napoleón han soportado el aluvión de prosa de varios siglos, Morazán y Darío, en Centro América, van corriendo la misma suerte.

Por eso las almas modestas se abstuvieron de hacer coro en el duelo de las Musas cuando el gran lírico exhaló el último suspiro en la ciudad de León, allá donde el turpial trina al viento. Perteneciendo yo a esa legión de los humildes, y sin poder escribir algo digno sobre el autor de Azul, me conformaré con relatar un suceso de sus postreros días.

Bien sabido es que Darío vino de New York a Guatemala. En la populosa urbe yanqui, el poeta, enfermo y desvalido, se acordó del gobernante chapín. El licenciado don Manuel Estrada Cabrera acogió benévolamente al vate errante.

Doloroso es confesarlo, pero hay que decir que Darío fue alcohólico. Lo que primero pierden los dipsómanos es la energía de la voluntad. La abulia los domina pronto, aunque conserven por mucho tiempo su lozanía intelectual. Era el amable poeta bastante débil en la persecución de sus propósitos, y a su natural blando y complaciente se unía el hastío que le causara su cruel dolencia hepática. Vegetaba como un asilado, consolándose en su soledad con el afecto que le prodigaran sus amigos y devotos en el arte.

Pidió un día que le buscaran un asistente bueno y servicial; contrataron a un ciudadano llamado Francisco, ayudante enfermero de las Hermanas de la Caridad. Bondadoso el tipo, campechano y rezador. El celo religioso del mucamo se impuso en el ánimo del artista. Éste lanzaba quejas como las de Job, y Francisco le reprendía bíblicamente.

—Don Rubén, Ud. está mal porque no se confiesa.

—Don Rubén, Ud. se ha olvidado del Señor y recibirá su castigo en el otro mundo.

—Don Rubén, Dios no se apiadará de Ud. si no se arrepiente de sus culpas.

—Don Rubén, Ud. ha pecado sin lavar su conciencia en muchos años…

Y esa admonición continua, repetida sin misericordia, conturbó el espíritu de Darío, quien cayó en un melancólico aplanamiento de alma, hasta que, no pudiendo resistir los salmos del sacristán, accedió a sus ruegos. Se confesó el poeta eximio ante un cura reticente de la orden de los paulinos.

¿Fue religioso Rubén Darío? Por lo general todo gran artista lo es. Pero fue poco místico. Su juventud tiene sabor pagano. La portada de su libro Cantos de vida y esperanza empieza así:

«Yo soy aquel que ayer no más decía
el verso azul y la canción profana».

Su poesía bebe en todas las fuentes, a pesar de su persistencia en cultivar el entusiasmo por Hugo y por Verlaine. La idea de Dios no surge en sus versos como la esencia constante de las atracciones de un ideal. Canta la naturaleza con cierta voluptuosidad de pecador insaciable. A veces vulgariza hasta lo cursi el concepto del Todopoderoso. En su poema Ananké la paloma hace su propia apología:

«Soy feliz porque es mía la floresta
donde el misterio de mis nidos se halla,
porque el alba es mi fiesta
y el amor mi ejercicio y mi batalla».
«Porque no hay una rosa que no me ame,
ni pájaro gentil que no me escuche,
ni garrido cantor que no me llame.
Sí —dijo entonces un gavilán infame—
y con furor se la metió en el buche».

Acto continuo, Dios allá en su trono repasa sus cálculos, cambia sus puntos y sus comas, y acaba por confesar que cuando creó palomas no debió haber criado gavilanes. Mientras tanto, Satanás ríe a todo trapo.

No es, pues, la de Darío una mente atormentada por los altos problemas de la metafísica. Los misterios del Mundo no lo atraen. Inteligencia cerrada al mal, intención blanca, vivió acariciado por la música de su ritmo, rondando la periferia de las cosas, sin ruta fija, vagando de un soneto a un poema sobre una mujer desnuda y bella. No tuvo siquiera la filosofía de Guerra Junqueiro, quien de un grano de trigo hace una ofrenda maravillosa a la sabiduría del Omnipotente.

Se confesó Rubén Darío. El sacerdote que recogió sus secretos le previno que para merecer la absolución debía reconciliarse con su esposa, la que en Nicaragua reside. Sometióse el poeta; su consorte fue llamada, y en santa paz se unieron nuevamente, regresando juntos a la tierra natal.

Y Francisco, el enfermero que consiguió el cielo para el poeta, pasará ignorado en la historia, al mismo tiempo que se agiganta la figura del aeda en los ámbitos de la fama.

(Revista «Alma América», N.º 2, 18 de octubre de 1925).

2 DE ABRIL DE 1885

Después de las campañas gloriosas de Morazán, de las agitaciones de Gerardo Barrios y de los esfuerzos de Máximo Jerez, no se ha dado otro empuje más audaz en favor de la unión de Centro América que el intentado por Justo Rufino Barrios, en 1885, que terminó en Chalchuapa, con la muerte heroica del caudillo.

Entonces, como siempre, se opusieron los intereses encontrados que interpone constantemente la política local; y el Primer Jefe Militar de Centro América, que inició tan hermosa y osadísima cruzada, cayó envuelto en su manto de púrpura, mientras las divisiones de la familia común se ahondaban hasta lo increíble.

Se opusieron también, en aquella época, intereses que se agitaban más allá de la América Central; y cuando el Reformador comprendió que su lucha sería estéril; cuando pensó que crecían, agigantándose, los obstáculos; cuando vio con claridad lo infecundo de una campaña costosa y épica, entonces, herido de muerte su ideal, se lanzó sobre las trincheras enemigas con la tranquilidad de un Dios.

Queda en pie para muchos la discusión de si la unión de Centro América se llevará a término feliz por medio de la evolución pacífica, mediante el acuerdo cordial de las naciones que la necesitan y desean, o si, en cambio, para coronar semejante obra del patriotismo se necesita una espada que fulgure.

Los ensayos no son estériles jamás, porque los unos dan el triunfo y los otros dejan sabias experiencias. El esfuerzo de Justo Rufino Barrios ha sido como un sonoro campanazo que ha hecho recordar a la juventud dorada el testamento de Francisco Morazán. Y de esa juventud que anhela saldrá el cerebro que combine o la espada que decida.

El 2 de abril es un día de duelo federal, porque es luctuosa toda fecha que señala una caída de la esperanza; y si ésta ha renacido en los espíritus libres, tiene en su historia ocasos que han sido contemplados con suspiros y lágrimas, aunque, también es verdad, tiene auroras saludadas con aplausos y sonrisas.

(La Prensa, N.º 305, 2 de abril de 1908).

ALFONSO XIII EN AMÉRICA 1886–1941

Comentando El Imparcial de Madrid el progreso alcanzado por una de las naciones del nuevo Continente, lanza la idea de que, para borrar el ingrato recuerdo de errores históricos que tanta sangre, esfuerzos y llanto costaron a España, Su Majestad Alfonso XIII debería visitar a la América, desde la Federación mejicana hasta la floreciente República Argentina. Y esa opinión, tan oportuna, tan fraternal, tan española, que es como decir tan hidalga, se va extendiendo como la onda en la opinión pública de la madre patria, y tal vez, pronto, se convierta en un deseo y en un propósito de Su Majestad Católica.

Que venga el Rey de España a esta América española. Ni Carlos V, ni Felipe II vinieron; ni Carlos III, ni Carlos IV, ni Fernando VII tuvieron jamás el pensamiento de cruzar el Atlántico para venir aquí, a estas tierras incultas, pero castellanizadas, con los brazos abiertos, con el corazón henchido de amor para estas prolongaciones espirituales de la vieja España. Colón salvó la distancia de mundo a mundo, y tras él, en corriente interminable, llegaban los hijos de Iberia, pero no con el alma preparada para amar y proteger a los aborígenes, sino con la espada hendiendo el aire, con el rostro fiero, y rompiendo sus lanzas en los pechos de los desventurados indios con el mismo coraje con que las rompían contra los infieles, en las prolongadas luchas de moros y cristianos. Y por encima del odio del conquistador para el esclavo estaba la codicia, la gran codicia, esa misma que con el nombre de botín de guerra ha impulsado el ardor bélico de un Pirro, de un Marco Antonio, de un Cid Campeador o de un Pizarro. Los grandes capitanes, tan heroicos, tan indomables, realizaron proezas épicas, y al mismo tiempo robaban serenamente, sin escrúpulos, porque ese era el único modo de adquirir, entonces, en estos desiertos del nuevo Continente.

Y después, trescientos años más tarde, llegaban los Murillos, no con la palabra evangélica en los labios, sino con huestes aguerridas, a sostener por un momento más el poderío de España, a ahogar, a sablazos, el grito de independencia lanzado por Bolívar, que resonó, vibrante, en más de la mitad del nuevo mundo.

Pero todo eso pasó. Hoy las jóvenes Repúblicas ven con ojos de amor a la madre común, y España dirige sus miradas de cariño a las naciones nuevas, y la una y las otras se quieren, se necesitan, se perdonan y se atraen.

Cuando los súbditos de Carlos V clavaban la cruz de Cristo en las montañas de América, en señal de posesión, el gran Rey no hacía más que preparar una guerra de independencia, y sus dominios no podían ser permanentes, porque su poderío no estaba cimentado en la conciencia; América jamás fue de Carlos V.

Pero si el Rey Alfonso XIII viene a este Continente, en esta época de civilización y confraternidad, tomará posesión de todos los corazones de los ciudadanos libres, y cada uno de nosotros pagará tributo a su Rey, no en barras de oro ni de plata, sino en simpatía, en adhesión, en cariño, y trabajará con entusiasmo por los intereses comunes de la raza, por su porvenir y su grandeza. América será de Alfonso XIII.

(La Prensa, N.º 246, 1908).

LEE ROY CANNON

Ha pasado ya el interés palpitante que despertó la muerte de Lee Roy Cannon. Él reposa cerca de las corrientes de San Juan, en el silencio solemne, y el General José Santos Zelaya, nostálgico y sañudo, detendrá su marcha y su destino en la vieja y culta Europa. El hombre puede provocar las circunstancias, pero en política sólo las circunstancias hacen al hombre. Zelaya y Cannon constituyen la demostración más convincente.

Ambos cayeron: el uno en la escasa profundidad de una sepultura cavada de prisa, fosa de prisionero rematado; el otro descendió de un poder defendido durante dieciséis años y amado por más tiempo. Terminó su jornada en su patria, pero vivirá en la historia, condenado o absuelto, siempre en primera línea, porque él marcará el punto de partida de una nueva orientación en la política de la América Central. Que los historiógrafos o los patriotas lo juzguen.

El 5 de julio de 1908 algunos emigrados descontentos iniciaron un movimiento de guerra contra el Gobierno actual de Honduras. Debelada la revolución, fue capturado Lee Roy Cannon el 31 de aquel mes, cuando se dirigía hacia la frontera de El Salvador en busca de asilo y garantías. Era yo Secretario de la Comandancia General de la República, y en tal carácter se me comisionó para que interrogara al prisionero Cannon, cuando éste llegó a la Penitenciaría de Tegucigalpa. El Ejecutivo tenía interés en conocer la trama original de aquella invasión, para presentar pruebas fehacientes ante la Corte de Justicia Centroamericana, de Cartago, ante quien había interpuesto demanda formal contra los Gobiernos de Guatemala y El Salvador.

Jamás podré ser juez inquisidor. El interrogatorio traidor y capcioso a que los jueces someten a los reos es repugnante. Eso de sorprender a la víctima con preguntas intempestivas, con rodeos arteros, con insidia mental de bandido, me parece odioso. Con Lee Roy Cannon tampoco era posible ese sistema. Hombre inteligente y conocedor de todo empaque político contemporáneo de Centro América, no se dejaba coger por inocente.

Fue de buena estatura, macizo, de rostro simpático y de ojos penetrantes y profundos. La primera vez que hablé con él estaba recostado en el duro lecho de una celda; me puse lo más en carácter que era posible, y al hacerle comprender, en tono seco, que debía declarar la verdad sin reticencias, se incorporó nervioso, y sin disimular su impresión me contestó:

—Y bien, ¿me piensan fusilar?

Tentado estuve a decirle que sí; mas mi espíritu elemental se resistió. No me impresiona el hecho de que se fusile a los criminales, porque es lo justo y decente; pero en aquella ocasión la broma hubiera sido de mal gusto. Ni había ese propósito, porque, vencidos los insurgentes, no cabía más que el olvido y el perdón.

Al final del interrogatorio se me ocurrió preguntarle cuáles eran los motivos que tuvo para tomar parte en aquella malhadada guerra, preparada contra un Gobierno que ningún daño le había causado. Y con la mayor viveza, denunciando al filibustero de pura raza, me dijo al punto:

—¡Porque la guerra es muy alegre!

En conversaciones sucesivas le hablé de la resolución del Gobierno de Washington, relativa a considerar como piratas, y a castigar como tales, a los ciudadanos americanos que se tomaran con las armas en la mano en las guerras intestinas de esta América del Centro. Esto lo sorprendió, meditó largo rato, y a continuación me refirió el cruel castigo que dan en su país a los condenados por aquel delito.

No obstante las mortificaciones que me causó con su impertinencia en negarse a declarar la verdad, Cannon me fue simpático. Su memoria privilegiada hacía interesante su charla, pues recordaba nombres, tipos y lugares con verdadera precisión. Me habló largamente del General Zelaya, por quien cultivaba odio cordial, y me manifestó que no tenía más interés en Centro América que el de hacerle la guerra a aquel Presidente, contra el cual estaba resuelto a luchar siempre, sin reposo, hasta verlo derrocado. ¡Cosas del destino! Cannon, cuya muerte constituye el tropezón mayor que precipitó la caída de Zelaya, voló al otro mundo ignorando que su nombre sería un argumento y una historia. La venganza es una delectación para las almas impulsivas, pero aquel audaz americano no la gozó en esta vida terrenal.

Más tarde, en la prisión de Choluteca, confesó Lee Roy Cannon algo de lo que conocía acerca de la génesis de la guerra de julio de 1908, y una amnistía posterior le dio completa libertad. No supe más de él por algún tiempo.

Me hallaba en la ciudad de New York cuando en Bluefields se lanzó el grito de guerra contra el Presidente Zelaya. Al parecer, aquel jefe, con su práctica en ahogar revoluciones, y contando con elementos previsoramente acumulados en muchos años, sofocaría al momento la tormenta que se levantaba rugidora en las orillas del Atlántico. Las peripecias de los combates principiaron, y las balas hendieron los aires, recordando a los hombres que la lucha, que es fecundo elemento de vida, se convierte a veces en lamentable carnicería estéril.

De repente, en un instante, repercutió como un trueno gordo en el inmenso territorio americano la noticia del fusilamiento de Cannon y Grace. Aquel gran pueblo se estremeció de coraje, porque el aviso fue dado exabrupto, como denunciando un crimen del Gral. Zelaya cometido en conspicuos ciudadanos yanquis. Entonces empezó la leyenda. Cannon fue por algunos días un Duguesclin, un Cid Campeador, un esforzado aventurero que hería la imaginación y arrebataba el ánimo. Zelaya desde aquel momento gravitó sobre el desastre. Pero hay que ser veraz: también su caída fue estrepitosa y resonó retumbante en ambos continentes.

Se necesitó que transcurrieran algunos días para que, serenos los criterios, juzgaran más certeramente. El hecho se discutió, hubo opuestas opiniones, y la biografía de Cannon fue escudriñada con esa actividad febril de la prensa americana. El paladín homérico de un día se redujo a su expresión real y vulgar. Cannon fue niño rebelde, hijo desconsiderado y amigo de aventuras. No tenía profesión técnica ninguna, ni era militar americano. Cuando la guerra contra España no lo quisieron aceptar como voluntario en el ejército, por sus malos antecedentes, y sólo después de muchas súplicas lo agregaron en calidad de ayudante en un cuerpo de ingenieros.

Grace, sentenciado a muerte, pidió perdón con humildad impropia. Cannon, sombrío, guardó el silencio del valiente y del convencido. Zelaya sepultó a un enemigo tenaz y osado; pero el cadáver de ese enemigo pudo más que los batallones revolucionarios.

La guerra de Nicaragua… silencio. La voz del cañón atruena las selvas y las cumbres. El indio, mi hermano, cae como víctima propiciatoria en todas las luchas fratricidas. Legatarios de más de trescientos años de esclavitud, somos todavía siervos del caudillo, vivimos en plena tribu, sustituyendo al amo con el candidato. Hijos de la conquista, lloremos sobre los restos de nuestra desventurada raza.

(La Prensa, N.º 946, febrero de 1910).

MANUEL CORONEL MATUS

La muerte de Manuel Coronel Matus fue trágica. El suicidio puso fin a aquella inteligencia clara, nutrida y activa, en la capital de Nicaragua, en el mes de agosto próximo anterior. Hombre de importantísima labor literaria y política, fue considerado en su país, con razón y justicia, como uno de los representantes más salientes de la cultura nacional.

Conocí al Dr. Matus en la Universidad de Tegucigalpa, donde él explicaba lecciones de Sociología y de Literatura Forense. Siendo su discípulo primero, fui su amigo después y su compañero de trabajos profesionales en la cálida y alegre ciudad de Granada. Y como para mí sólo tuvo finas atenciones y aprecio cariñoso, si lo juzgara hoy únicamente por la simpatía que me inspiró, mis frases serían una franca y sentida explosión de duelo.

Coronel Matus poseía positivo talento literario, cultivado hasta donde es posible en esta falta de ambiente artístico. Había leído mucho y escribía con exquisita corrección. Conocía, con bastante amplitud, los movimientos de la literatura francesa que tamaña influencia han ejercido en América. Estudió el florecimiento del clasicismo atildado del glorioso siglo de Luis XIV; se penetró a fondo de la revolución romántica que se definió en 1830, al ruido de las opulentas palabras de Víctor Hugo, y analizó con empeño cuidadoso las manifestaciones del moderno naturalismo. Sin embargo de conocer otras literaturas, y algo de las muertas de Grecia y Roma, era por afición y temperamento un clásico español. Los libros de don José María de Pereda le merecían admiración entusiasta, y sus modelos constantes fueron Don Quijote y las demás novelas del manco de Lepanto. Quiero decir clásico en el estilo, en esa forma rigurosa, pero limpia, amena y de legítima procedencia castellana.

Fue de corazón cándido y benévolo en toda ocasión. Era sincero en sus opiniones y afectos, y sobre todo, protector decidido de lo que creía bueno y digno. Viviendo en su país tomó con frecuencia parte directa e influyente en las luchas partidaristas, y fue discutido y tuvo adversarios rencorosos.

Con cualidades sobresalientes para la concepción de los negocios prácticos, fue no obstante muy impráctico. Su temperamento nervioso lo hacía vacilar a veces, y a menudo abandonaba cualquier empresa proyectada. Trabajador incansable, era un vivo ejemplo de lo que puede la fuerza del espíritu en un organismo débil y enfermizo. Abogado de buen empaque doctrinario, fue mediano litigante, por carecer de habilidad para la triquiñuela vulgar del trámite ingrato a través de secretarios maliciosos y de jueces ladinos. Era un magnífico expositor de teorías y un creyente apasionado de la justicia legal.

Su vocación favorita fue la enseñanza. Se interesaba vivamente por todo progreso educativo, y era solícito maestro y entendido pedagogo. Pero su actividad también la desplegó en el periodismo. Como buen escritor poseía recursos para sostener cualquier campaña del diarismo, teniendo el gran mérito de no ser escritor de socaliñas, de esos que maltratan sin motivo y gozan en herir. Nuestro periodismo personalista no es la mejor escuela para guiar a las generaciones jóvenes.

En las situaciones difíciles mostró una entereza superior. Se presentó altivo en grado noble al discutir la cuestión de límites entre Costa Rica y Nicaragua, que se resolvió por el Tratado que lleva el nombre de Matus-Pacheco; protestó en Amapala con energía y valor contra la conducta del ex Presidente Zelaya, cuando se convirtió en humo blanco la poética República Mayor de Centro América, nacida y muerta en 1898, y en el Congreso de Managua, en diciembre de 1909, sólo la voz de Coronel Matus resonó vibrante en un grito de protesta.

Su joven y bella viuda, y sus tiernos hijos, llorarán su muerte sin consuelo; su nombre perdurará por siempre en la historia de su patria y su recuerdo vivirá por largos años en la memoria de sus amigos leales.

(La Prensa, N.º 1.125, diciembre de 1910).

EL OLVIDADO GURIDI Y SU CONCEPTO SOBRE LA FUERZA O DEBILIDAD DE LOS GOBIERNOS

Nadie rememora en este país al notable filólogo don Alejandro Angulo Guridi. Yo le conocí y traté bajo los auspicios de una intelectual amistad allá por el año de 1905, en la vecina república de Nicaragua. Alto el anciano, esbelto y pulquérrimo. Nacido en las Antillas, recorrió todo el continente desde New York hasta las democracias del sur, visitando en ocasiones el viejo mundo en busca de luces para su fina inteligencia.

Más que jurista, era un literato. Con retentiva privilegiada recitaba trozos largos, casi piezas enteras, del teatro de Calderón, de Lope de Vega, de Tirso de Molina, de Bretón de los Herreros... Era un varón clásico, pero clásico por los cuatro costados. En las postrimerías de su existencia —y vivió como ochenta años— su afán por la Gramática se convirtió en monomanía irritable. Sostuvo en los tiempos a que me refiero varias polémicas ruidosas por cualquier quisicosa: un galicismo, una cacofonía, un pleonasmo, una falta de concordancia; por todo, en fin, lo que a él se le antojaba monstruosidad digna de una catástrofe idiomática. Durante varias semanas la prensa periodística echó chispas a propósito del verbo intitular. Angulo Guridi afirmaba que sólo en esta forma se usa, y sus contrincantes, también puristas, salieron al palenque demostrando que también es lícito, conforme a las leyes de la lengua, decir titular a secas.

Y lo sensible para mí era que, en discusión tan ajena a los personalismos, la pluma de los adversarios se ensañaba cruel, hiriente, burlesca e injuriosa sobre aquel veterano de las letras, cuya alma elevada y soberbia jamás claudicó ni palideció ante las mayores agresiones del destino. Fue tan terco, o mejor dicho tan entero, este señor Guridi, que pocas horas antes de morir en un hotelito de la ciudad de Masaya, donde los hermanos masones le pagaban una pensión, la propietaria del establecimiento le acercó un cura al lecho del dolor.

—Confíese en su última hora, don Alejandro —suplicaba la buena señora.

El viejecito esquelético se irguió, sacó un revólver que guardaba bajo la almohada y apuntó…

Cura y patrona buscaron la puerta en rápida fuga… Acto seguido pidió el moribundo que le llevaran un notario, e hizo que este ministro de fe pública levantara acta formal contentiva de sus declaraciones postreras.

—Hice en la vida profesión de ateísmo —dijo— y muero ateo. Quiero que conste legalmente mi última palabra, a fin de que mañana no me calumnien mis enemigos.

Nadie recuerda en Honduras al Dr. Angulo Guridi, no obstante de que aquí dejó un libro útil. Por lo exótico, lo novedoso, lo que poco nos instruye, menospreciamos lo poquísimo bueno que tenemos en casa. El publicista nominado escribió Temas políticos, obra falta de método y un poco rezagada en relación con el avance actual de las ideas, pero nutrida en datos y con abundante material para comparar el derecho político de América.

Leyendo ese libro al azar, me encuentro con el examen de esta tesis: «De la fuerza o debilidad en el gobierno». Y dice así el expositor: «Gobierno fuerte es el que no vacila en hacer que la ley se aplique de lleno en todo asunto, con su fuerza íntegra, disguste o no a una fracción. Gobierno débil es el que vacila, teme y se afloja ante los peligros y renuncia a las rectas inspiraciones del deber».

En las páginas del volumen citado se encuentra, pues, perfectamente establecido el criterio sobre la fuerza de los gobiernos. Estos no son fuertes por el terror, por la violencia ni por la impunidad que protege sus actos arbitrarios. Son fuertes por la adaptación de su conducta a la opinión de la mayoría del país, sin atender a los egoísmos partidaristas, siempre que se muevan en la esfera constitucional. Agrega Guridi: «En política es absolutamente indispensable tener una fisonomía bien acentuada. Los gobiernos no deben hacer en la sociedad el papel de la péndula en el cilindro del reloj: el que oscila pierde su prestigio».

Esa y otras muchas buenas lecciones se encuentran en los Temas políticos. La bibliografía nacional debería tener alguna consideración por tal libro, el cual rueda como cosa sucia por algunas oficinas.

Cierta vez, en las disputas que trabó Guridi en Nicaragua, aludió a la obra de referencia. Al punto saltó la réplica punzante y mendaz, apuñalando al noble anciano con la historia tristísima, envuelta en chacota, de que en la capital hondureña se compra a peseta cada ejemplar de los Temas políticos para envolver, en las pulperías, café molido, caramelos y nances.

Creo que Angulo Guridi no dejó familia que le guarde el tributo de la añoranza sincera. Fue desgraciado hasta en sus amores seniles. Ya en edad muy avanzada contrajo matrimonio en una ciudad nicaragüense, y poco después salió para una de las naciones del sur. Corrió la noticia de su muerte acaecida en el Perú o en Colombia. La esposa esperó algún tiempo en vano. Vueltos los hálitos de la primavera libre a su pecho, contrajo nuevo enlace con un mozo lozano y confortable. De repente arribó a la playa de Corinto, vivo y austero, el Dr. Guridi. Pero ya su señora, más en armonía con un consorte joven, volvió las espaldas al viejo sabio. Este, delicadísimo y grande de espíritu, bendijo a los amantes y guardó siempre un exquisito respeto y una gran estimación a la que fue, en horas efímeras, compañera íntima de su vida vagabunda.

Yo recuerdo al Dr. Angulo Guridi con verdadera complacencia. En las horas cálidas, en el corredor del hotel donde residía, hablaba, hablaba incansablemente con pureza académica. Se estaba cerca de él para oír su verba, porque no dejaba meter baza a los demás. Sus años, su ilustración y sus viajes hacían interesante y sugestiva su charla.

¡Pobre viejo! Amable y gentil viejo. De él queda lo que sólo es inmortal: el pensamiento.

(Revista «Alma América», N.º 4, noviembre de 1925).

EMILIANO J. HERRERA

En los últimos tiempos de la Administración del señor General don Terencio Sierra, llegó a Honduras el General don Emiliano J. Herrera. Había combatido en Colombia al lado de ilustres y valerosos sostenedores de la causa liberal, y rota la espada en la batalla abandonó las riberas de la patria y vino a Centro América, joven todavía y con un mundo de quimeras en la mente. De Nicaragua voló con otros compañeros a coadyuvar en la revolución de 1900, y fracasó en su formidable empuje contra las trincheras de Panamá, defendidas por el noble corazón y la gran inteligencia del General Albán.

Vino a Tegucigalpa a principios de 1902, cuando en este país se preparaba la campaña electoral que dio por resultado el triunfo del General Manuel Bonilla como candidato electo para ejercer la Presidencia de la República, triunfo que se ratificó después por el poder incontrastable de las balas. Fue nombrado el Gral. Herrera Comandante de Armas y Gobernador Político del Departamento de Olancho, y se vio obligado, en 1903, a tomar parte en la lucha armada que sostuvo el efímero Gobierno del Dr. Juan Ángel Arias, cayendo prisionero en la retirada que aquel caudillo emprendió con rumbo a Nicaragua.

Las pasiones de partido se descargaron contra el patriota colombiano, y la propaganda más injusta se hizo alrededor de su nombre, mientras vivió recluido en las cárceles de Honduras. Hombre de clarísima inteligencia y de corazón amplio, sufrió hondamente al verse discutido por jueces ensañados y litigantes enfermos de venganza; pero tranquilo y sereno confió en que el tiempo justificaría la conducta que observó en los difíciles días que terminaron el sangriento conflicto creado por la política equívoca del señor Presidente Sierra.

Iniciada la campaña de 1907, el General Herrera fue uno de los que colaboraron en primera fila. Demostró talento militar, capacidad organizadora y una rápida concepción de los sucesos. En muchas ocasiones su participación en los acontecimientos de aquella guerra no sólo fue importante, sino decisiva. Cooperó con sus esfuerzos al triunfo de la revolución, y regresó a Nicaragua cuando ya un nuevo orden de cosas más o menos definido quedaba implantado en este país.

Si algún día tenemos tiempo de escribir la historia de aquella lucha heroica, cuando hayan pasado ya las ilusiones y los ánimos tengan más serenidad para apreciar la parte real de los hechos, entonces diremos cuánta fue la noble labor del General Herrera para evitar que los resultados de guerra tan complicada fueran infecundos y ocasionaran a Honduras males inmensos. Y si hoy calla la pluma es por no desenlazar acontecimientos heterogéneos e íntimos, que tienen, sin embargo, un nexo común.

Herido el General Herrera de enfermedad incurable, fue a los Estados Unidos y a Europa en busca de un alivio radical; pero sorprendido en Norte América por una gravedad alarmante, regresó a Nicaragua, y ayer, en la ciudad de Rivas, terminó su jornada de hombre, para seguir viviendo, eternamente, en el corazón de la naturaleza.

Murió lejos de Colombia, y con el triste dolor de saber que moría joven, dejando en este mundo hermosas páginas de gloria, muchas acciones generosas y un millón de amables esperanzas. Y si otra voz de consuelo no llega más allá del Istmo a mitigar el dolor de sus parientes, que vuele nuestra palabra como un tributo de justicia y de cariño para el que fue nuestro excelente y caballeroso amigo.

(La Prensa, N.º 591, 1909).

NUESTROS MÚSICOS: MANUEL DE ADALID Y GAMERO (1872–1947)

Escribir para el público sobre la personalidad artística de quien es con justicia considerado como el más alto exponente de la música nacional hondureña es, sin duda, una labor difícil, ya que musicógrafos de peso le han consagrado todo el calor de su entusiasmo dentro de un aquilatado reconocimiento. Desgraciadamente, lo confesamos con tristeza, no han sido músicos hondureños los que han hecho tal reconocimiento, tal vez para que se cumpliera aquello de que «nadie es profeta en su tierra», amarga consecuencia que ha traído a la patria el triunfo del quidamismo desplazante.

Manuel de Adalid y Gamero, que tal es el nombre del artista venerando, es, en términos precisos, todo un músico. Quizás esta palabra ha cambiado su significación entre nosotros, como muchas otras, debido al culto que profesamos a la toilette de corrillo; pero aquí hemos de subrayar el concepto y nos guiaremos por la línea de justicia que demanda la característica de esta tarea, que no debió ser nuestra.

La élite citadina está al día acerca de la ilustración del Maestro, punto sobre el cual nada tenemos nosotros que decir; pero tratándose de su cultura musical sobra quien quiera confundirlo lamentablemente hasta con personas para quienes el A. B. C. del Arte sería cosa rara, y según me ha tocado oír, inútil. Y no se vaya a creer que me refiero únicamente a los profesionales instrumentistas, que sería lo menos de notar; es cosa que pasa aún entre personas cuya posición social es envidiable, que han viajado y vivido en el extranjero, por lo que hemos esperado de ellas un parecer más amplio, en armonía con sus conocimientos. Y no es un antojo nuestro lo que dejamos dicho, que huelgan pruebas para confirmar lo que apuntamos. Precisamente tal es el móvil que nos obligó a echarnos a cuestas una rectificación que se nos viene imperativa.

Hijo de padres músicos, a la edad de siete años tocaba un poco de piano y estudiaba Teoría Musical con su madre. De diez años pasó a Guatemala y allá estudió piano y música con el Maestro Peralta. Fundado en aquella capital el Conservatorio Nacional de Música, consiguió ser admitido como oyente de las clases que en aquel centro se impartían. Tuvo como su primer profesor de Armonía al Maestro alemán Axel Holmes, debiendo su iniciación en Contrapunto al italiano Deliponti. Estos dos Maestros fueron, justamente, los que contribuyeron grandemente a hacer de nuestro compatriota un músico de veras, por más que ni ellos lo hayan soñado, pero que Gamero reconoce con toda veneración; porque hay que decirlo, el Maestro de Adalid no pensó jamás ser lo que ahora es, sino que sus estudios los practicaba en el campo de la Medicina, que era la profesión de su padre. En estos tanteos que arraiga el Destino en una como fuerza oculta, se vio que más tarde abrazó la ingeniería, carrera que coronó felizmente, pero que no pudo apartarlo de la línea de la música... Este retruécano de la vida constituye bellísimos rasgos en la historia de algunos grandes músicos cuyos padres siempre soñaron otra clase de actividad para sus hijos, porque la profesión musical, generalmente, ha sido amiga íntima dc la Miscria...

Arrastrado, pues, el hoy Maestro de Adalid al campo musical, estudió después órgano y composición con el notable organista y compositor inglés Herbert Wrightson. El estudio del órgano fue lo que más le atrajo y a ello se debe la admirable creación de su bello orquestrófono. Es organista, pues, el más complicado y el más completo de todos los instrumentos. De aquí que no sería aventurado suponer que sus primeras composiciones fueran de carácter religioso, ya que sabemos se entregaba con frecuencia a la improvisación, en donde la fantasía fugada surge maravillosa del alma aprisionada en la materia como la flor de loto emerge del pantano infecto. Tal nació En la muerte de un bardo, poema elegíaco con que subrayó pesares y añoranzas, como en una saudade de amor y dolor. Belleza y sentimiento: he allí el fondo de aquella elegía.

Después vino Una noche en Honduras, habanera. Esta obra tiene la gracia exquisita de una égloga arrancada al susurro de la fronda patria. El corte melódico es suyo y típico. Corrió el tiempo y vino Voces de la tarde, vals que hizo época y que tiene prestigio, como algunos de Waldteufel y de Lincke, de no perecer. Imaginaos al autor frente al crepúsculo, una tarde de abril, en la campiña virgen, haciendo un ramillete de ilusiones, acariciado por las auras y las voces de los pájaros. Imaginadlo también sumido en el arrobo contemplativo del paisaje, en esa hora de transición tan sentida y tan cantada por todos los liróforos, hilando el ensueño, hebra de añoranza y de azur. Tal es Voces de la tarde, sueño azul…

Rosa de otoño. Otro vals, riqueza de inspiración. El contrapunto, sabiamente tratado, glosa un ritmo pasional en que el autor supo decir je t'aime con toda la elocuencia del sentir. Es una trova galante, principesca, que aguzó la nostalgia de un tenue suspiro, prisionero imperial en una reja de puntos suspensivos.

Remembranzas hondureñas, también vals, es lo que todos sabemos que es: la exaltación de la canción patria. El recuerdo de otros tiempos, de nuestra niñez, del regazo dulce y único de la madre, todo revive allí como en una poesía que tuviese el mágico poder de separar de la mente el acervo de prejuicios que nos encadenó al egoísmo, y nos dejara libres, como una mariposa hecha de ensueño que se buscara a sí misma. En este vals, miel nuestra, palpita el alma hondureña como en una promesa del porvenir.

Suita tropical. Sentimos de veras no conocer esta obra; pero no pecaríamos en suponer que sea notable, ya que su autor está preparado suficientemente para salir avante en cualquiera forma musical que se proponga. Diremos, sí, aunque sea brevemente, lo que es una suita. Es una composición instrumental que consta, generalmente, de cuatro movimientos (números) independientes entre sí y con un título especial cada parte y el genérico de suita. El estilo es elevado y se presta notablemente a la musicalización de episodios históricos, personajes, etc., sólo que la música lo es todo. De la suita se originaron la sonata da camera y la sinfonía. También la suita para clave se llamó sonata, en oposición de lo que era una cantata.

La crítica norteamericana ha hecho apreciaciones notablemente buenas acerca de Suita tropical y de su autor, lo que viene a probar que el Maestro Gamero está preparado para triunfar más allá de las fronteras de Centro América.

Como se ve, son pocas las obras que ha producido; pero ello se justifica razonablemente, puesto que la mayor parte del tiempo lo ha dedicado a la enseñanza musical en nuestro país. En Danlí, hace ya varios años, fundó una banda de cuarenta filarmónicos y una pequeña orquesta de baile cuyos instrumentos costeó con sus propios recursos, habiendo tenido que enseñar desde la teoría hasta la técnica de cada instrumento, labor que según él sólo pudo emprender con las ilusiones y el entusiasmo de la juventud.

En 1915 se hizo cargo de la Banda Marcial de Tegucigalpa, más tarde Banda de los Supremos Poderes, y en la que trabajó, con excepción de unos pocos meses en 1919, hasta principios del año de 1924. El estado de atraso de aquel cuerpo, cuando él lo recibió, era lamentable. Hondas convicciones nos obligan a decirlo y podríamos probarlo con el menor esfuerzo. Su labor en ese cuerpo culmina con la Escuela de Músicos Mayores, en la que varios jóvenes se prepararon para la dirección técnica de cuerpos musicales, enseñanza que agradecen por entero al Maestro de Adalid, el único que se ha preocupado por la enseñanza musical en Honduras.

Que no se crea en los Stand ni en los Haertling, empezando porque este último nunca pudo hablar español. Ha hecho más labor el Canónigo Santiago Zelaya, aserto que también podemos comprobar. Las hucllas dc aqucllos scñorcs sólo qucdaron cn la Caja Nacional. Otro que hizo algo fue el Maestro Gabriel Sierra. Esfuerzos aislados y personales nos dieron la dicha de que hayamos tenido instrumentistas y compositores de algún valer, como Rafael Coello Ramos, Felipe Pineda, Rubén Peña, Marcial Maradiaga y Emilio Chávez, quienes también gustaban de cuando en vez enseñar algo. En otro artículo nos ocuparemos de éstos y otros músicos.

Respecto del Maestro de Adalid y Gamero diremos, para terminar, algo sobre dirección. No ha faltado quien diga y crea que él no es un buen director. Empezaremos diciendo que cada maestro tiene su técnica personal; pero en términos generales hay que ver que los alemanes difieren su técnica de la de los italianos, y éstos de la de los franceses, y así en seguida los rusos y los españoles; y al efecto, en esos respectivos y distintos países se han escrito tratados en que se ha refundido la dinámica inherente a cada raza o pueblo. En relación, pues, con las escuelas de dirección, el Maestro Gamero ha adoptado la que a su juicio concuerda más con el temperamento nuestro, la de Stoessel, que es la misma que teorizó Berlioz y que siguen Frank

Galdman, Walter Damrosch, Laurendeau, Bamboshek y el gran Toscanini. Nosotros hemos visto dirigir a Braccale y a Melquíades Campos con idéntica técnica, y desearíamos que algún colega hondureño nos persuadiera de que tan notables Maestros no saben dirigir.

El arte de dirigir, obra didáctica del compatriota Gamero, contradice atinadamente a quienes lo han juzgado incapaz porque no dirige como los alemanes. La técnica que allí enseña el Maestro es muy sencilla, lo que no quita que con ella Toscanini esté a la cabeza de los grandes directores del mundo. Hay que suponer que esa técnica es muy latina, por lo que nuestro compatriota dio en adoptarla.

Precisa también comprender que la dirección, como la oratoria, es un don especial arraigado al temperamento de algunas personas, con el cual logran descargar poderosas energías volitivas cuya radiación somete la voluntad de los circunstantes. Esta es la característica principal de un director de orquesta; después vienen las facultades asimilativas e interpretativas, líneas especiales del Artista.

Es una dicha grandísima que Honduras tenga un músico del quilataje artístico de Manuel de Adalid y Gamero. No recuerdo quién le comparó, hará unos ocho años, con una orquídea, sin duda por la rareza de que en nuestra tierrucha haya un hombre de talento bien cimentado que ame la música con fe y verdad. Vale la pena asociarse a esa comparación tan original y justa.

Ojalá sepamos aprovecharnos en Honduras del talento y la buena voluntad que el Maestro siempre ha dado pruebas de tener; que además de ser saludable para la juventud que estudia música, ello acarreará positivos beneficios al desarrollo del Arte Musical, que precisamente urge propiciar en esta tierra nuestra, a fin de probar que en verdad la amamos.

(El Cronista, N.º 4.328, 1928).

EXTRACTOS DE HONDURAS Y EL MUNDO

EL CRONISTA

DIARIO INDEPENDIENTE

PROPIETARIOS

CALDERON Y VALLADARES

Director Paulino Valladares

Administrador Miguel Zelaya Araque

EMPIEZA a desenvolverse el plan de WILSON

NOTICIAS CABLEGRAFICAS

Ecos de la Costa Norte

El gran pulpo, THE UNITED FRUIT COMPANY

Política de Wilson en México

Texiguat

El Gral J. Santos Zelaya confundido con el Obispo

El trabajo del PERIODISTA

Miscelánea

Un año después de que Paulino Valladares asumiera la dirección de El Cronista, este se convertiría en uno de los diarios más importantes en la historia de Honduras.

CARTA DE HAMBURGO

31 de enero de 1916.

Sr. Dr. Paulino Valladares,

Director de «El Cronista».

Estimado amigo:

En Rusia nos contentamos por ahora con lo alcanzado. Sus parciales tentativas ofensivas se rechazan. Mientras tanto nos interesa la construcción y reconstrucción de las fortalezas, poblaciones, caminos, ferrocarriles; la organización de la industria, agricultura, administración, abertura de escuelas, universidades, academias técnicas y el provecimiento general de los vastos terrenos rusos ocupados. No obstante de «que nos hace falta todo, que morimos de hambre, que ya no tenemos gente», atendemos a todas estas exigencias con el mejor éxito.

De Inglaterra nos separa un abismo de sangre, más después de la nota cínica y brutal que dió el gobierno inglés en contestación a la nota alemana que pidió el castigo del capitán y demás culpables del crucero auxiliar inglés Baralong. Este crucero se acercó a un submarino alemán bajo bandera norteamericana, lo hundió y los marinos nadando en el mar o salvados sobre un buque mercante, fueron asesinados uno tras otro por orden del capitán inglés Mc. Bride. Por lo demás, Inglaterra sigue la guerra a su modo. Arruina donde puede los negocios pacíficos alemanes, embarga los correos de correspondencia y de paquetes postales de Holanda, Noruega, Suecia, etc., impide los los tráficos mercantiles de los neutrales, les prescribe con cuanto, con quienes y con que pueden negociar; establece oficinas de control en los países neutrales; vende los productos ingleses, especialmente el carbón a precios fabulosos. La guerra es asunto de negocio, la destrucción de la competencia alemana, como lo ha conseguido en siglos pasados con España, Portugal, Holanda, Francia y cuantos otros países se desarrollaron con amenaza de las pretensiones ingleses. El poder de nuestra flota convencerá a los neutrales, así arreglan los ingleses el derecho de su proceder..

Le saluda amistosamente su afmo.

Amigo HAMBURGUES.

La misión COSTARRICENSE

Entrevista con el señor Acosta

SUS IMPRESIONES del PAIS

La demanda de Costa Rica contra NICARAGUA

Temprano de la noche de ayer llegó a esta capital la Misión Costarricense, compuesta del señor don Julio Acosta, Ministro de RR. EE. de su país, de su Secretario don Joaquín Fernández Montúfar, y de un agregado militar, el coronel don Guillermo González, alojándose en el Hotel New York.

Esta mañana estuvimos a saludar al Sr. Acosta, con quien cultivamos relaciones en la República del Salvador, y a solicitar de él algunos informes relativos al problema canalero que tan vivamente agita la opinión de su país.

El Sr. Acosta es un cultísimo caballero, y nos recibió con la amabilidad que le caracteriza, dando respuesta franca y sincera a cada una de nuestras preguntas. Cuando llegamos, estaba escribiendo. Le hicimos pasar recado, e inmediatamente vino a nosotros, estrechándonos la mano afectuosamente. Se hallaba solo, pues los señores Fernández y González habían salido. Conversamos cinco o diez minutos de asuntos meramente personales, y luego lo interrogamos acerca de la demanda instaurada por el gobierno costarricense contra el de Nicaragua.

--«Como hace cuatro meses que salí de mi país, nos dijo el Sr. Acosta,» ignoro en absoluto las bases de la demanda, y sólo conozco lo que a ese respecto ha dicho la prensa de El Salvador, donde me hallaba cuando fue presentada. Ud. debe comprender que esa demanda es un documento largo, escrito con calma y meditación, y por consiguiente no era posible que lo dieran por telégrafo. Lo conoceremos hasta que nos lleguen los periódicos de Costa Rica.

—I en ausencia de Ud., Sr. Acosta, quién quedó encargado de la cartera de RR. EE.?

—El Sr. don Mariano Guardia, que desempeña también,

Al regresar don Raf…
sias de su jira por l…
Repúblicas de Centr…
ca, lanzó su candid…
diputado por San Jo…
tando con el apoyo de…
nismo. El jefe de …
embargo, y sus m…
influyentes, manifest…
no llegaba hasta ese
el acercamiento, neg…
votos a don Rafael.
está que fue derrotad…

—Volviendo al tem…
demanda contra Ni…
pudiera Ud. decirme,
costa, si es cierto o n…
gobierno le ha orden…
no llegue a Managua,
rija directamente a C…
ca, tan luego llene su…
en esta capital?

—No he recibido …
alguno tal orden.
venciones de los per…
Ud. sabe, y va a dispe…
porque es del oficio, …
señores no siempre …
verdad. Esta mism…
na manifestaba al Sr.
mi deseo de embarca…
San Lorenzo en una
con rumbo al Tempis…
na de allí dirigirnos …
gua. En mi conc…
demanda no entraña …
entrañar un casus bell…
ta Rica sólo pide que …
peten sus derechos.
sinembargo, suceder …
prensa de ambos país…
viese agitando las m…
pulares, y en ese caso
no sería oportuna nue…
sita a la tierra de los…
pero ya mi gobierno
hubiera comunicado,
me las instrucciones
nientes. Mi misión
otro objeto que mani…
simpatía que el gob…
pueblo de Costa Ric…
por sus hermanos, y …
no quiero creer, que …
patía pueda amengua…
más mínimo, porque …
trate de defender su…
mos derechos.

—Sabe Ud. algo, S…
ta, acerca del cableg…
rigido por el Secretar…
tado de Washington, …
a la Cancillería Jose…
que manifiesta que …
UU. están dispuestos …
separadamente con C…
ca?

—Absolutamente …
precisamente, he …
comprar los diarios …
capital para leer tal n…

(En ese momento …
un criado, entregand…
Ministro Acosta un …
de «El Cronista» de …
tro de «El Nuevo Ti…

—Cómo fueron U…

Carta enviada a Valladares durante la I Guerra Mundal.
Edición del 1 de abril de 1916.

EL CRONISTA

DIARIO INDEPENDIENTE

Propietarios CALDERON Y VALLADARES — Director: PAULINO VALLADARES — Administrador: M. ZELAYA ARAQUE

AÑO VI | TEGUCIGALPA, HONDURAS, C. A., VIERNES 1º DE FEBRERO DE 1918 | NUMERO 1.611

AGURCIA & Co.
I. de AGURCIA, Sucesora
IMPORTACIÓN — EXPORTACIÓN
"LA CONCORDIA"
Propietario de "LA MASCOTA" y "LA GEISHA"
TEGUCIGALPA, HONDURAS, C. A.

BANCO DE HONDURAS
Fundado el 1º de octubre de 1889
AGENCIAS:

Acontecimiento Europeo
Juguetes, Boquillas de ámbar para puros y cigarrillos, Jamones en pierna, Cigarrillos Murad, Mogul, Helmar, Gran surtido de calcetines, Cuellos, Sombreros, Corbatas, Ligas, Pañuelos y cortes de chaleco para caballeros, Cognac Martell, Vinos de todas clases, Abarrotes.—Precios muy bajos.
TIENDA ITALIANA.

Teodoro Kohncke y Co.
AMAPALA
COMISIONES — DESPACHO ADUANAL — BANCA Y COBROS
Dirección cablegráfica: KONKE—AMAPALA
Casa en Alemania: Kohncke, Gathmann & Co. —BREMEN—
Exportadores :: Importadores
Dirección cablegráfica: CONSTANCIA—BREMEN

Banco Atlántida
SUCURSAL
Tegucigalpa - - - - - Honduras
OFICINA PRINCIPAL —LA CEIBA— HONDURAS
Sucursal, San Pedro Sula y Puerto Cortés
Tipo actual del descuento: 10% anual
Corresponsales:

Anuncios Profesionales
Dr. Vicente Mejía Colindres — Médico y Cirujano
Tomás Alonzo B. — Abogado y Notario Público
Carlos Cruz Velásquez — Médico y Cirujano
Miguel Osorio Rodríguez — Abogado y Notario
Carlos H. Reyes — Abogado y Notario
J. Angel Zúñiga Huete — Abogado y Notario
Dr. Manuel Aguilar L. — Médico y Cirujano
Silverio Gómez — Abogado y Notario Público
Ricardo Pineda
Ezequiel Mazariegos — Abogado y Notario
Guadalupe de Estrada — Comadrona titulada
Manuel Rovelo Landa — Abogado y Notario
Dr. Venancio Callejas — Cirujano Dentista
RUFINO SOLIS — Abogado y Notario Público
Sebastián García V. — Abogado y Notario

Pablo Uhler y Cía.
Agentes generales de la Fábrica de CAJAS Registradoras
¡Pidan informes!

Vaccaro Bros & Co.
R. R. & S. S. LINES
Los más rápidos vapores fruteros entre la costa norte de Honduras y los E. U. de América
CEIBA--YORO
S. D'ANTONI

Fábrica de Sellos de Hule
Trabajos garantizados
Fernando A. Pérez
Comayagüela. Primera Avenida.

-Hotel Agurcia-
Montado al estilo americano

HOTEL JOCKEY CLUB
Pastelería — Repostería — Cantina

JUTIAPA - Fábrica de Aguas gaseosas
PUREZA GARANTIZADA
Teléfono Nº 191 — Urbano Ugarte

Clínica Del Dr. Ernesto Argueta

El Ahorro Hondureño S. A.

Alpha — Farmacia del Dr. S. Lainez — despacho de recetas esmerado
Abierta al público de 7 a. m. — a — 10 p. m.

The Honduras Automobile Transportation Company
Hace dos viajes a la semana con sus automóviles de pasajeros, LOS MARTES Y VIERNES.
Punto de salida: Parque Central, a las 7 a. m.
--PRECIOS CONVENCIONALES.--
Entenderse con el Dr. Guilbert, casa de doña Irene de Lardizábal.--Teléfono Núm. 144.

Botica "LA VIOLETA"
Propietario: Dr. Diego Robles

Materiales fotográficos.

"LA ECONOMICA"
Fábrica de Velas, Jabón y Aguarrás
La más antigua y acreditada de la República. Premiada con Medalla de Plata y Bronce en la Exposición de San Francisco Cal. 1915
Julio Villars, Propietario.

¿Quiere un buen trabajo de talabartería?
Ocurra Ud. a la Centro - Americana
CASA QUEMADA, FRENTE AL HOTEL AGURCIA

-Farmacia San Isidro-
del Dr. Guillermo E. Durón, Químico Farmacéutico de las Facultades de Filadelfia y Honduras.

Portada de El Cronista repleta de publicidad.

La cobardía DEL ANONIMO

Insiste el periódico que pagan los hondureños en su desaventurada labor de discordia y desacierto. Ayer fué publicado en sus columnas un artículo dirigido a mí, en forma que pone de manifiesto la ruindad de quien lo escribió y la insania de quien autorizó su publicación. Acostumbrado como estoy a las amplias y nobles luchas del civismo verdadero, me mueve a misericordia el procedimiento de que hace uso «*El Nuevo Tiempo*» para combatir a los hombres honrados y sinceros. Yo he dicho que se ultraja y defrauda al país haciendo de la prensa cloaca para deyeccionar rencores personales. Esa es mi convicción, y fiel a ella, no contesto, ni contestaré en el periódico, las injurias, las calumnias y las necedades de que se me haga objeto. También he dicho que el anonimismo en público y en privado es una cobardía intolerable. Anónimamente se ha pretendido ofenderme en «*El Nuevo Tiempo*». Yo deseo saber el nombre de la persona que así me agrede, para ejercitar mi derecho de defensa de acuerdo con mi caballerosidad y mi concepto del honor.

¿Por qué no se responde a mis artículos decentemente, con argumentaciones sensatas que demuestren o que soy un mentiroso o que soy un imbécil? La respuesta es obvia: porque quienes me hostilizan son los primeros convencidos de que digo la verdad e interpreto el pensamiento y el corazón de Honduras. La hipocresía, sinembargo, les amarra la garganta, y cuando se las afloja un poco, es para permitirles que hablen en divergencia con sus opiniones íntimas. De ese modo se explican los alaridos esporádicos que apenas sirven para confirmarme en la certeza de que trabajo en pro de la civilización de mi país.

Valladares nunca rehusó la polémica. Aquí responde un artículo de El Nuevo Tiempo dirigido por Froylán Turcios. 10 de diciembre de 1914.

EL CRONISTA

Palpitaciones exteriores

Sensacionales declaraciones de un libro del Japón

Se pide la guerra con los Estados Unidos

El crimen de la calle de San Francisco

Antecedentes del INCULPADO

Sección pagada

Lo que nos dice Don José Eulalio Flores

Ultima hora

Anoche asesinaron en La Ceiba al comerciante don José Mercado

Mañana daremos detalles.

El Cronista dio cobertura al famoso crimen de la calle de San Francisco ocurrido en marzo de 1916.

Palpitaciones exteriores

La campaña de propaganda del Japón contra los Estados Unidos

Hablamos ayer del libro "La guerra entre el Japón y los Estados Unidos." Uno de sus párrafos más intencionados y sugestivos es el siguiente: "Nuestro gran sistema consiste en economizar [illegible] por California, las islas Sandowichs, Samoa y las Filipinas. Nuestras mujeres visten algodón en vez de seda. Tomamos agua en vez de vino. Todas nuestras economías particulares las ponemos a la orden del Emperador para el ejército y la flota. Todos nuestros maestros de escuela tienen q' grabar en la mente de sus alumnos que los Estados Unidos de América son nuestro más grande enemigo."

Esas palabras encierran todo un programa nacional. Los japoneses son sobrios y pobres, y a pesar de eso están resueltos a exagerar su temperancia para crear fondos, y a gastar sus economías en una lucha gigantesca. La guerra que hoy predican por venganza y por desarrollar el sistema imperialista, será mañana una cruzada santa, cuando el maestro de escuela grabe en el espíritu de cada nipón el concepto de que es indispensable la ofensiva contra el yanqui.

Los Estados Unidos han ofendido el sentimiento de raza de los japoneses. Y éstos no son como los americanos del norte, un núcleo originado del cosmopolitismo, sino un conglomerado homogéneo, con elementos étnicos similares, con aspiraciones comunes, con un patriotismo exaltado por la religión y por el trono. País belicoso, que tiene vivo el sentimiento batallador y bárbaro de la edad media, no vacila ante la magnitud de las empresas sangrientas, porque la conquista lo seduce, por lo que tiene de épica y de provechosa.

Los yanquis esperan de seguro la agresión. Como no podrán defender con buen éxito sus posesiones del Pacífico, las abandonarán a los soldados nipones. Pero se defenderán los americanos en el continente; y cuando, por desgracia, se presente el conflicto, el territorio de Centro América será ocupado por los soldados de la gran república. Ellos buscan en estas pequeñas naciones bases y caminos estratégicos. En Honduras misma, según se dice, la carretera que construye Mr. Troy, de La Pimienta al lago de Yojoa, no tiene otro significado.

De suerto, pues, que aunque parezca lejano y fantástico el peligro para nosotros, al estallar la guerra entre los Estados Unidos y el Japón, existe ese riesgo, real e inevitable. Puede suceder que la actual guerra de Europa, en vez de abatir el alma de los pueblos y reducirlos a la paz, excite su coraje y despierte el instinto de destrucción que palpita en los hombres, amenguado por la cultura, pero no destruido.

Dios lo quiere.

El crimen de la calle de San Francisco

EL PROCESO

II

Nos referimos ayer a los antecedentes personales del indiciado y hoy hablaremos del proceso, el cual está muy lejos de ser una pieza jurídica acabada. Contiene numerosas deficiencias que han redundado en grave perjuicio del esclarecimiento del crimen y de los intereses del tenido por presunto culpable.

En primer término, las diligencias del levantamiento del cadáver fueron harto incompletas. Ni por la dilatación pupilar, ni por la temperatura y rigidez cadavéricas, los peritos médicos determinaron la hora aproximada del óbito, por lo cual, lo mismo que por otras circunstancias, sus dictámenes se resienten de insubsistencia. La autopsia fue demasiado parcial, reduciéndose a explorar la cavidad perforada por el traumatismo, sin hacer ni disponer examen de los demás [illegible] de la economía, como las sustancias del tubo digestivo, de los [illegible] y de la vejiga, etc. [illegible] que habrían alejado o confirmado la sospecha que algunos abrigan, respecto a que el [illegible] en el momento preciso del crimen.

La reconstrucción de la escena del delito, no se efectuó sino hasta como veinte días después de verificado el hecho, época en que habían desaparecido ya elementos preciosos de investigación.

En la visita domiciliar que se [illegible], no se hizo inquisición alguna en los papeles del occiso, lo cual quizás habría suministrado alguna luz para descorrer el velo del misterio de este acontecimiento lamentable.

Los peritos balistas nombrados al efecto, sólo se pronunciaron acerca de si el proyectil extraído por la autopsia es de rifle 22 y de si el arma de esta clase, decomisada en la casa del agraviado, y que para su examen se les entregó, presentaba señales de disparo reciente, extremos sobre los cuales dieron respuestas conformes, en sentido afirmativo. Sin embargo, un perito balista que posteriormente ha examinado el proyectil, dice: que no es de rifle, sino de revólver del calibre ya indicado, por que los del primero tienen doce rayas y los del último diez, que son las que precisamente se cuentan en la bala que obra en el Juzgado, como pieza de convicción. Emitieron el dictamen que obra en autos, los señores don Manuel Escoto, poeta, y don Jorge Gómez, amanuense. La opinión extrajudicial del perito que mencionamos es de un profesionista en armas, del capitán de artillería don Andrés Palma.

Los peritos balistas designados por el Juez instructor, pudieron muy bien, conociendo el punto de entrada de la bala y el de salida de la misma, así como también la colocación y posición precisa del cadáver, determinar matemáticamente la trayectoria del proyectil, la distancia probable desde la cual apuntaron a la víctima, la estatura del criminal y la potencia del arma homicida. Pero todos estos elementos de juicio fueron desperdiciados por ignorancia, tal vez ó quizás por descuido y faltan hoy para formar opiniones más o menos exactas.

Procedía asimismo en este caso, haber ordenado la detención y aislamiento de todas las personas de casa, pero esta medida preventiva sólo se cumplió a medias, y acaso a esta incorrección y a las arriba apuntadas se deban las calamidades y la ignominia que hoy pesa sobre un hombre al que hay sobrados motivos para considerarlo inocente.

Tales son a grandes líneas las principales lagunas que en el proceso se notan y que pueden perjudicar grandemente la dignidad de la justicia, la reputación de sus agentes, la libertad de un individuo y el honor de una familia. Esos lunares del procedimiento acaso habrán servido de pábulo a la maledicencia pública, para formar prejuicios y anticipar opiniones.

En las sociedades primitivas la delincuencia es violenta, y se transforma en fraudulenta a medida que el ambiente social se perfecciona. Se trata de uno de esos hechos propios de centros de alta cultura, en el que por intención malévola o por coincidencia, los medios de criminalidad aparecen refinados, hasta el grado de no dejar huellas por ningún extremo. Quizás a que se inhibía en nuestro retrasado medio, que se cometan delitos de la índole del que nos ocupa, se debe que los agentes de la justicia, faltos de la debida experiencia que para el caso se requiere, se encuentren torpes en la investigación, y que por ello, se incurra en las desgraciadas y trascendentales deficiencias que tenemos apuntadas. Pero si éstos son defectos que la inexperiencia excusa, no por eso dejan de dañar a quien [illegible] quizás debiera sufrir las consecuencias. Y es por eso, que se

hondo suspiro de desconsuelo, debe agitar el alma del que juzgándose inocente en la intimidad de su conciencia, debe estimarse víctima de una fatalidad adversa y de un destino cruel, porque el determinismo de los hechos, pese a los defensores del libre albedrío y de la libertad, es una ley de la naturaleza y una condición precisa de la vida.

Demostrado como queda, hasta los extremos de la evidencia, que el proceso que analizamos es una obra imperfecta, no alcanzamos a comprender como pueda servir de base para formar juicios perfectos, tanto más, cuanto que los elementos de prueba que contiene, son desconocidos para la generalidad, que sobre este asunto ha emitido opiniones prematuras a guisa de fallos inapelables. Sólo nos explicamos esa ligereza de criterio, por el hecho de que el vulgo grosero de las gentes, contra lo que es más humano, se inclina de preferencia a pensar y opinar por el lado más malo y desagradable de las cosas, formándose así en el alma social, ese sedimento asqueroso que llama malignidad pública. Nunca se habrán pronunciado sentencias más brutales y absurdas que cuando las muchedumbres han dictado la justicia. Los anales de la Revolución Francesa están llenos de estos tristísimos sucesos y es porque las multitudes se mueven por el resorte voluble de las pasiones y nada hay más inconstante y falaz que la ceguedad de estos motores. Puede servir para confirmar lo dicho, con un ejemplo clásico, aquella gentuza aviesa e insensata, que en una tarde cálida, en las cercanías del mar de Tiberíades, mientras ponía en libertad a un asesino, clavaba en el madero del martirio, con la corona del sufrimiento y los puñales del dolor, al que debiera redimir la humanidad con una doctrina de amor y de esperanza.

José Angel Zúniga Huete.

Debe prohibirse que los jueces de Letras sean a la vez Registradores

Nos dirigimos a los señores diputados

Hay en el país pleno convencimiento de lo inmoral q' es q'un Juez de Letras, a la vez que actúa como tal, pueda cartular, calificar la legalidad de sus escrituras, e inscribirlas como Registrador, y más tarde apreciar el mérito jurídico de esos instrumentos al pronunciar el fallo de los negocios sometidos a su resolución.

Debemos suponer muy honorables a los señores Jueces encargados del Registro de la Propiedad, ya que la Suprema Corte los ha escogido para tan importantes funciones, pero esa honorabilidad no puede aceptarse como base de garantía para los intereses sociales, y mucho menos como argumento de derecho, que justifique y sancione práctica tan viciada que, a no dudarlo, constituye por lo menos, una rémora para el buen servicio público. Sin temor de equivocarnos, podemos asegurar, que solo en Honduras se permite que los jueces cartularios puedan ser a la vez Registradores. Se impone, pues, la necesidad de reformar el artículo 10 del Reglamento de Registrado de la Propiedad en la parte conducente, y quizás reformar todo el Reglamento.

Ahora bien ¿qué nueva organización conviene darle: el de dividir el país en zonas. El de centralizar el Registro en las cabeceras departamentales donde haya cortes, o el de nombrar Registradores en cada cabecera donde haya jueces de letras, como lo establece en su parte final el artículo 10, de cuya reforma nos ocupamos. Esta sería ya cuestión de criterio de los señores diputados, tomando en cuenta la falta de vías de comunicación y la relativa escasez de transacciones en el país, así como la considerable extensión de su territorio, etc.

Pero eso es secundario, lo urgente es prohibir que los jueces puedan ser Registradores, en obsequio a la moralidad judicial y de la celeridad en la administración de justicia, de cuya tardanza tanto y tan justamente se queja el público.

Nos dirigimos, pues, a los señores diputados excitándolos para que se decrete con carácter de urgente la reforma de que nos ocupamos.

UN SUSCRIPTOR

ECOS centroamericanas

De El Salvador

San Salvador, 8.—Murió ayer en ésta don Carlos R. Herrera, súbdito mexicano, muy conocido y apreciado por esta sociedad. También falleció la apreciable señora doña Elvira Gavidia, esposa de don Rogelio Monterrosa e hija del poeta Francisco Gavidia. La comisión financiera visitó hoy al señor Presidente [illegible] El personal de este diario [illegible] Directores [illegible] don José y Antonio Dutriz, salvadoreños. Redactores: Tito López Pineda, hondureño; [illegible] nicaragüense; José V. [illegible]; J. Miguel A. Tapia, [illegible] y [illegible] [illegible] El número de la lotería 7.083 premiado con $10.000 fue repartido entre gente pobre de esta capital. Anoche hubo un incendio en el mesón Financial, no causó grandes daños. No estaba asegurado. Regresó de San Francisco California el artista Rafael Olmedo. La Cámara de Comercio celebrará sesión en honor a los financieros norteamericanos, asistiendo el señor Presidente Meléndez.—La Prensa.

De Estados Unidos regresó el artista salvadoreño Rafael Olmedo. Encuéntrase enfermo el general Miguel Jiménez Leal. Pasado mañana será la recepción oficial a la misión costarricense. Anoche hubo baile de fantasía en casa de la familia Russo-Uloa.—Diario Latino.

Este Diario publica 3 artículos del historiador José D. Gámez en que refuta críticas de Carlos A. Bravo a historia de Nicaragua escrita por el eminente doctor don Tomás Ayón. Viernes próximo será recibido solemnemente el Excelentísimo don Julio Acosta, ministro de Costa Rica.—El Cronista.

Santa Ana, 7.—Este diario aboga porque los patronos concedan descanso dominical a los empleados de comercio. Incendióse un cañaveral cerca del ingenio de Gustavo Vides. Sábese que Asamblea concederá título de ciudad a la villa de Armenia.—Diario de Occidente.

De Honduras

San Pedro, 7.—"El Anunciador" de Cortés reaparecerá pronto en imprenta propia. Ruégale canje de noticias. Espérase mejorará la pésima situación de negociaciones bananeras.—Corresponsal.

Encuéntrase aquí doctor Lorenzo Mills Cisneros. Tren trabaja-

EL HECHO sangriento de LA CEIBA

Sección Judicial

AMPARADO

REO EN LIBERTAD

LICENCIA

CRIMINALIDAD

Palpitaciones de la guerra

Declaratoria de guerra de Alemania a PORTUGAL

La gran ofensiva germana en el frente de Francia

Los imperios centrales han resuelto tratar a los buques mercantes armados, de los enemigos, como buques de guerra, y han notificado a los países neutrales esta determinación. Contra ésta se pronuncia Inglaterra, desde luego, porque ella sola pretende legislar, para su propia conveniencia, en cuestiones marítimas.

En vista de las violaciones de la correspondencia, por parte de las autoridades inglesas, el gobierno de Suiza ha resuelto enviar la correspondencia que viene para América, vía Alemania-Holanda.

La toma del fuerte de Vaux por los alemanes tiene gran importancia. Esos formidables ataques demuestran que la ofensiva alemana es seria y que Verdun puede caer de un momento a otro. El fuerte de Vaux dista de Verdun cerca o diez kilómetros, y por lo mismo el bombardeo de este último será inevitable. Según un despacho de la agencia Transocean, los franceses disculpan los éxitos alemanes diciendo que las inundaciones del Mosa favorecen los ataques de los tudescos cuando al contrario, esas inundaciones facilitan la defensa de las fortalezas.

La declaratoria de guerra de Alemania a Portugal acerca los sucesos a la península ibérica. Pone de manifiesto la fuerza moral de los teutones, y por otra parte crea en España una situación grave. ¿Se resolverá, por fin, España a entrar en la lucha? Si el gobierno español se inclina en favor de la Múltiple tendrá en su contra la opinión pública. Si ayuda a los imperios centrales, se verá amenazada por Inglaterra, Francia y Portugal.

El contingente de Portugal en la guerra no tiene significación; pero los lusitanos juegan su porvenir, en caso de un desastre de la Múltiple. Tal vez vuelvan a España a formar una sola entidad monárquica.

El crimen de la calle de San Francisco

LAS PRUEBAS

III

En presencia de los comentarios que en público y en privado se han hecho de la cuestión que nos ocupa, lo mismo que de los cerebros y suspicacias que se desprenden del secreto sumario, como de todo lo que se ha tejido, se ha creído que el proceso contiene cargos abrumadores y convincentes contra el presunto culpable, y que, al abrir ese expediente, caerían las inculpaciones sobre el indiciado como los males de la caja de Pandora.

Nosotros hemos examinado los datos que arroja la causa y no encontramos en ella fundamentos legales ni morales que puedan perjudicar al acusado, y creemos con sinceridad, que a base de lo que el proceso registra, no dejamos ya de lo que la murmuración propala, nadie puede decir honradamente en este asunto: yo acuso.

De las ochenta y dos declaraciones recogidas en las diligencias sumariales tan sólo doce se refieren concretamente con cargos para don Octavio Mazier, las cuales vamos a exponer y comentar, aunque no con la amplitud que desearíamos en interés de la verdad y de la defensa del indiciado.

Jorge Gómez, dice:

Que como a las diez y cuarto de la noche del 16 de enero último, presenció que don Octavio Mazier, saliendo de la pieza en que estaba el cadáver de su hermano, don Emilio, se dirigió al cuarto segundo oriente de la casa mortuoria, de donde tomó un rifle calibre 22 y se lo entregó a una señora cuyo apellido ignora, haciéndole señales de que lo ocultara por lo cual el deponente sospechó que el mencionado individuo tuviera responsabilidades en el crimen; y que reconoce que el rifle que se le presentó en el Juzgado es el mismo que viera al Sr. Mazier.

Conforme al texto de esa declaración, extraña a primera vista que no aparezca la señora que menciona el exponente, no obstante las activas diligencias que se pusieron en la averiguación del hecho; extraña también que no hayan presenciado la de la entrega del rifle otras personas, ya que a la hora que el deponente cita había gran número de gente en la casa, atraída por la novedad y sensación del crimen; y es raro asimismo que el declarante no diga el nombre de la señora siquiera, ya que expresa ignorar su apellido. Según pláticas extrajudiciales del testigo de que hablamos, el cuarto del que dice que Mazier sacó el arma, estaba obscuro en consecuencia, se hace difícil creer que el declarante haya podido advertir el calibre de la misma, y que habiendo visto el rifle en esas circunstancias, pueda decir después que lo reconoce, cuando no tuvo oportunidad de conocerlo. Pero más insólito es que, habiendo tenido las sospechas de que da cuenta, no haya fijado bien su atención en la señora de que habla. Ahora, analizado así este testimonio, ¿qué luz es la que arroja en el proceso? Para un juicio sereno, es necesario concluir que ninguna, y consta, que es el cargo más grave que se encuentra en los autos. ¿Y por qué Jorge Gómez es testigo y perito a la vez en el reconocimiento del rifle?

Pedro J. Bustillo Ocampo,

depone: que el 16 de enero recién pasado, como a las 9 p. m., llegó a la casa donde ocurrió el crimen, penetrando hasta una de las últimas piezas del lado oriente de la misma y que en ella presenció que don Octavio o Carlitos Mazier, sin recordar cuál de ellos, sacó de la gaveta de una mesa un rifle calibre 22, desarmado, el cual despedía olor a pólvora, pareciendo haber sido disparado recientemente; que en momentos en que Pereira y don Octavio tenían, cada uno una pieza del arma, este último dijo: *Todo está perdido, todo se ved*til palabras que también oyeron Pereira y Carlos Mazier; y que don Octavio no dejó al declarante presenciar la autopsia sin duda por temor de que descubriera algún dato interesante al esclarecimiento del crimen.

Es de notar que ni Pereira, con quien está en contradicción en muchos puntos el testimonio de Bustillo, ni Carlos Mazier dan cuenta en sus declaraciones, de haber oído a Octavio Mazier las palabras que refiere el deponente a que aludimos, lo cual sería muy extraño que no les hubiera notado el detective Pereira, en caso de haber sido pronunciadas. Por otra parte, es absurdo suponer siquiera, que un hombre inteligente se delate en forma tan cándida, y además, según la declaración de Carlitos Mazier, sólo él sabía, en casa de don Emilio y en la de su tío Octavio, la existencia del rifle en cuestión, por haberlo metido desarmado y a hurtadillas. Esto mismo afirman todas las demás personas de la casa en que ocurrió el hecho.

José Pereira de Castro

expone: Que el 16 de enero, como a las 10 p. m. llegó a casa del Lic. don Emilio Mazier atraído por la novedad de la concurrencia, donde ya encontró mucha gente; que practicó un registro en el domicilio sin encontrar ninguna huella; que preguntó a don Octavio que con qué arma suponía que habían dado muerte a su hermano, contestándole que creía que con revólver 32; que oyó decir a una señora a quien no conoció, que habían visto a don Octavio con un rifle 22, que así fue como supo que había en la casa tal arma, por lo que pensó entonces sorprender a Carlitos Mazier; que al día siguiente, como a las 9 a. m. llegó de nuevo a la citada casa y preguntó a Carlitos por el rifle, diciéndole éste, que cómo sabía que tenía rifle, a lo cual contestó el deponente que unos amiguitos le habían informado habérselo visto por la noche; que a continuación lo condujo a una pieza del lado oriente de la casa, sacando de la gaveta de una cómoda el rifle que se le presenta, el cual estaba desarmado, oliendo a pólvora, señal de haber disparado con él, recientemente; que cuando el declarante examinaba el rifle llegó don Octavio, quien se mostró muy sorprendido al ver el arma, preguntándole entonces el exponente si sabía que existiera tal rifle en la casa, a lo que contestó en sentido negativo.

Por la anterior declaración se viene en conocimiento de que a las diez de la noche el detective Pereira practicó un reconocimiento en la casa y no encontró ninguna huella que pudiera conducir al esclarecimiento del crimen, siendo raro que no diera con el rifle de que habla Gómez, ya que según su declaración, a las diez y cuarto fue cuando vió a Mazier entregar dicha arma a la señora incógnita.

Habla Pereira de una señora a quien oyó decir que había visto a don Octavio con un rifle 22, que así fue como supo que existiera tal arma en la casa y que entonces formó el propósito de sorprender a Carlitos. Parece que en este asunto se ha de andar de extrañeza en extrañeza, porque siendo Pereira un profesionista en investigaciones policiales, sorprende que no se haya fijado en la señora de que habla para hacer que la detuvieran y todavía más, que con este dato se propusiera sorprender a Carlos Mazier en vez de hacerlo con don Octavio. Ante estos hechos es indispensable pensar, o que son falsos o que se ha cometido una falta y un despropósito imperdonables en un detective, sin olvidar los móviles de la investigación.

Obsérvese también que este testigo a quien nos referimos no corrobora el dicho de Bustillo en cuanto a las palabras que pone en boca del incriminado y que dice, lo mismo que Carlos Mazier, que el rifle fue sacado de una cómoda y no de una mesa como pretende Bustillo.

Cristóbal Prats,

dice: que el 16 de enero de este año, como a las 9 y cuarto p. m., supo en La Mascota, en compañía con Federico Travieso, que don Emilio Mazier había sido asesinado; que ambos se encaminaron a casa del occiso, inmediatamente, a la que llegaron luego, donde ya había mucha gente; que a poco se salieron para dar aviso de lo ocurrido a doña Petra y a don Octavio Mazier, al que encontraron frente a la puerta de la Iglesia de San Francisco; que le dieron la noticia del suceso, a lo que les contestó: "Si, eh... " y continuó caminando por mitad de la calle, muy despacio y sin demostrar sorpresa por la noticia, lo cual le extrañó mucho a él y a su acompañante.

Federico Travieso

Declara cosa semejante a lo del testigo que antecede, con la sola diferencia de la hora a que supo la noticia por Carlitos Mazier, que fue a las 9 y 20 p. m., y la de que a don Octavio lo encontraron como a 25 varas de la casa del difunto.

A estas declaraciones les dió el vulgo y algún periódico una importancia que no les encontramos, tal vez por torpeza o ignorancia, antes bien notamos la contradicción en que entran dichos testigos respecto del lugar en que encontraron a Mazier. Prats dice que fue frente a la puerta de San Francisco, distante de la casa del occiso como 70 varas, y Travieso afirma, que ello ocurrió como a 25 varas del último edificio, lo cual es lo cierto, porque el acusado no llevaba la avenida de San Francisco, sino la de Cervantes como así consta a personas tan honorables como don Diego Robles y otras. En cuanto a lo de que no sorprendió la noticia a Mazier, nada tiene de extraño porque ya se la habían dado, minutos antes, frente al Parque Morazán, como así lo declara en su indagatoria.

Ahora, en lo que hace referencia a que el acusado caminaba muy despacio, quizás sea una apreciación personalísima. Tal vez los testigos mencionados habrían deseado que Mazier corriera como lo hubieran hecho ellos a caso en igualdad de circunstancias. Además, hay testigos sin tacha alguna, dispuestos a deponer en sentido contrario a lo que afirman Travieso y Prats.

Pura v. de Vijil, expone:

que por sus hijas, Pura y Lupe, sabe: que a María Sequeiros de Cuéllar, le contó Rosa Lazo, que el 16 de enero de este año, como a las 9 p. m., yendo para su casa, sita en La Plazuela, al pasar frente a la de don Emilio Mazier, vió y encontró a don Octavio del mismo apellido, pareciéndole que salía de ella; y por el rumor público sabe que Octavio Mazier es el asesino de su hermano, don Emilio, no constándole nada de vista.

Pura Vijil,

depone: que doña María Sequeiros de Cuéllar le contó que Rosa Lazo le ha dicho, que yendo ésta para su casa, la noche del 16 de enero último, al pasar frente a la habitación de don Emilio Mazier, vió salir a un hombre pantalón negro y blusa crema; y que al llegar la señorita Lazo a su casa oyó llorar a doña Julia de Mazier.

Respecto a estas declaraciones, la señorita Rosa Lazo manifiesta que nada de lo expuesto ha dicho a la señora Sequeiros y ésta a su vez informa que nada le ha referido la Lazo, ni ha dicho a las Vijil ninguna cosa al respecto.

Santiago Zelaya,

dice que nada ha visto ni oído porque estaba dormido a la hora en que se dice que ocurrió el suceso: que por el clamor ha sabido después que don Octavio Mazier asesinó a su hermano.

Antonio Arroyo,

expone: que el 16 de enero último, como a las 9 y 10 p. m. llegaron a La Imperial, doña Petra y Julia de Mazier y Carlos del propio apellido; que tomaron unos helados; que doña Julia y Carlitos querían irse, pero que doña Petra les rogó que no se retiraran, lo cual le atendieron; que permanecieron como 20 minutos en su establecimiento; que pocos momentos después de haberse retirado supo la noticia del crimen y que al saber la don José María Villafranca, que estaba allí, dijo: «No les decía yo que les había notado algún disgusto entre la familia Mazier?»

José María Villafranca,

manifiesta en su deposición que no ha dicho tales palabras y que ningún malestar notó en las señoras Mazier. Esto mismo dice Catalina de Arroyo.

Guillermo Debbe,

declara que el 18 de enero recién pasado, sin recordar la hora, llegó a su oficina don Octavio Mazier, quien le manifestó, entre otras cosas, que iba preso por la Dirección de Policía, que también le suplicó que como miembro de la Directiva del Banco de Honduras, se interesara porque lo nombraran abogado del [illegible] en sustitución de su [illegible] mano.

Esta declaración ha [illegible] para solicitar [illegible] oprobio al detenido [illegible] Mazier, como que el [illegible] minal buscar trabajo [illegible] tado, cuando [illegible] para la vida [illegible] producto de la [illegible] dad. Este hecho [illegible] juzgan adversamente [illegible] pado, está expresando [illegible] la inocencia del [illegible] tranquilidad de alma [illegible] se halaba. Ahora, [illegible] piensan que a raíz de [illegible] tecimiento de esa [illegible] no se está para pensar en cosas, pero acaso todos [illegible] mos y procedentes del [illegible] mundo, para todos tiene valor o significación [illegible] te? Decididamente [illegible] apoyáramos juicios en [illegible] cho que analizamos de[illegible] mos estar preparados por los derrumbaderos porque dariamos una base [illegible] vediza e instable. Pensar es puede asesinar a un [illegible] mano por una [illegible] ta de $30.00 es [illegible] absurdo, y sobre todo [illegible] do en él se tiene un [illegible] seguro. Si se pretende por interés asesinó don [illegible] vio a su hermano, [illegible] una contradicción [illegible] porque nadie más que [illegible] sunto asesino había [illegible] interesado a conservarlo [illegible] pre, ya que le propor[illegible] trabajo, y por [illegible] dinero.

Se encuentra [illegible] autos que don Octavio [illegible] tenía un llavín de la [illegible] su hermano. A este [illegible] se ha dado por algunos [illegible] siada importancia. P[illegible] por ello se ha de [illegible] contra este individuo, [illegible] lógicos deberían [illegible] culpaciones también [illegible] doña Julia y Carlitos [illegible] lo que es evidentemente [illegible] justo, y por lo cual la [illegible] tancia apuntada no [illegible] gún valor fundamental.

Conforme al contexto [illegible] declaraciones del proceso [illegible] crimen se cometió [illegible] mente entre las nueve y [illegible] ve y cuarto de la noche [illegible] de enero próximo pasado.

Ahora bien: Francisco Tiburcio Guerrero declara [illegible] autos: que todo el tiempo [illegible] se indica en el párrafo [illegible] antecede, les consta que [illegible] tavio Mazier ha estado [illegible] casa de habitación, [illegible] de la de su hermano [illegible] nos diez cuadras.

Agréguese a esa [illegible] tancia incontrovertible la [illegible] que antecede y pensar [illegible] ser muy insensato para [illegible] denar a un hombre [illegible] salva la verdad resplandeciente de los hechos, y que [illegible] tros sometimos a [illegible] todo juicio a [illegible] expresión de los autos y [illegible] impasible serenidad de [illegible] tro criterio.

JOSÉ ANGEL ZÚNIGA H.

NUESTRO PORVENIR NO ESTÁ EN LA PLATA

—Sí, «Honduras» es el vocablo fatídico, palabra siniestra que encierra un sentido tétrico, que revela un destino de fracaso...

(El Cronista, julio 27, 1917).

HONDURAS, ADEMÁS DE UN NOMBRE ES UNA SITUACIÓN

—Pero ¿a usted como que le asusta la palabra «Honduras»?

...El destino, en sus bromas amargas, no se conformó con bautizar esta porción del planeta con un nombre de mal gusto que revela el bajo fondo en lo físico y moral, sino que pretende prolongar la guasa, dejando a Honduras en las honduras eternas.

(El Cronista, julio 28, 1917).

LO QUE PASA EN CENTRO AMÉRICA

De Guatemala poco hemos sabido. «La Campaña» hace de vez en cuando una disección interesante de este cadáver social que corre ante el vulgo, con el nombre de «Honduras»...

(El Cronista, agosto 9, 1917).

DESDE NEW YORK

...¡Ah, feliz Honduras! Donde no hay un solo camino, pero en cambio, los versos constituyen ejercicios y forjan reputaciones. Donde el Padre Reyes formó su Arcadia, al amparo de dulcísima inocencia; donde Joaquín Palma llenó el ambiente con todos los consonantes de Zorrilla y donde los juegos florales, que tienen damas como reinas y bardos caballerescos, producen tanto eco como un movimiento revolucionario.

(11 de octubre de 1909, La Prensa, noviembre 4, 1909).

¿PARA QUÉ?

Honduras es así, de a jeme, muy raquítica en su historia literaria, y muy estrecha en su capacidad intelectual...

Un discreto observador me decía: «De nuestra riqueza antigua, el Padre Reyes hizo cajoneros y medianísimos versos; escribió con algún brillo, incorrección y desorden Morazán; tuvo buena fibra para redactar mensajes don Juan Lindo, y lo demás queda comprendido en este o aquel personaje apto para los trabajos oficiales, esto es, para escribir notas conceptuosas y con una dicción condimentada de retórica; pero todo en escasa cantidad, sin abundancia, falto de sistema». Sin discutirla, copio esa opinión.

...Rosa plagiaba muy atildadamente, pulía y redondeaba artículos que salvarán la fría independencia del tiempo. La labor que Zúñiga firmó con su puño y letra no es superior a sus trabajos anónimos, derramados en la prensa periódica. Tiene chispazos brillantes esparcidos al viento, que a eso equivale escribir para las diarias necesidades del público. El diarismo agota la mejor inteligencia, la mecaniza, la encauza en moldes de vulgaridad.

El doctor Soto trajo a José Joaquín Palma a cantar, en este «vergel risueño», como decía el mismo poeta, burlándose sin duda de todos sus oyentes...

Allá por los años de 1893 a 1896, era yo un lector implacable del vate cubano, y me sabían a gloria aquellas divinas estrofas en que habla de «greyes», de «leyes» y del «Padre Reyes», todo sabiamente amasado para consonantar.

Palma hizo escuela. Por no herir capacidades vivientes no cito a los que, seducidos por el hábil recitador, se dedicaron al cultivo de la poesía. El Guacerique y el 15 de Septiembre pagaron los patos; quiero decir, que esos sonoros temas sirvieron de principal caballo de batalla a la generación poética que entonces empezó a batir sus tenues alas. Hubo aquí mucha Edad Media lingüística: puentes levadizos, cabalgatas y galanteos, caballeros con loriga y deslumbrantes cortes de amor.

Aquellas juventudes comenzaron a leer y en la época del general don Luis Bográn conocieron a Víctor Hugo, que enfermó con su retumbante lirismo a todo el continente hispano; suspiraron con Lamartine, se empaparon en un romanticismo moribundo y se embriagaron en un revolucionarismo cursi, que si no era estúpido, por lo ingenuo, fue calamitoso y tonto...

Tamañas simplezas prepararon las guerras de 92, 93 y 94, después de las cuales, Dios de bondad, empezó un furor insano por los discursos públicos, el que todavía tiene ligeras y flojas prolongaciones.

En este pequeño cuadro hay, a ratos, comienzos y desmayos de poetas, que parecen dispersas flores pálidas e inodoras nacidas en una extensión árida y mustia. En el centro, un solo lirio blanco: Juan Ramón Molina.

(El Cronista, noviembre 2, 1914).

BONDADES O DESVENTAJAS DEL SEUDÓNIMO

En Honduras casi no tiene objeto el seudónimo. Son tan pocos los que escriben, que bastan minutos de atención para conocer las respectivas diferencias de estilo.

(El Cronista, agosto 27, 1913).

¿POR QUÉ LOS VIEJOS NO ESTIMULAN A LOS JÓVENES?

...Encerrados en mutismo que quieren hacer pasar como sabiduría altiva, nada les importa que Honduras marche al acaso... En los países civilizados y enérgicos, tanto en la política como en administración y en asuntos sociales, son los viejos quienes llevan la bandera. No se avergüenzan de ser activos; no se esterilizan en el silencio. Llamean diariamente en el periódico y en los mítines...

Entre nosotros se ha estado creyendo que el periodismo es entretención para los muchachos...

¿Por qué nuestros viejos no salen de su marasmo? ¿Por qué no comprenden aún que es traicionar los intereses nacionales vivir en comadrería indecente? ¿Por qué no llegan a la prensa, a decir cuáles son los medios para que todos prosperemos y la República sea concreción de bondades verdaderas?

(El Cronista, diciembre 8, 1914).

INSIGNE OCURRENCIA DE UN INSIGNE HONDUREÑO

...Tenemos aquí genios a montones, solo que por humildad o por prudencia, no dan a la luz sus genialidades, ni en la prensa, ni en el libro, ni en parte alguna, como no sea en el corrillo fecundo y redentor.

(El Cronista, diciembre 28, 1914).

LOS PELIGROS CONTEMPORÁNEOS

En otros tiempos, cuando no había ni cónsules en Honduras, nos macheteábamos a nuestro sabor y talante, sin escrúpulos ni rubores. Poníamos una fábrica para ahorcar gente en Olancho, con la misma impunidad con que se arreaba una partida de novillos. Si la noticia llegaba a las potencias civilizadas, de seguro juzgaban el caso con la curiosa atención con que se lee en los libros la matanza de los caníbales.

(El Cronista, abril 20, 1920).

AQUÍ ES MUY FÁCIL QUE SE LO COMA A UNO EL TIGRE

Porque no podemos comprender que solo nosotros, los desgraciados hijos de Honduras, estamos privados del derecho de saber lo que pasa en el universo mundo.

...Los hondureños no podemos hacer eso por la sencilla razón de que somos hondureños.

Se presenta un concesionario al Congreso, pidiendo algo que es nuestro, algo que es de los hondureños; pero los hondureños no podemos decir nada por la sencilla razón de que somos hondureños.

(El Cronista, enero 16, 1914).

OTRA VEZ EL ASUNTO DE LA PLATA

Varias veces hemos dicho que prácticamente en Honduras hay dos países financieros: la costa norte y occidental, por una parte, y el centro, oriente y sur, por otra...

(El Cronista, noviembre 26, 1915).

TERMINAMOS ESTA SERIE

¡Son tan pocos los hondureños y tanto se conocen entre sí!

¡Y cómo pelean las presidencias!, y después de todo, ¿para qué?

(El Cronista, diciembre 1, 1922).

AQUÍ FUE TROYA

Un país pobre como el nuestro debe ser modesto en su representación oficial.

(El Cronista, diciembre 12, 1922).

EL MONTONCITO EN LA MESA

La psicología de las cartas políticas en Honduras es un fenómeno que hasta la fecha nadie ha examinado…

(El Cronista, junio 14, 1918).

CURIOSO CONTRASTE EN EL PAÍS DE LOS SACERDOTES CATÓLICOS

—En Honduras el Estado es indiferente a la actividad religiosa… no se expulsan clérigos, porque todos, o la mayoría de los que ofician, son sujetos apreciables, correctos, inofensivos y benévolos.

(El Cronista, 1 de junio de 1915).

LA CUESTIÓN ECONÓMICA ES UN PROBLEMA DE URGENTE RESOLUCIÓN

…Los comisionados financieros que fueron a Washington, señores general Leopoldo Córdova y Daniel Fortín…

La crisis obedece, en mucha parte, a la poca circulación de la plata. Los comerciantes de Puerto Cortés y San Pedro tienen en caja cerca de millón y medio de soles, sin encontrarles salida.

En 1909 el gobierno gravó con un 15 % la exportación de la plata. Aquella medida produjo alarmas y protestas, y hubo necesidad de suspender de hecho sus efectos para no provocar una perturbación mayor. Posteriormente se ha exigido el impuesto de exportación, y el metal no sale, y además nadie vende giros por plata en aquel litoral.

El comercio quiere que se suprima ese 15 % de exportación, y propone, además, que se establezca el talón de oro. Esta medida es trascendental y necesita una discusión amplia y bien calculada, porque vendría a revolucionar hondamente la economía nacional.

En Honduras no es fácil cambiar bruscamente el sistema monetario. El gobierno del general José María Medina estableció el níquel, con resultados contraproducentes.

(El Cronista, mayo 2, 1915).

LAS DOS OPINIONES

Es de conveniencia nacional descubrir los defectos personales que obstaculizan la vigorización de la ciudadanía. Se cumple un gran deber patriótico apuntando las debilidades del carácter. Nosotros hemos observado que hay dos opiniones, una privada y otra pública, contradictorias, entre nuestros hombres de mayor prestigio.

...Esto es grave. Acusa desconceptuación del sentido moral y preludia desastres en el orden social y político de nuestro país.

...No hay entereza suficiente para opinar lo mismo en voz baja y en voz alta. Y, naturalmente, de esa hipocresía personal tiene que derivar la anomalía pública en que vivimos...

(El Cronista, mayo 21, 1915).

A VECES LAS REPETICIONES SON INDISPENSABLES Y NI CANSAN NI ABURREN

Nunca, jamás, en esta patria se ha presentado una falange de muchachos con una robusta moral como la que actualmente existe...

(El Cronista, agosto 31, 1914).

NEUTRALIDAD DE HONDURAS

Honduras fue declarada neutral en las contiendas centroamericanas, por los pactos que suscribieron los delegados a las conferencias de Washington, a fines de 1907...

...Como Honduras, por su posición geográfica, es en muchos casos la manzana de la discordia, y casi siempre la que paga los platos rotos, se creyó que separándola de la conspiración general se afianzaría el orden en las cinco secciones... Honduras no tomaría parte de los conflictos armados de las demás repúblicas, y estas no harían armas contra Honduras...

(El Cronista, febrero 11, 1915).

ALLÍ ESTÁN LOS MILLONES QUE NECESITA EL GOBIERNO

...Van pasando unas sobre otras las generaciones, en decadencia alarmante.

(El Cronista, agosto 7, 1926).

LA ACTITUD DEL PRESIDENTE SOLÓRZANO ANTE LA PROPUESTA DEL GENERAL FERRERA

Nos equivocamos durante más de un siglo. Las fuerzas locas, con ligeras interrupciones, han dirigido los destinos del país. Ya es tiempo de que aparezca el sentido común como guía y parte de nuestra conducta política.

(El Cronista, septiembre 18, 1926).

LA ESCUELA DEL SENTIDO COMÚN

Con mucha menos imaginación que los nicaragüenses, somos revoltosos, y en vez de ingenio y de agilidad gastamos un brutalismo desconsolador. No tenemos la gracia del fraude siquiera; pero poseemos la agresión criminal en grado máximo. Por eso nuestra función política es esencialmente homicida.

(El Cronista, septiembre 25, 1926).

LA RUPTURA DE LAS CONFERENCIAS DE CORINTO

...Este país esencialmente convulsivo...

(El Cronista, octubre 25, 1926).

LA PALABRA Y EL HECHO

...Si en sucesión matemática cumplimos los cien años de vida autónoma, en la escala moral permanecemos en las primeras gradas.

(El Cronista, febrero 20, 1922).

UNA ACLARACIÓN PERTINENTE

...Es muy difícil encontrar un hondureño que directa o indirectamente no haya tomado parte de nuestras saturnales, pero las generaciones jóvenes están menos contaminadas de sectarismo y en mejores condiciones de provocar la evolución en el espíritu nacional.

No tomaremos parte directa y activa en la contienda eleccionaria de 1923; pero si nuestra palabra vale algo, aconsejaremos al pueblo que condense sus aspiraciones en los hombres nuevos que prometan un porvenir de rectificaciones.

(El Cronista, febrero 21, 1922).

LA EFICACIA DE LAS CIRCULARES

...En el desenvolvimiento de nuestra democracia se han cometido muchos errores. Algunas veces el primer yerro es disculpable. Lo que no se justifica es la repetición, a sabiendas del procedimiento punible.

(El Cronista, febrero 23, 1922).

LOS SUCESOS DE OCCIDENTE

La geografía exige a los hombres de Estado de Honduras un estudio especial. Frente a tres países, estamos obligados a desplegar una política internacional capaz de garantizar tres fronteras.

(El Cronista, abril 7, 1922).

¿CUÁNTOS SON?

Las ideas madres que agitan una época, al morir, gastadas por el tiempo, se sutilizan, se pervierten y dividen hasta que pasan a los términos del descrédito.

En nuestro raquítico ambiente, sin que el fenómeno ocupe una sola línea en la historia universal, se nota claramente, en la política, el signo de la vetustez inevitable.

...La carta de 1894 no es más que un pobre remedo de muchas otras constituciones. No es inferior ni superior a la de 1880, ni a la de 1906. Está, simplemente, peor redactada que las otras dos.

(El Cronista, mayo 30, 1922).

LA POBRE LEYENDA

En cinco lustros se forma una generación.

Las constituciones de Honduras, inclusive la de 1873, se inspiran en algunos conceptos, en el espíritu colonial. La de 1880 borra por completo el pasado y consigna los principios liberales de la democracia moderna. En sus detalles y en sus disposiciones transitorias, puede exigir una reforma, preparada por la evolución pacífica. Las arbitrariedades de los gobernantes justificaron quizás la rebelión de los ciudadanos, pero estos tenían la obligación de ser francos y leales. Debieron decir: «derrocamos a Ponciano Leiva y a Domingo Vásquez por arbitrarios y déspotas».

Eso era todo. Pero el empeño de justificar la sangre derramada les aconsejó la emisión de una carta inútil, porque no ha servido para resguardar las garantías individuales ni los derechos políticos. Desde 1894 hasta la fecha se ha vivido en plena forma constitucional.

...Es un ejemplar repetido, como cualquier otro, del diluvio de constituciones que cayeron durante un siglo sobre las democracias de habla castellana. Ha sido violada por sus propios autores.

(El Cronista, mayo 31, 1922).

AUMENTAMOS LA DOSIS

...En las constituciones del porvenir se resolverán los problemas que ha planteado el obrerismo, problemas desconocidos o muy pocos sospechados en 1880. Las constituciones de 1894 y 1906 han girado alrededor de la de 1880, sencillamente porque no han podido crear nuevos y mejores postulados para la organización del gobierno democrático.

...Deseamos que los jóvenes que aspiran a tomar cartas en los negocios públicos se dediquen primero al examen de los anales patrios, porque de lo contrario les pasará lo que durante algún tiempo nos pasó a nosotros. Por falta de estudio nos encerramos en un círculo estrecho, creyendo que tal círculo comprende las mayores excelencias. El reducido espacio, en la apreciación de los valores morales, fomenta la pasión, y esta ofusca el pensamiento...

(El Cronista, octubre 28, 1922).

TODAVÍA SUENA EL NOMBRE DE ROATÁN

Los hondureños constituirán una tribu sin ley ni organización.

...En estas democracias descocadas del centro del nuevo mundo el poder es arbitrario, en el sentido de que solo apoya la voluntad de un dictador o la codicia de un grupo, que con el nombre de partido se adueña de los destinos del país.

A nacionalizar los intereses de todos, para conquistar la libertad de todos. A eso tienen que llegar los hondureños, si es que no hacen profesión de fe de esclavos o de sicarios.

(El Cronista, noviembre 1, 1922).

HACIA LA REPÚBLICA

Sin bromas, ni escepticismo, ni optimismos, hay que esperar, por la fuerza evolutiva de las cosas, el progreso inevitable en nuestra vida democrática.

(El Cronista, noviembre 28, 1922).

POR ENCIMA DE LAS CANDIDATURAS

De 1821 a 1921 han operado las ambiciones del cacique y los apetitos de la pandilla. En períodos fugaces se quiso acatar la ley ensayando el sufragio libre. Pero esos fugitivos ensayos no han creado una situación estable. El legalismo ha sido una palabra vana, un simple adorno de la retórica política, en literatura de los gobernantes y en las promesas de los candidatos.

Parecerá fastidiosa y monótona la tarea que nos imponemos de hablar siempre sobre la necesidad de constituir la democracia efectiva. O mejor dicho, de constituir la patria.

(El Cronista, diciembre 4 de 1922).

Y TODAVÍA SE QUEJA

...El verbalismo insubstancial y regresivo... o la violencia de la pasión presidencial.

(El Cronista, diciembre 14, 1922).

LOS PROBLEMAS DE LA COSTA

...Si un trabajo necesita negros, podrían contratarse con la obligación de regresarlos al hogar de su origen.

No son, pues, iguales las razas.

(El Cronista, diciembre 19, 1922).

LO QUE DICE LA CORRESPONDENCIA PRIVADA

Para Honduras la independencia de España fue una noticia halagadora nada más. La conquista de la vida del derecho será su verdadera independencia.

(El Cronista, diciembre 28, 1922).

12 DE OCTUBRE DE 1402 - 12 DE OCTUBRE DE 1913

...Más de trescientos años duró la dominación de España. Y la América Central no cuenta un siglo de vida independiente. ¡Qué jóvenes somos y qué corrompidos!

...Enfermos de poder y de influencias, aunque sea en las esferas municipales, nos agitamos hace tiempo en contiendas estériles.

Agrupaciones viciadas, cuyo progreso es inseguro, mientras no se prepare una evolución del carácter íntimo. Corremos peligro inminente de sucumbir al empuje de una raza lozana, que invadirá nuestros solares sin preocuparse de nuestro grito de angustia.

El presente es agónico. Ojalá nos salve la cordura del instinto.

(El Cronista, 11 de octubre de 1913).

LABOREMOS

La historia de Honduras desde el descubrimiento por Colón, hasta el 76, es un cuadro lúgubre que espeluzna… cuando nuestros mayores del año 21 nos quitaron la vergüenza de ser esclavos, surgen entonces con ferocidad inaudita las contiendas civiles, las saturnales sangrientas que anarquizan la libertad naciente. Y nuestro pueblo vierte sangre, sangre a todas horas, para poner y quitar presidentes que duran años, meses y días, y el nombre de la República sirviendo de escenario, traído de aquí para allá, en un juego siempre lastimoso, constantemente ridículo.

Y ya no retrogradamos, porque el doctor Soto dio el impulso; él imprimió el movimiento a nuestra sociedad, que girará infinitamente sin detenerse, hasta que el viejo y eterno polvo bíblico sea el inmenso depósito de todas las partículas humanas.

(La Paz, junio 26, 1902).

EL PERO DE LA VERDAD

No podemos prever el porvenir. En el caso presente es muy difícil fijar un punto de vista desde donde se pueda descubrir un horizonte definido. Pero algo vendrá muy provechoso, y tal vez muy pronto.

(El Cronista, febrero 11, 1922).

LAS LUCUBRACIONES DEL SEÑOR MINISTRO MORALES

…El extenso y meditado estudio que el doctor Manuel I. Morales (ministro salvadoreño en Honduras) publicó en el «Diario de El Salvador» en los días 14, 15 y 16 de abril último.

Hace el doctor Morales apreciaciones acertadas sobre la política de estos países, y con criterio imparcial juzga nuestro espíritu bochinchero.

Pero no llegó al fondo, en lo que a Honduras concierne, en aquellos acontecimientos (juicio en la Corte de Justicia Centroamericana por la guerra de Honduras en 1908).

Sus artículos tienen mucha filosofía y algo de retórica patética. En ese terreno solo aplausos merece de nuestra parte.

(El Cronista, mayo 8, 1914).

DISPAROS EN BLANCO

En «La Regeneración» del 2 del mes corriente he leído un artículo, «Nuestros Doctores», que me ha llenado el corazón. Siento no saber quién es su autor…

Hay muchas mentiras convencionales…

…Otra porción de gente cree que es obra de patriotismo el hecho de ensalzar lo que pertenece a la nación, sin comprender que, empleado ese sistema, se da a los jóvenes, que vienen atrás, el más falso concepto de lo que realmente somos…

El localismo engreído no tolera que el lenguaje franco y rudo venga un día cualquiera a desbaratar la ilusión dorada que ha amamantado el cerebro de varias generaciones…

…bajo el techo sacro de la Universidad. Y allí se mal enseña hoy lo que se enseñó a mediados del siglo XIX. Los mismos textos son repasados por unas generaciones y otras… Los códigos son mal leídos y hay estudiantes que en cinco años de Universidad han cursado tres legislaciones, porque aquí se legisla cada lustro…

Sabia medida de higiene educativa sería la de cerrar por unos veinte años la Escuela de Derecho…

(El Cronista, mayo 15, 1915; reproducción La Prensa, mayo 9, 1909).

DOS PALABRAS INAPLAZABLES

Hace veinticinco años, la Escuela de Derecho camina hacia el desastre.

…Entre nosotros el abogado se va convirtiendo en una amenaza para el procomún.

(El Cronista, abril 17, 1922).

LA ESCUELA MILITAR EN HONDURAS

…La siguiente circular del señor ministro de la Guerra: Tegucigalpa, 11 de agosto de 1915, señor comandante de Armas: El 1 de septiembre próximo entrante quedará abierta la Escuela de Artillería en esta capital, bajo la dirección del ingeniero militar, coronel don Miguel Ángel Ramos… Se servirá usted ponerlo en conocimiento de los interesados y especialmente de dicha Escuela, pudiendo ser aceptados bajo las condiciones siguientes: haber cursado el 3er. año de instrucción primaria, no ser menores de dieciocho años, tener buena constitución física y no adolecer de enfermedades contagiosas... Francisco J. Mejía.

Se trata, por consiguiente, de la organización verdadera de la Escuela Militar.

(El Cronista, septiembre 7, 1915).

COSAS DE LA COSTA

Ha circulado una hoja suelta, escrita en San Pedro Sula por el doctor don Miguel Paz. Trata de las dificultades que surgen cada día, en aquel litoral, contra el agricultor hondureño, con motivo de los monopolios que han creado las concesiones otorgadas a las compañías extranjeras.

En vista de los resultados y con la experiencia de varios años, el espíritu de los costeños comprensivos reacciona contra las compañías concesionarias. Pide nuevas orientaciones para salvar lo que nos queda.

(El Cronista, enero 5, 1918).

ARMAS AL HOMBRO LAS MUJERES

El mundo marcha, indudablemente, y se hace mujeril. Mejor dicho, la mujer irá poco a poco encima del hombre, en las contiendas del género humano... Quien no sea mujer en un futuro no muy remoto, será un desventurado.

Y las hondureñas, ¿qué dirán?

(El Cronista, julio 3, 1918).

DESDE LO ALTO

En el viejo criterio dictatorial se creía que el poder entrañaba un especial privilegio de señorío sobre la República. «Mi» gobierno, decían los mandatarios, como podían haber dicho «mi» potrero o «mis» yeguadas. Difícil ha sido que los presidentes se convenzan de que no tienen nada, pues no son más que simples administradores de los negocios comunales y en las colectividades políticas cada miembro tiene perfecto derecho para exigir una acertada dirección en el manejo de los intereses públicos...

(El Cronista, agosto 2, 1920).

VOLVAMOS AL MISMO TEMA

Hay un mal muy arraigado en la costumbre lugareña: en cuanto los individuos o agrupaciones disienten de la política oficial, son llamados «enemigos del gobierno»...

...Se observa frecuentemente en las organizaciones unionistas, que si estas están integradas por hombres que no figuran en los empleos del gobierno, el mandatario y consejeros creen que esas sociedades son enemigas del gobierno...

Recordemos un hecho, que aunque nimio es sintomático. Cuando se organizó la sociedad «La Regeneración», como era de rutina, se pensó en editar un periódico que sirviera de órgano a las tendencias de aquel núcleo de estudiantes... Desde luego, como era de esperarse, esos jóvenes no tenían dinero, y para la empresa que proyectaban formaron una lista de contribuyentes voluntarios, encabezada con el nombre del general don Terencio Sierra, presidente de la República.

El encargado de recoger las cuotas fue el portero del Instituto Nacional. Al presentarse en el palacio con el respectivo papel, don Terencio lo miró airado, hizo ademán de coger su célebre machete, el pobre portero huyó espantado, y al día siguiente fue destituido del infeliz puesto que le proporcionaba la mísera existencia.

El resultado inmediato de este gesto de fiereza de la primera autoridad de la patria fue el desaliento de los ánimos universitarios y el fracaso de una generosa tentativa.

(El Cronista, junio 5 de 1920).

LA RAZÓN DE NUESTRA MANERA DE PROCEDER

...No es responsable legalmente el mandatario de los actos de un subalterno, pero lleva ante el país y ante su partido la responsabilidad moral de todas las arbitrariedades que se cometan y recibe al mismo tiempo el galardón por las obras meritorias que se realizan...

(El Cronista, septiembre 6, 1920).

EL CRITERIO CLÁSICO

Un presidente de Honduras decía: «es mejor "amolar" y no que lo "amuelen" a uno». Esta frase, con todo y su vulgaridad, resume la historia de cien años. Cambiemos la máxima: «Que nadie "amuele" a nadie» ...A nadie se debe «amolar» para no ser «amolado»...

(El Cronista, septiembre 16, 1920).

EL VIAJE DEL SEÑOR PRESIDENTE DE LA REPÚBLICA

...A Soto le mandó seguir una investigación el general Bográn; a Bográn se la siguió el doctor Bonilla; Sierra hizo huir al doctor Bonilla; Manuel Bonilla hizo huir a Sierra, y este después a aquel... y así seguimos interminablemente.

(El Cronista, octubre 22, 1920).

LOS VALORES QUE SE IMPONEN

Los temperamentos arrogantes han fracasado sin remedio. Vásquez, Sierra y Manuel Bonilla han salido huyendo. Y seamos honrados y francos, estos mandatarios corrieron derrotados no por el empuje que contra ellos realizaba el pueblo hondureño, sino por la fuerza de los contingentes exteriores. Contra Vásquez, en 1894, cerca de ocho mil nicaragüenses. Contra Bonilla, en 1907, incluyendo los de Namasigüe, más de nueve mil nicaragüenses. Contra Sierra, en 1903, armamentos de El Salvador y Guatemala y gentes del primero.

...Los gobiernos que no operan basándose en la verdad de las cosas, son gobiernos caídos o realizan administraciones ridículas.

...Que el gobierno, hasta por piedad, concilie a estos infelices hondureños, tan pobres, tan anarquizados, tan reducidos en número, tan ignorantes y tan dignos de mejor suerte.

(El Cronista, abril 15, 1915).

POR EL MUERTO DESCONOCIDO

La administración del general Dávila tiene muchas cosas malas, malísimas, siendo este jefe un hombre de bien.

(El Cronista, noviembre 25, 1922).

FRENTE AL PROBLEMA ELECCIONARIO

Los mejores estadistas que ha tenido Honduras fueron don Marco Aurelio Soto y don Ramón Rosa.

(El Cronista, junio 22, 1922).

NO SOLO DE PAZ VIVE EL HOMBRE

No hay gobierno, por déspota que sea, que resista la presión moral e inteligente de todo un pueblo.

(El Cronista, noviembre 4, 1913).

CRESCENCIO GÓMEZ

El doctor Antonio R. Vallejo me refería que un presidente de Honduras, cuyo nombre callo por ahora, tenía llena de guaro, en un pequeño y sucio armario, una botella de esas en que viene enfrascada el agua de Florida, tapada con un olote. Cuando llegaba a Comayagua un diplomático, abría la alacena, sacaba el bote y en un jarrito de lata obsequiaba un «jarrazón» al plenipotenciario y en el mismo vaso bebía el Jefe del Estado… El mandatario se estaba en una estancia de la casa algunas horas de la mañana, y después de haber recibido unas cuantas cartas con los expresos que enviaban de los departamentos, decía, estirándose muy satisfecho: «hoy he gobernado bastante».

(El Cronista, julio 12, 1915).

PRIMERAS PARALELAS

Fuera de Honduras y Nicaragua, y principalmente en las naciones extranjeras, no se sabe aún claramente lo que ocurre en la actualidad en la política de estos países, ni se conocen a fondo los antecedentes que dieron origen a la pasada guerra; y ese desconocimiento trae la mala interpretación que se da en la prensa del Norte y Sur América a todos los sucesos que están agitando en estos momentos a los pueblos del Centro.

…Lo que sí sorprende es que en el puerto de Amapala no se hayan enterado de que la guerra de restauración ya terminó, ni sepan que hay en la República un gobierno provisional presidido por el señor general Dávila.

Para sacar a los habitantes de aquel puerto de la ignorancia en que están respecto a la marcha de la política actual de Honduras, y del curso de los sucesos que se han verificado desde que se inició la guerra de restauración, vamos a hacer un ligero resumen, estableciendo los hechos de manera clara, para que los comprenda todo el mundo.

Varios de los principales liberales hondureños se reunieron en Managua el 9 de febrero del año corriente para tratar de organizarse, con el objeto de hacer la revolución al general don Manuel Bonilla, y con el propósito de hacer concurrir a todos los emigrados, y para evitar rivalidades, organizaron una Junta de Gobierno compuesta por los generales Miguel O. Bustillo, Máximo B. Rosales y doctor Ignacio Castro, quienes representaban las diferentes fracciones del partido.

Esa Junta se declaró instalada en San Marcos de Colón el 25 del citado mes, asumiendo, con poder dictatorial, el Gobierno Provisional de la República y desconociendo el del general Manuel Bonilla. En el acta de organización se obligaba la Junta, una vez que el triunfo coronara sus esfuerzos, a convocar al pueblo a elecciones de Autoridades Supremas, tres meses después de hecha la pacificación general.

El 25 de marzo entraron triunfantes las fuerzas liberales en esta capital de la República y el Gobierno de la Junta siguió funcionando como tal, y empezó la obra de reorganización, nombrando empleados y dictando todas las medidas convenientes para conseguir la completa pacificación.

Estando el Gobierno Provisional de la Junta en esta ciudad, dio poderes al doctor Julián Irías para que representara a Honduras en la capitulación que aquel distinguido jefe y caballero nicaragüense firmaría con el general don Manuel Bonilla, cuando este se resolviera a entregar el puerto, como en efecto lo entregó.

Y también la Junta de Gobierno nombró comandante de Armas de Amapala al general don Terencio Sierra, y comandante de Armas de Choluteca, al hermano de aquel jefe, don Manuel Sierra.

Pasados algunos días, se comprendió la necesidad de hacer unipersonal el Gobierno, puesto que en tan difíciles circunstancias era más conveniente para establecer verdadera unidad en el Poder, que mandara un solo individuo, con carácter de Presidente Provisional, en vez de tres ciudadanos que integraban la Junta.

Algunos liberales pensaron en el general Miguel Oquelí Bustillo, y se reunieron en el Cabildo Municipal a efecto de unificar la opinión. El doctor Oquelí fue electo Presidente Provisional por unanimidad de votos; pero aquella elección no era más que una proposición hecha para salvar las dificultades, y no una elección definitiva. Con el objeto de conciliar todos los intereses del Partido, y a iniciativa de los honorables miembros de la Junta, general Máximo B. Rosales y doctor don Ignacio Castro, se propuso como candidato para ejercer la Presidencia al doctor y general Miguel R. Dávila, proposición que fue aprobada por todos los jefes de la revolución, por todos los liberales de Honduras, recibida con júbilo por los liberales nicaragüenses y aceptada por el señor presidente general José Santos Zelaya.

El general Dávila tomó posesión de su elevado cargo el 18 de abril, y de todos los pueblos de la República recibió entusiastas felicitaciones, tanto de los particulares como de los empleados civiles y militares, entre ellos figura una, que es una muestra de adhesión a la vez, de don Manuel Sierra, comandante de Choluteca.

El Gobierno del general Dávila estaba ya entregado completamente a la organización de la República, con el beneplácito de todo el mundo, cuando tuvo noticia de que el general Terencio Sierra, rebelándose, se había proclamado Presidente Provisional en Amapala.

El general Sierra dice en su proclama que el Gobierno del general Dávila es usurpador, porque su exaltación violaba la cláusula IV del Convenio de Managua, por la cual la Junta se comprometía a convocar al pueblo a elecciones.

Pero el señor general Sierra debió comprender que al inaugurarse la Junta en San Marcos asumió el Gobierno del Estado, pero de modo dictatorial, puesto que representaba a la Revolución y no tenía otra norma de ley que la que reclama el orden público y los principios liberales. Y esa Junta, por un decreto suyo, bien pudo designar el poder en la persona que le pareciera, sin faltar a compromiso alguno, puesto que el electo, que es el general Dávila, tiene la misma obligación de convocar al pueblo a elecciones tan pronto como se consiga la pacificación general.

(La Prensa, mayo 6, 1907).

EL CONGRESO CLAUSURA SUS SESIONES

Mesuradísima fue la temporada parlamentaria. Resueltos los señores diputados a no alterar nada, a no fijar nuevos rumbos a la administración pública, cumplieron con lujo de pasividad su cometido.

(El Cronista, abril 10, 1917).

LA CORTE DE LOS MIEDOS

Con perdón sea dicho, yo no creo en las cortes judiciales de mi país. Y este escepticismo, que a nadie daña, me lo han provocado muchos litigios, muchos hechos y muchas circunstancias.

Epílogo: Varios días después de introducido el escrito de amparo que motiva estas cuartillas, supe que un magistrado había llegado a la casa presidencial con un expediente debajo del brazo. Chisme, dije, y cerré un ojo. Pasados pocos días me dijeron que habían pagado al Tribunal Supremo, en la Caja Nacional, uno o dos de los varios meses rezagados.

Chisme, repetí, y cerré los dos ojos. Y tras un lapso prudencial vino la sentencia que hoy comento. Esta nota podría valer en lo futuro para el que escarbe en la historia patria, tanto como un dístico de Marcial sobre las costumbres de la Roma decadente.

(El Cronista, enero 17, 1920).

EL MONTONCITO EN LA MESA

...No hemos tenido en la República agrupaciones debidamente organizadas, con carácter perdurable, impersonales y sujetas a un programa definido.

Por momentos, por relámpagos, se concentran las colectividades bajo una bandera determinada, pero luego viene la promiscuidad, cuando el reparto de los empleos comienza y el grito de las rivalidades toca la voz de alarma.

(El Cronista, junio 14, 1918).

RECTIFICACIÓN DE CRITERIOS

...En Honduras sucede que los gobiernos liberales en política han sido, no solo conservadores, sino medievales en administración.

Honduras sigue en proyecto... Hay que revolucionar la administración, no con palabras, ni con un listón rojo o verde, sino con hechos y actos de gobierno...

(El Cronista, febrero 26, 1920).

LA PERSONALIDAD DE DON CARLOS HERRERA

...Don Manuel Estrada Cabrera era jefe del partido liberal de su tierra; don José Santos Zelaya era el jefe del partido liberal de la suya. ¿Y representaron ambos la garantía individual?

(El Cronista, mayo 28, 1920).

REPETICIONES SIN RECTIFICACIONES

Nosotros creemos que un atropello a la libertad tiene el mismo sabor, ya lo cometa un cachureco, ya lo practique un liberal. Si la estulticia y la arbitrariedad del conservador fueran más suaves y hasta gratas, seríamos liberales, para que el golpe nos doliera menos. Y viceversa, si las vejaciones liberales supieran a bueno, seríamos cachurecos, para gozar de los dulces atentados.

Pero quiere la desgracia que no sea así. Si el autor del palo es rojo o verde, el palo es siempre palo, y su golpe es igual, con una igualdad matemática que no admite distingos ni atenuantes.

...¿Qué ganamos nosotros con un mandatario liberal, si ese mandatario, por ferocidad o por ignorancia, viola las instituciones...?

(El Cronista, septiembre 3, 1920).

SIGUE HACIÉNDONOS PROPAGANDA EL EJECUTIVO

...No solo proclamábamos el gobierno de partido en 1907, sino que en 1907 fuimos bochincheros. Pedíamos la guerra por la prensa, vivaqueamos en la guerra, y servimos a un gobierno dictatorial revolucionario...

...En el poco tiempo que servimos a un presidente nos dimos cuenta de lo absurdo de un gobierno de partido en un país donde los partidos carecen de personal. En Honduras, escogiendo entre todos los ciudadanos, sin distinción de colores políticos, apenas se encontraría un gabinete selecto y capacitado. Por lo tanto, hay que convencerse de que un solo bando no da el contingente necesario para desarrollar una labor administrativa eficaz. Nosotros hemos pasado por el sonrojo de ver que por incapacidad lastimosa de los ministros se ha encargado a un extranjero, el doctor don Antonio Ramírez Fontecha, la redacción de las notas de la Subsecretaría de Relaciones Exteriores.

(El Cronista, septiembre 28, 1926).

LAS DOS BOTELLAS

...Los partidos históricos en Honduras son como dos botellas con su respectivo rótulo, pero sin agua, sino con una cosa peor que huele muy mal.

(El Cronista, septiembre 29, 1920).

DESEAMOS OÍR LA PALABRA AUTORIZADA DEL SEÑOR PRESIDENTE DE LA REPÚBLICA

La prensa de López Gutiérrez se ha limitado a atacarnos y a enaltecer, por incidencia, las bondades del partido liberal, cosa que por antigua y manoseada y cursi no merece repetirse. El único gobernante que sistemáticamente pretendió organizar un gobierno de partido fue el doctor don Policarpo Bonilla...

(El Cronista, octubre 5, 1920).

LA PRENSA DE OPOSICIÓN

Epígrafe: «Cuando hace más de treinta años mi padre consignaba en "Mis ideas" la novedad que apoyaría y sostendría periódicos de oposición, pudo creerse en una exageración teatral de candidato... en la época presente solo se necesita dejarlo vivir; pues que se le deje vivir». —Juan Ángel Arias. Después de las palabras de don Céleo Arias, durante tres décadas, los liberales y los conservadores han amordazado el libre pensamiento. ¿Será más sabrosa la mordaza liberal que la mordaza cachureca? No, son iguales, y por lo mismo, la lucha actual de los partidos debe concretarse a emular su acción en el estricto cumplimiento de la ley...

(El Cronista, octubre 6, 1920).

NO NOS DESVIEMOS DE LA LÍNEA RECTA

Nosotros luchamos en los departamentos con una hostilidad extraña, que se presenta en nombre de un partido. Bueno, esa hostilidad cesará por la misma fuerza de las cosas. Poco a poco, vamos despejando la sombra que se interpone, sin desesperarnos ni amilanarnos, siguiendo esta divisa de Goethe: «solo es digno de la libertad y de la vida el que sabe conquistarlas diariamente».

(El Cronista, octubre 6, 1920).

ES CIERTO, NO SE HA ESCRITO LA HISTORIA

Los liberales de 1907 venían divididos desde Managua. En esta capital se lanzaron unos contra otros, a pura bala. Quedaron en las calles los cadáveres. Dávila fue el medio de unión impuesto por la necesidad interior y exterior, y desde el primer día se vio dedicado a la imposible tarea de conciliar los intereses y las ambiciones encontrados...

(El Cronista, octubre 20, 1920).

LA ENERGÍA POLÍTICA ES INAGOTABLE

Honduras necesita una renovación política honda. Los partidos se pudren como los árboles muy viejos. Es preciso cambiar los derroteros, hacer el recuento de un personal nuevo y batallador.

(El Cronista, marzo 2, 1914).

UNA DECLARACIÓN PREVIA Y ABSOLUTA. MAL INFORMADOS Y BOBOS

Me unen al doctor Arias, principalmente en los últimos tiempos, vínculos de amistad firmísima... Si el partido liberal estuviera organizado, yo serviría los intereses de esa agrupación. Así lo he prometido con absoluta buena fe. Pero como no hay acuerdo en él, que yo sepa, no sería más que majadería que yo me comprometiese con algún caudillo...

(El Cronista, julio 30, 1914).

VOLVEMOS A EMPEZAR

Bandos que acuchillan y se afrentan. Estos fueron nuestros partidos.

(El Cronista, noviembre 10, 1922).

A FONDO, ENTONCES

Si se piensa seguir con la música de cachurecos y liberales, el gobierno del general López Gutiérrez será un gobierno tristísimo. Vivirá rumiando las palabras podridas de bandos arcaicos, en medio de la división rencorosa y estéril de la pobre familia nacional.

(El Cronista, enero 20, 1920).

¿SE ARREGLARÁN LOS PARTIDOS DE NICARAGUA?

En Honduras es distinto. Por la adopción de los principios, todos son aquí liberales; pero según conviene, hoy combaten los hombres con una divisa y mañana con otra. Todos han sido colorados ayer y hoy azules, y así seguirán, alternándose, en la prolongación indefinida del tiempo. Y entre los rojos los hubo a veces rojísimos. Las tropas del general Domingo Vásquez no usaban bandera roja y blanca, sino roja, roja, todo color de panterismo y de sangre.

En Honduras no son imposibles los gobiernos nacionales, porque no hay una barrera infranqueable en las ideas de grupos a grupos. Hay simplemente fulanismos, hijos del cacicato, los que se convierten en caprichos y pasión.

(El Cronista, octubre 4, 1926).

CÓMO ES LA POLÍTICA EN HONDURAS

Nos quedamos en meditación triste y risueña a la vez, al pensar en los delitos que se cometen contra el sentido común en nuestra patria. Delitos flagrantes, enormes, impunes.

...Si se castigara con el presidio a los políticos que atentan contra el sentido común, todos estarían en la cárcel.

En la época de Marco Aurelio Soto nadie hacía política. La dirección de los negocios pertenecía a la reserva inviolable del primer jefe del Estado y a sus colaboradores íntimos. Citamos la época aludida, porque antes de ella no se conocía en el país ninguna organización estable.

De 1894 para acá se popularizó la política. La guerra civil fomentó las igualdades. Popularizar la política es extenderla, dilatarla, universalizarla. Todos se ocupan de ella, todos la conocen y la practican.

Consecuencia inmediata de esta generalización es la falta de secreto. Aquí no hay reservas posibles, ni en los gobiernos ni en las facciones. En esto es en lo que más se parece la política en Honduras a la de Nicaragua.

...Todo se sabe en este país...

Las conspiraciones secretas son imposibles en Honduras.

...O quiere decir que aquí todos comulgan con la reforma moderna, y que por lo mismo no hay antagonismo en los principios.

Solo hay colores azules y rojos. Estos azules y rojos se están alternando la cinta hace treinta años.

Y de esos colores resulta uno solo: la sangre roja que derrama la nación en una hemorragia interminable.

(El Cronista, agosto 12, 1926).

LAS ACTIVIDADES POLÍTICAS Y LAS ACTIVIDADES BUROCRÁTICAS

Nosotros los hondureños, y algunos otros centroamericanos, no tenemos actividad política. O mejor dicho, el fin de nuestras actividades no envuelve un problema de política o de administración, sino un mero cambio de personal en el gobierno.

Electo el gobernante, toda la actividad de las facciones se concreta a la maniobra incesante de cambiar a unos de un empleo para poner a otros.

Y esta pueril labor también nos apasiona.

Precisamente la sustitución de la actividad política por la actividad burocrática es el mal de las repúblicas criollas.

(El Cronista, agosto 20, 1926).

LOS PARTIDOS EN DECADENCIA

El de Honduras (el pueblo) más escaso, y por eso más libre, muere de paludismo y degenera con una rapidez que espanta.

...El partido liberal, el partido conservador. Pero ¿qué son entre nosotros esas majaderías, si el pueblo sufre el yugo de los unos y de los otros? Y ya el pueblo alzó la cabeza, y en un cercano horizonte divisa las rutas de la verdad.

(El Cronista, enero 4, 1922).

UN RESUMEN NECESARIO

...Ya suban al poder los liberales, ya suban los conservadores, siempre nos amenazará la revuelta, mientras la alternabilidad de esas pandillas se verifique por los azares de la guerra civil.

(El Cronista, febrero 1, 1922).

LA NATURALEZA DE NUESTRO PROBLEMA ELECTORAL

Nuestra política todavía es fulanista, y tendrá que serlo durante mucho tiempo.

(El Cronista, febrero 13, 1922).

POR ESTA VEZ ESTAMOS DE ACUERDO

Condenamos a las pandillas históricas, liberales y cachurecos, calandracas y timbucos. No desconocemos la necesidad de los partidos. Nuestra tesis se reduce a demostrar que en Honduras ni los calandracas ni los timbucos han cumplido con la ley, y mientras no acaten los códigos no tienen razón de ser ni derecho de reclamar la atención pública... Pero mientras no cumplan con la ley, solo males causarán a la patria, como lo evidencia el martirologio de esta en cien años que lleva de vida independiente.

(El Cronista, febrero 25, 1922).

UN TEMA GASTADO E INÚTIL

Hemos vivido de ideas falsas, de nociones fragmentarias y de farsas. Ya no caben los calandracas ni los timbucos. Los hombres nuevos, al emplear mejores procedimientos en administración y en política, tienen que cambiar el nombre de las banderas desacreditadas. En rigor, se dice, nadie ha cumplido con el programa del genuino partido liberal.

(El Cronista, febrero 28, 1922).

LA CLAVE DE UN PROBLEMA FUNDAMENTAL

El problema de la paz de Honduras depende no solo de los hombres, sino de la geografía.

La revuelta es una enfermedad nacional que no se cura con la llegada al poder de una pandilla timbuca o calandraca.

(El Cronista, marzo 11, 1922).

UNA CORRIENTE UNIFORME

Hay corazones rutinarios que se apegan a un nombre, con los afanes de apasionamiento fanático. Aquí en Honduras el nuevo siglo exige una nueva plataforma.

(El Cronista, marzo 13, 1922).

La creación contra los gobiernos de partido en general tarde llegará a Centro América, porque aquí todo llega cuando ya pasó de moda o de uso en el resto del planeta.

(Las enseñanzas de Sur América, El Cronista, abril 22, 1922).

Nosotros, en nuestra concepción de la política nacional, hemos dado por muertos, ineficaces y fracasados los partidos históricos.

(La característica de los partidos, El Cronista, abril 26, 1922).

Hemos observado que la anarquía en la política de algunas repúblicas del nuevo mundo obedece a la confusión de las ideas.

(Hacia el mismo fin, El Cronista, abril 28, 1922).

EL FENÓMENO DE LA FESTINACIÓN

Cuando triunfó la revolución de 1894 se dictaron de nuevo los estatutos del partido liberal… Cuando esa misma pandilla venció en 1907, volvió a cantarse a sí misma, a reconocer como jefe a sus fundadores y a reimprimir su constitución orgánica.

Y no es eso todo. Cuando el general don Manuel Bonilla dio el golpe de Estado del 8 de febrero de 1904, al instante, a raíz del suceso, don Fernando Somoza Vivas escribió un folleto acerca de la organización del verdadero partido liberal. Es decir, ya no solo se hacía farsa. Se ironizaba. Sobre las espaldas de los prisioneros se bailaba la danza de un liberalismo bufo, grotesco, porque muchas víctimas gemían en la cárcel.

Sobre ese pasado no se puede fundar el sólido edificio de la libertad… unos partidos infecundos, impotentes, que murieron porque nada noble fundaron.

(El Cronista, mayo 25, 1922).

HABLA EL PODER EJECUTIVO DE VELEIDADES FEMENINAS

Nuestro punto de vista es muy sencillo: nada hicieron los partidos históricos en un siglo. Que busquen nuevas orientaciones y nuevos nombres.

Hemos hablado de las relajaciones de los partidos antiguos. Han cometido muchos crímenes y muchas faltas. Pero tal vez su delincuencia comprobada no es lo peor. Lo deplorable es la confusión, o mejor dicho, la promiscuidad que los caracteriza. En Honduras, por desgracia, no se ha definido el personal de las pandillas militantes.

Nosotros condenamos a los antiguos partidos. También nos quejamos de nuestra actual agricultura. ¿Será porque no creemos en los partidos? ¿Será porque no creemos en la industria agrícola? Al contrario. Es que deseamos que ambos correspondan a las exigencias de la nación. Borrando por completo, con paciencia y vigor, la rutina agrícola, vendría la renovación. Destruyendo de raíz la rutina de las pandillas caducas, vendría la reforma evolutiva.

(El Cronista, mayo 27, 1922).

DE RODILLAS, SEÑOR, AQUÍ ESTÁ NUESTRO PERDÓN

En nuestra fresca juventud nos comprometimos en una guerra, sin conocer mucho a los individuos que la promovían. Después de algún tiempo notamos que el lirismo revolucionario era una fugaz ilusión. Quedaba en el fondo el interés de los vencedores, sus ambiciones de poder, su sed de venganza y su ineducado y fanático partidarismo. Dudamos de los caudillos, y por eso, después de la ruda controversia parlamentaria en la Asamblea Constituyente de 1908, dimos por terminado el compromiso contraído con los elementos revolucionarios...

...Nos surgió el empeño de crear un plan nuevo o mejor dicho de dar una orientación distinta a la política nacional. Varios jóvenes colaboraron en aquel transitorio pero generoso proyecto de organizar el partido «evolucionista».

Coincidió ese movimiento con los propósitos de reelección del doctor don Francisco Bertrand.

(El Cronista, noviembre 23, 1922).

OTRO MOMENTO FALSO DEL DOCTOR FONTECHA

La pasión mueve a las colectividades tanto más cuanto mayor es su ignorancia. Para el tonto la política está en el corazón, cuando lo que conviene es que esté en la cabeza.

Pertenecemos a un partido definido; pero como este no está organizado…

(El Cronista, febrero 18, 1914).

SOTERO BARAHONA

Tomando como concreción del programa liberal el folleto «Mis Ideas», de don Céleo Arias, no queda ya discrepancia en materia de libertades y garantías… Pero desde entonces acá, con valor y franqueza hay que decirlo, ninguno de los gobernantes ha respetado en su verdadero sentido las declaraciones de aquel Código.

…En materia de principios todos son liberales, y solo falta establecer nuevos puntos de vista para que los partidos se definan…

(El Cronista, julio 19, 1915).

POLICARPO BONILLA

El partido liberal existe pero fraccionado y disperso. De sus caudillos, los unos murieron y los otros se fatigaron de la obra; de sus pensadores, los unos ya no existen y los otros difunden en todas partes el miedo sustantivo. Vendrá de modo fatal una nueva reorganización, con programa diferente, con nombre distinto y con ideales más en consonancia con las aspiraciones del momento y las necesidades del país. Menos bambolla política y más energía administrativa; pero ante todo y sobre todo, efectivo respeto a los derechos del ciudadano.

(El Cronista, agosto 9, 1915).

CASOS SINTOMÁTICOS

Tenemos en nuestra mesa de redacción una carta de Santa Bárbara, en la cual nos dicen que en aquel Departamento se ha presentado una candidatura presidencial, como pudo aparecer el chapulín y la viruela.

En nuestras filiaciones políticas decide generalmente la pasión... Por no ver más allá que el interés personalísimo sacrificamos también el buen éxito. Todo esto contribuye a la desorbitación nacional, y a veces angustiado, se pregunta uno si está idiota o vive en una tierra de locos, donde nadie es capaz de entenderse con nadie para los negocios del procomún.

(El Cronista, julio 9, 1918).

LOS CANDIDATOS Y LA PROPAGANDA

Porque hay que irse al fondo de la realidad. Las elecciones de Autoridades Supremas en esta República empiezan el primer día domingo del mes de octubre. Esto es, en tiempo más lluvioso... Habría, pues, que viajar de poblado en poblado, en pleno invierno. Aquí un aguacero sobre las patrióticas espaldas, allá un río crecido deteniendo los ímpetus oratorios; después, una caída imprudente de la bestia, y un lodo general llena de congoja el corazón.

Así nos gustarían los candidatos: valientes contra barro y agua...

Ese modo nuestro ya no entusiasma. Escribir cartitas, llenar las páginas de algún periodicó con actas mentirosas, ofrecer, cerrando el ojo, algún empleíto para ganarse un voto, no, no, no, eso hiede a viejo, a podrido.

...Hay que caminar con las costumbres de la época. Lo malo es que nuestros prohombres irían en mula.

(El Cronista, enero 12, 1914).

DE LA LOGOMAQUIA AL GALIMATÍAS

Un candidato no está solo. Representa el concurso de sus amigos y de una parte de la opinión popular. Merece, pues, respeto y cortesía. Las equivocaciones de ese aspirante y sus yerros pueden patentizarse sin hacerlo objeto de las acometidas iracundas y plebeyas.

Si alguna razón de ser tuvieron los partidos radicales, para romper el muro colonial pasando sobre el espíritu y letra de la ley, en Honduras no la han tenido desde 1880. No hay principio moderno que no esté consignado en aquella carta.

(El Cronista, mayo 29, 1922).

EL DIFÍCIL PROBLEMA DE LAS ELECCIONES

Lo que debía ser fácil en las democracias se hace difícil, porque en nuestro modo de operar entra en juego la persona sin el principio. O mejor dicho, sobre principios poca cosa diferencia a las repúblicas tropicales. La manzana de la disputa es única y exclusivamente el Poder.

(El Cronista, octubre 2, 1916).

NO ESTÁN EN LAS MISMAS CONDICIONES, PARA TRABAJOS ELECTORALES, LOS ESTADOS UNIDOS Y HONDURAS

Honduras prácticamente es el país más pobre del universo, y los nacionales que contribuyen con quince pesos para una elección presidencial quedan quebrados por mucho tiempo.

Y es que aquí, dado el estado político de la República, se imponen dos trabajos: el de organización de partidos, que puede empezarse lentamente en cualquier época, haciendo el recuento del personal, y el de elecciones, que tiene su oportunidad natural en el año de la convocatoria.

(El Cronista, junio 2, 1914).

LA CARACTERÍSTICA DE LA SITUACIÓN PRESENTE

En este problema han escollado todos nuestros gobernantes. Ninguno, absolutamente ninguno, ha sabido mantener la imparcialidad institucional en este trance. Alguien tiene que empezar la obra del legalismo eleccionario, le decíamos nosotros al doctor Bertrand, en cierta ocasión. «Que empiecen otros —nos contestó—. Yo no he de ser tan tonto para iniciar el primer ensayo».

Es decir, algunos de nuestros hombres públicos han creído que es tontería intentar la alternabilidad a base de sufragio libre. Mientras tal criterio subsista, la democracia hondureña no será más que una tiranía oligárquica.

(El Cronista, mayo 18, 1922).

PROMESAS SIN CUMPLIR

La función electoral de los hondureños ha sido precaria. Es algo como prestado, algo que depende del capricho, del egoísmo y de la ambición de las autoridades superiores. Y esta función tiene que convertirse en una realidad satisfactoria. No es posible que el país prosiga en irreparable dictadura durante un siglo más.

Tenemos a la vista los manifiestos de los Presidentes en un lapso de cuarenta años. Todos han prometido la libertad electoral. Ninguno ha cumplido su promesa. ¿Seguirá prosperando la engañifa?

(El Cronista, octubre 13, 1922).

LA INEFICACIA DEL SUFRAGIO

...Cuando la imposición y el fraude vencen, no le queda a los pueblos otro recurso que la protesta armada. Caen en la guerra civil... ¿Qué harán aquellos ciudadanos que no tienen esperanza en una reforma satisfactoria, ni pueden ir a la lucha armada?

Y como las democracias deben prosperar, los estadistas de estas nacionalidades tienen la obligación de empezar la reforma por la base, que es el voto del pueblo. La República solo existe por el sufragio. A la reforma de la ley debe seguir la educación cívica, realizada en la escuela, en la tribuna y en la prensa.

A raíz de la independencia jugamos a la democracia, primero insultando a España porque nos tuvo tres siglos bajo su dominio, y después organizando dictaduras al amparo de las mentiras convencionales llamadas revoluciones y elecciones, burlando con ellas la real y positiva soberanía popular.

Pero ya que estamos cerrando el siglo, una centuria de ensayos y caídas, justo y patriótico es que demos comienzo a la obra de reparación, trabajando a efecto de que las elecciones representen, hasta donde es humanamente posible, la voluntad deliberante de los ciudadanos.

(El Cronista, mayo 6, 1920).

15 DE SEPTIEMBRE

...Quiero ser personalmente responsable de las opiniones que exprese acerca de la vida política de las naciones del Istmo, del carácter enfermizamente belicoso de sus habitantes, de las luchas de sus hombres de acción, de su pasado luctuoso y de su porvenir de sombras, si en la marcha ascendente no sabe escoger el derrotero.

Nació Centro América a la vida independiente sin luchas, sin grandes peligros, sin combates terrestres ni navales, sin la oposición de las autoridades de la península, pero ni siquiera con la amenaza de la noble Iberia... sino un cabildo abierto, un acta que refleja civismo sin grandeza épica, unos pocos hombres de buena voluntad y no muy ricos de experiencia, y un semillero de ambiciones, que después... dividieron a la patria natural y única en porciones diminutas que han retrasado su avance, y corrompieron a millares de hombres en su educación política. Los centroamericanos, con muy visibles excepciones en algunas personalidades eminentes, son el producto directo de una raza degenerada por la esclavitud de trescientos años...

...Y de esa fusión de elementos resultó la raza propiamente centroamericana, que tiene algunas malicias y disimulos del indígena y mucho del carácter agitador y vocinglero de la familia peninsular... El desconocimiento de la enseñanza práctica, la ignorancia del objeto concreto de la vida, la incapacidad de los negocios de provecho inmediato, nos han dejado atrás en las primeras estaciones del progreso, en un período transitoriamente inseguro, porque ni somos completamente bárbaros ni disfrutamos de todas las comodidades de la civilización.

En dieciocho años los Estados de esta porción del Nuevo Mundo se independizaron de España, se unieron en secciones al Imperio de Iturbide, se desligaron de aquella nueva entidad política y se fraccionaron, por último, en cinco nacionalidades... Quien medite sobre esos acontecimientos... comprenderá que la historia de estos países ha seguido su curso natural, lógico, determinado matemáticamente por las circunstancias especiales de su origen, por la oscuridad de su independencia... por las inseguridades de su organización y por su fraccionamiento en pequeños Estados cacoquímicos, pobres, ignorantes y sin una sola hermosa tradición que le sirviera de poderoso estímulo para conquistar su grandeza...

Atrás en nuestra historia, tenemos la guerra interminable de los bandos políticos, y a intervalos ligerísimos como relámpagos los esfuerzos de algunos varones eminentes que han consagrado su actividad y energía al bien de la gran patria; en el presente contemplamos un cuadro de mutuos desacuerdos, de escepticismos desconsoladores, de vacilación aún en los ánimos viriles, y una tendencia al aislamiento que moralmente pone a largas distancias a los diferentes hijos de la antigua madre común; y en el porvenir, quién sabe si tenemos nuevas contiendas, repetición de saturnales... o un total aniquilamiento en virtud del empuje de razas vigorosas que vengan del septentrión a sentar sus reales en estos territorios, obedeciendo al curso fatal del desarrollo y ensanche de las fuerzas de las razas humanas.

(Discurso en el Cabildo Municipal, representando al Ejecutivo. La Prensa, septiembre 16, 1907).

4 DE JULIO

En las lejanías de la historia, el Continente de Colón será un compuesto de yanquis, de japoneses, de italianos y franceses. Esa es la corriente que se adivina en la futura combinación de las razas que poblarán el Nuevo Mundo. Para nosotros los cacoquímicos hijos de la conquista, quedará, si no la grandeza en el porvenir, el consuelo de haber amado la libertad y el progreso de la patria.

(La Prensa, julio 4, 1908).

RECEPCIÓN DEL SEÑOR MINISTRO SCHWERIN, MINISTRO PLENIPOTENCIARIO DEL IMPERIO ALEMÁN

Siempre, por mi desgracia, he creído que las naciones centroamericanas serán invadidas por la energía de razas más fuertes, y llevo en mi espíritu la tristeza de una herencia de esclavitud de más de trescientos años, de los autóctonos de América. Me consuela el pensar que nuestras desiertas regiones serán pobladas y explotadas para bien del progreso humano si no por nosotros, por los hombres de otra raza que vengan aquí, no con el empuje brutal de la conquista, sino con el trabajo que crea vínculos de simpatía... brindo por la confraternidad universa.

(La Prensa, febrero 18, 1908).

CERRAMOS EL AÑO

Para Centro América tiene el año que comienza un significado político. Cierran estos pueblos el siglo de vida independiente...

No hemos ido para atrás ni para adelante. Nos hemos extraviado. Hemos alcanzado ciertos progresos parciales, gracias a la presión exterior; pero en lo fundamental estamos tan vacilantes como el primer día de la independencia, con el único aditamento de que están más corrompidas las costumbres y más degenerados los hombres.

(El Cronista, diciembre 31, 1920).

NUESTROS TRIBUNOS EN EL DÍA DE LA PATRIA

Creemos que ya es necesario cambiar de rumbo en la oratoria del 15 de septiembre.

...La palabra echada al vuelo exaltando los próceres ya no despierta interés en nuestro público.

Todo eso es generador de bostezos, de cansancio y de monotonía.

(El Cronista, septiembre 6, 1915).

UN ACUERDO OLVIDADO A PROPÓSITO DEL 15 DE SEPTIEMBRE

...un acuerdo emitido por el Gobierno del General don Luis Bográn, en el que obliga a todas las municipalidades de la República a que celebren los aniversarios de nuestra independencia política con la inauguración de una obra pública.

Desatendido el adelanto positivo, nos hemos concretado a los discursos vacíos, pues son baratas y facilonas las elocuciones patrióticas, sombras de Morazán y de Cabañas, manes de Barrios y de Jerez, decimos todos los años.

(El Cronista, septiembre 14, 1914).

MEDIDA CONTRA LA UNIÓN DE CENTRO AMÉRICA

Los gobiernos de El Salvador y Guatemala han dictado últimamente una medida que tiende a ahondar más las diferencias existentes entre los pueblos de Centro América. Los sueños de unión cada día se acentúan más como sueños de imposible evolución hacia la realidad. La medida a que nos referimos previene que no podrán desembarcar en los puertos de dichas Repúblicas sino individuos de conducta ejemplar y que lleven determinada cantidad de dinero en los bolsillos...

Es necesario que vayamos perdiendo la esperanza en la unión, porque las afinidades de pueblo a pueblo están desapareciendo... Éramos más hermanos, o menos enemigos, en tiempo de Morazán y sin embargo la unidad no pudo ser consolidada. Solamente la hipocresía o el ilusionismo juvenil pueden decir a esta hora que Centro América marcha a fortalecerse en una sola nacionalidad.

(El Cronista, octubre 22, 1914).

LA ABUELITA SE SOLAZA CON DELIBERACIONES VACÍAS

No sé por qué, pero eso de la República Española me sabe algo así como a Unión Centroamericana. Serán dos ideas excelentes, pero, o están muy lejanas, o son aspiraciones imposibles. Si nos descuidamos los istmeños, quedarán nuestras patrias convertidas en un potrero yanqui; o si España sigue tan parlera y quijotesca, será en día no lejano una comarca inglesa, francesa, germana o eslava.

(El Cronista, noviembre 20, 1914).

JACINTO LÓPEZ DECLARA INCAPACES A LOS GOBIERNOS CENTROAMERICANOS

Contra la unión de Centro América sólo hay este argumento: "que no se ha realizado después de setenta y cinco años de incesantes esfuerzos"... A raíz de la muerte de Francisco Morazán se firmó una confederación entre Honduras, El Salvador y Nicaragua, que terminó en 1844. En 1846 se realizó otro noble intento. El Presidente Eugenio Aguilar provocó la Dieta de Nacaome.

En 1849 se firmó otro pacto en León de Nicaragua... Doroteo Vasconcelos luchaba sin tregua a favor de la gran causa. En Tegucigalpa se reunía un Congreso Centroamericano, durante la administración del General Cabañas. En 1871 se reunía otra conferencia en el puerto de La Unión. Rufino Barrios... en 1885. En 1889 se hizo otra intentona que fracasa.

En 1898 se organizó la República Mayor, y en 1907 se presentó un proyecto unionista en Washington, por los plenipotenciarios de Honduras y Nicaragua.

(El Cronista, octubre 11, 1917).

LAS ALIANZAS PARCIALES

Si un gobierno de Honduras es amigo del gobierno salvadoreño, por razón ineludible ha tenido que convertirse en adversario del gobierno guatemalteco...

(El Cronista, mayo 22, 1920).

UN RECUERDO DE AYER

Fusionados El Salvador, Nicaragua y Honduras (República Mayor de Centro América, 1897), quedaba en Guatemala un poder receloso, y en Costa Rica una amenaza; no eran cordiales las relaciones entre don Rafael Iglesias y don José Santos Zelaya, a pesar del tratado de paz que se firmara a bordo del buque americano «Alert», y en suelo tico pernoctaban los emigrados nicaragüenses y hallaba acogida benévola e intencionada el General Domingo Vásquez, que perseguía la revancha contra los mandatarios de Managua y Tegucigalpa.

Cuando el General don Tomás Regalado se alzó en armas desconociendo la República Mayor, el Presidente de Guatemala le ofreció un contingente de cuatro mil hombres, elementos y dinero... Los Estados que quedaban fuera del Gobierno Federal, por ley histórica ineludible, tenían que proteger todo movimiento reaccionario que se iniciara contra la unión parcial que surgió en Amapala en las conferencias de 1895.

El otro peligro se manifestó desde el principio hasta el fin. El General don José Santos Zelaya y el Doctor don Policarpo Bonilla exteriorizaron su propósito partidista. El General don Rafael Gutiérrez, que ni siquiera ocultó la insinceridad de su juego, fue el único que no hizo hincapié en la conveniencia de que los tres países quedaran gobernados por elementos liberales.

...El Presidente de Honduras no quería aceptar la candidatura de Rosa Pacas, porque el General don Manuel Bonilla se había declarado partidario de tal caballero cuzcatleco, con arreglos previos o sin ellos; y el mandatario nicaragüense proponía que se firmara un convenio secreto, por el cual Pacas se comprometiera a gobernar la República Mayor con elementos exclusivamente colorados.

Naturalmente, toda esta maniobra era conocida por los conservadores, quienes en la Dieta y en el Consejo Ejecutivo tenían un representante en la distinguida personalidad del Doctor don Salvador Gallegos. El General Zelaya, que nunca se equivocó con respecto a la política salvadoreña, se dejaba arrastrar por la corriente de sucesos, sin confiarse un solo minuto, atento solamente a las necesidades de la defensa propia...

La cuerda tuvo que reventar. Conociendo bien la situación, el General Regalado operó sin dificultades. Se proclamó Presidente de El Salvador; Zelaya recogió sus velas, y el Doctor Bonilla, en Honduras, sin dinero y sin ejército, tuvo que contemplar la agonía y la muerte del Consejo Ejecutivo, que expiró al compás del rumor apacible de las olas del Golfo de Fonseca.

Para las tareas del presente y del porvenir, sería bueno que los directores de la política tomaran en cuenta las lecciones del pasado.

(El Cronista, septiembre 18, 1920).

NUEVA ORDEN DE COSAS EN GUATEMALA

...O prosigue el avance del pensamiento unionista, para convertirse en un hecho práctico, o termina en estos países la aparente independencia que los ufana.

(El Cronista, abril 19, 1920).

CÓMO ACABA UNA FEDERACIÓN

En la nueva campaña que emprenda el partido unionista debe hacer frente a todos sus problemas. El lirismo de la leyenda morazánica está bien. Pero no es suficiente en presencia de las necesidades que impone la naturaleza de las cosas.

(El Cronista, enero 28, 1922).

NO ES CIERTO QUE EL GOBIERNO DE GUATEMALA HAYA SUSCRITO BASES DE PROTECTORADO

La política internacional de Centro América tiene su centro de gravedad en Washington, de una manera definitiva desde 1906... Y no sólo dependemos de la voluntad soberana del Departamento de Estado, sino que allá intrigamos, gobiernos contra gobiernos, para hacernos daño mutuo.

...Lo grave y doloroso es que tal actividad pedigüeña se emplea en ocasiones para provocar la guerra civil, y hay indios tan imbéciles que imaginan, en su afán, que pueden engañar al angloamericano y halagarlo con frases de patriotismo, cuando él sonríe con profundo desprecio al ver nuestra acuciosidad revolucionaria en menoscabo de nuestra propia tierra.

El «Marblehead» nos llevó a San José de Costa Rica, y el tratado allí suscrito nos trajo la guerra de 1907, y ésta las Conferencias de Washington. El correr de los sucesos ha sido rápido y su engranaje perfectamente explicable para el historiador que más tarde analice el proceso de nuestra decadencia. Y los preliminares firmados en aquel barco de guerra obedecieron a gestiones de El Salvador y Guatemala. La fermentación del conspirador ha sido secundaria, pues éste hace ocho años que ondula a merced de los impulsos de las conveniencias extranjeras.

(El Cronista, octubre 21, 1914).

INTERVENCIÓN YANQUI

Siempre hemos creído que a la gran nación del norte no le importan, ni poco ni mucho, los pueblos de Centro América, y si ha intervenido alguna vez en nuestros asuntos, ha sido por súplica que le hemos hecho, ya para arreglar contiendas entre los cinco Estados, ya para ponernos al amparo de su sombra cuando alguna amenaza europea nos ha hecho palidecer de miedo.

En la indiferente rotación del tiempo todo el territorio que se extiende desde Bering hasta Panamá tendrá que ser poblado y explotado por sajones; pero esa conquista lenta se prepara por evoluciones que ni podremos contrarrestar ni debemos temer.

Los Estados Unidos fijarán en último término sus miradas en Centro América, esto es, ya cuando la dilatación de su poder sea tal que necesiten más espacio donde ejercer su actividad; pero eso lo harán en virtud de una ley de mecánica social y no por la honra de conquistarnos para darse el lujo de tener colonias en la tierra de Morazán y Jerez, Barrios y Cabañas, notabilidades históricas nuestras que no resuenan más allá del mar Caribe.

(El Cronista, abril 6, 1907).

INTERVENCIÓN YANQUI

Ahora bien, la intervención de Estados Unidos en Centro América es de larga data. Y depende de un modo sistemático y definitivo desde los preliminares firmados a bordo del Marblehead en 1906.

(El Cronista, diciembre 13, 1922).

UN PROBLEMA CONCRETO: LA POLÍTICA

Después de firmados los preliminares del Marblehead, que ponían términos a las dificultades entre Guatemala y El Salvador, preguntamos su opinión en la ciudad de Granada a un nicaragüense de talento, y nos contestó: "Ahora hay que ir a conspirar a Washington"... Cabe declarar que en parte se ha realizado aquella predicción.

(El Cronista, marzo 24, 1914).

CAMBIO DE ENSEÑANZAS Y DE PERSPECTIVAS

La perspectiva ha cambiado. Ya no amamos a la nación modelo que enseñó la libertad al Nuevo Mundo. Los pueblos próximos al Golfo de México y al mar Caribe ven en ella su mayor peligro. Los políticos americanos actuales protestan que no intentan tomar un metro de territorio a sus vecinos; pero esa declaración no emboba a nadie, pues todos saben que no necesitan tierras, pero quieren controlar las empresas importantes y decidir en el negociado de nuestra política interior.

(El Cronista, julio 4, 1914).

LA HIPOCRESÍA DE WILSON ES DENUNCIADA POR LA PRENSA AMERICANA

...Las Repúblicas de América contemplan siempre con impasibilidad egoísta el sacrificio de sus hermanas.

La protesta se reduce a un grito ineficaz de la prensa o a manifestaciones locales populares de risible trascendencia.

(El Cronista, abril 27, 1914).

EL PROBLEMA DEL AFIANZAMIENTO POLÍTICO DEBE BUSCARSE EN LA CONCIENCIA NACIONAL

En Costa Rica y Honduras el mal está en las concesiones demasiado liberales que se han otorgado a una compañía americana, mal que también ya corroe a Guatemala... Si las concesiones continúan prodigándose y no se pone a raya la acometividad de esos fuertes capitales extranjeros, dentro de poco tiempo no habrá Honduras. Mandará la «United Fruit Company». Ella pondrá y quitará gobiernos. Los ingleses conquistaron el inmenso territorio de la India por medio de una compañía. Recordemos que los yanquis son los hijos primogénitos de los británicos.

(El Cronista, junio 6, 1915).

LAS REPÚBLICAS DE AMÉRICA DEBEN GUARDARSE DEL PANAMERICANISMO QUE SE AMASA EN WASHINGTON

Así como hemos alzado la voz contra un monroísmo desvirtuado y desprestigiado, la hemos dejado oír contra un panamericanismo complicado y nebuloso, que establece escalas deprimentes para los débiles, sin proporcionarles las ventajas de la independencia y del decoro.

(El Cronista, marzo 14, 1914).

CÓMO ENTENDEMOS LA INTERVENCIÓN AMERICANA

Rotas las hostilidades entre Nicaragua y El Salvador, se reunieron los cancilleres de ambas Repúblicas en el puerto de Amapala, en abril de 1907, y allí firmaron un tratado público de amistad, y también otro secreto, por el cual los dos Gobiernos se comprometían a dar los elementos necesarios al señor General Terencio Sierra, para que éste derrocara al General Miguel R. Dávila y se proclamara Presidente Provisional de Honduras.

Sierra saltó a tierra firme y fue derrotado por las fuerzas del Presidente Dávila, pero como aquel jefe viniera apoyado por El Salvador y Nicaragua, según el convenio secreto de Amapala, el Ejecutivo Provisional de Honduras no podía contraer alianza con ninguno de aquellos gobiernos, ni mostrarse enemigo, y entonces, para consolidarse y cimentar la paz, se declaró neutral en todas las contiendas que pudieran surgir entre los cinco Estados de la América Central...

En aquellos momentos difíciles el Gobierno de Honduras entró en relaciones con el Gobierno mexicano, y a éste primero, y al Gabinete de Washington después, hizo declaración formal de sus propósitos firmes de seguir una política de invariable neutralidad.

En las Conferencias de Washington se apersonaron los Gobiernos de Estados Unidos y de México, puesto que ambos tenían representación sin voto en las deliberaciones de los Delegados centroamericanos. En aquellas conferencias se suscribió el Tratado General de Paz y Amistad de los cinco países, y en él declaró Honduras su absoluta neutralidad en cualquier conflicto que surgiera entre las demás Repúblicas.

(El Cronista, abril 14, 1909).

COMENTARIOS A LAS IMPRESIONES CABLEGRÁFICAS

...Mientras no se opere sobre una base de fuerzas iguales, no se podrá tratar con el Gabinete de Washington. Al menos de Panamá hasta el Río Bravo ningún país puede confiar en las frases amorosas del anglosajón.

(El Cronista, mayo 15, 1914).

COMENTARIOS DE LA PRENSA AMERICANA

En Costa Rica... juega impunemente el capital americano en cada elección presidencial.

(El Cronista, mayo 9, 1914).

OBRAS SON AMORES Y NO BUENAS RAZONES

El político americano saca partido de todo, y a cada caso le da una interpretación según las conveniencias.

...el maestro (Wilson), en el terreno de la realidad, no hará caso de palabras ni promesas, sino de lo que positivamente conviene a los intereses generales de la gran federación.

(El Cronista, mayo 3, 1914).

AMÉRICA EN AMÉRICA

La gran Nación del Norte tiene que dilatarse al Sur, por una ley de expansión de su propia fuerza interna, para contrarrestar la influencia europea o por tomar posiciones para hacer frente, en un caso dado, a la osadía de los nipones.

(La Prensa, octubre 31, 1907).

COMENTARIOS... NUEVO MINISTRO AMERICANO EN HONDURAS

...Se ha nombrado ministro de Estados Unidos en Honduras al señor Benjamín Erving, en sustitución del señor White, quien ha presentado su dimisión.

La primera plenipotencia permanente de Estados Unidos en Honduras la representó el señor Brown. Hombre impetuoso, sin experiencia, pretendía intervenir, sin ninguna exquisitez diplomática, en los asuntos de administración privativa del gobierno. Las notas que dirigía a este Ministerio de Relaciones fueron exhibidas en el Departamento de Estado de Washington como modelos de inconveniencia plenipotenciaria.

El segundo ministro fue el señor McCrery, caballero juicioso, buena inteligencia; tuvo que intervenir en nuestra política porque así lo exigían las instrucciones de su gobierno, dadas las circunstancias creadas por la política de aquella época. Pero su intervención fue culta y, aunque firme, siempre operó en forma atenta y educada.

El tercer ministro es el señor White. No tenemos el honor de conocerle; pero nos han informado que es un diplomático cultísimo, fino e instruido en su carrera, tanto en los principios fundamentales del derecho internacional como en las formas que requiere la representación de una nación en otra.

(El Cronista, agosto 23, 1913).

LA PAZ DE LA CONQUISTA

Aunque admiramos la actividad del pueblo yanqui... creemos que su protectorado no será ventajoso para nuestra prosperidad monetaria ni para nuestro perfeccionamiento moral. Se equivocan los que piensan que estaremos cubiertos por la bandera americana, formando un punto más en la constelación del cielo estrellado.

Formando parte de la gran federación, como un nuevo Estado, sería una gloria y un gran triunfo. Pero eso no sucederá nunca, porque seremos simples pertenencias territoriales, sin derechos políticos, sin independencia ni soberanía, sin iniciativa internacional, y sin esto sagrado que se llama corazón propio y alma propia.

(La Estrella de Granada, 24 de julio de 1906, reproducido, El Cronista, julio 28, 1913).

SUMA Y SIGUE LA CUESTIÓN AMERICANA

Los americanos son todavía el muchachote malcriado y voraz. ¡Y qué puños!

(El Cronista, agosto 12, 1913).

LA POLÍTICA DEMÓCRATA EN NORTE AMÉRICA

A nosotros, dadas las lecciones de la experiencia, no nos importa que en los Estados Unidos gobierne éste o aquél partido. Lo que deseamos es que, aparte la influencia comercial amistosa, no se metan a protegernos con soldados, ni sin soldados. La doctrina de Monroe es una paparrucha en la que ya nadie cree, ni se necesita para nada, dado el giro que sigue la opinión en ambos hemisferios.

(El Cronista, agosto 26, 1913).

EL PRESIDENTE WILSON PRESENTA SU MENSAJE AL SENADO

Y lo más doloroso es pensar que los hondureños se odian tanto unos a otros, que los que pueden van a buscar el apoyo del sajón para venir a exterminar a los que aquí se quedan.

(El Cronista, agosto 30, 1913).

PROPAGANDA POLÍTICA DE MR. BRYAN

El sajón sólo espera nuestro bochinche para intervenir. La hora en que él nos caza y la hora en que nosotros nos entregamos a la sabrosa revuelta, a esta ansiada merienda de negros que nos ha degenerado y pervertido.

Con intrigas de tapadillo queremos ser presidentes, por nuestros méritos individuales y por nuestra gana precoz. Donde los partidos viven pujantes y sistemados, no son tal vez los ciudadanos de mayores méritos los que aparecen como candidatos. Es que el hombre no se hace ni debe hacerse candidato. El partido, la agrupación, es la que designa.

No cabe decirle al gobierno que siga esta o aquella conducta en sus relaciones con Estados Unidos. Esa conducta debemos imponérsela nosotros, el pueblo, obrando con juicio, apoyando la obra pacífica, eligiendo con acierto y debatiendo los negocios del Estado con lealtad, con energía calmosa, con intención honrada y práctica, diciendo la verdad sin miedo, pero sin acritud.

Es decir, nuestra misión debe encaminarse a evitar la injerencia de los americanos en los negocios políticos y salvarnos del protectorado, y a cimentar la paz para desarrollar nuestro progreso. Estamos muy atrasados. Ya no más barbarie.

(El Cronista, septiembre 11, 1913).

CONFERENCIA PANAMERICANA EN SANTIAGO DE CHILE

Pediríamos a Washington que nos salve del peligro de la guerra civil, del peligro de la arbitrariedad gubernativa. Del gran peligro, en fin, de no sabernos gobcrnar nosotros mismos.

(El Cronista, diciembre 23, 1922).

LAS RETICENCIAS DE LA POLÍTICA AMERICANA

El mensaje del Presidente Wilson es un buen ejemplo de la eterna obscuridad de conceptos que usan siempre los americanos del norte en su política de intervención. Declaran ellos con toda humildad que son amigos de estos países, que su acción se concreta simplemente a ayudar a los pueblos desventurados a establecer gobiernos respetuosos a la ley; tras esas frases melosas ejercen en las naciones vencidas una presión de verdaderos conquistadores. Tal aconteció en Cuba, en Panamá y en Nicaragua.

No son capaces las palabras ni los argumentos para contener el avance de la política de Wilson; pero queda constancia de que no iremos engañados al degolladero.

(El Cronista, abril 23, 1914).

LA DECLARACIÓN DEL SENADO AMERICANO

Es extraña la resolución del Senado americano... justifica la acción de Wilson, y a la vez declara que esa justificación no justifica un acto de hostilidad contra el pueblo mexicano.

El territorio no le conviene al americano del norte... Mientras que dejando una fementida soberanía a países cuyos gobiernos le conceden toda clase de privilegios, obtiene todas las ventajas de la posesión colonial sin ninguna de sus inconvenientes.

(El Cronista, abril 25, 1914).

NUEVA REVOLUCIÓN

Guerreros somos todos en la América española... nuestra imaginación infantil está poblada de cuentos sangrientos... nuestros primeros viajes de niños son en busca de garantías a las casas vecinas o a los campos solitarios, huyendo de los ejércitos bravíos... sin mirar hacia atrás para leer en los desastres pasados, ni apreciar el porvenir que se obscurece más en cada nueva lucha. Cada generación remeda a la anterior, y así nos prolongamos en el tiempo, ignorantes...

Nos han predicado mucho amor a la libertad, pero en todo tiempo nos enseñan prácticamente el reinado de la fuerza, de la violencia y del crimen. Lo hemos conquistado todo abstractamente: hay en las leyes de estas repúblicas capítulos tan ampliamente liberales, que pueden regir a la humanidad entera en su más alto grado de perfección futura; y sin embargo, lo real, lo objetivo, es que a cada momento vamos a los campos a degollar a nuestros semejantes, en nombre de principios por los cuales nos degollarán a la vez los que vienen atrás, y así caminamos, sin escrúpulos, hacia un aniquilamiento inevitable, si no obramos cuerdamente dando una pronta variación a la vida nacional.

Y en medio de la tenaz matanza... hablamos con énfasis de nuestras riquezas naturales, de los tesoros inmensos que guarda la tierra en su fecundo seno, de la fauna exuberante, de la flora tropical, que excede a los atrevimientos de toda fantasía...

(El Cronista, enero 10, 1914).

LITERATURA DE ESPERANZA

...Aquí la gran esperanza está en la política. Antes, cuando la guerra civil nos visitaba periódicamente se oía exclamar a los cesantes, con verdadera fruición: "ya viene la Bruta". Y la bruta era la invasión armada, esa cruzada santa que lo cambiaba todo...

(El Cronista, enero 16, 1915).

CAMBIO DE NOMBRES

Contra don Enrique Guzmán cayó la ira de la prensa manuelista, cuando en 1903, dijo en esta capital que lo ocurrido se reducía a un simple cambio de nombres. El pueblo hondureño no quería ya que su cacique se llamara Terencio Sierra, sino Manuel Bonilla...

La única revolución que nosotros reconocemos en Centro América es la de 1871. Se limpió hasta donde fue posible la costra colonial.

Las guerras civiles constantes en esos pueblos, justas unas veces, e injustificadas otras, no han sido revoluciones. Esos alzamientos se concretan al cambio de personal en las oficinas públicas...

Por lo general, son los Presidentes los primeros responsables de la revuelta. Ya porque desde un principio no cumplen con la ley, ya porque pretenden reelegirse o imponer una candidatura a sangre y fuego. Los empleados se ven comprometidos a secundar los designios del mandatario, aunque reprueben su conducta, porque en esta tierra precaria el hambre les impone una sumisión implacable.

(El Cronista, abril 24, 1920).

LOS ANIVERSARIOS DE LA REVUELTA

...La celebración de las fechas que marcan los éxitos de nuestras revueltas sangrientas...

Si nos asesinamos en la serranía por reivindicar los derechos de los mismos hondureños, no cantemos el himno por la muerte del hermano...

Desde 1827 hasta la fecha nos hemos dedicado al pleito...

Estos festejos se dan la mano con los monumentos que erige la pasión de la política sectarista. Como hiere a una mitad de la familia común, cuando viene la revancha desaparecen ante las violencias de la ira. Tomemos ejemplo y aprendamos. La patria es algo más que un partido...

(El Cronista, septiembre 10, 1920).

CADA DÍA SON MÁS PELIGROSAS PARA HONDURAS LAS GUERRAS CIVILES

Los sufrimientos y la pobreza no han sido suficientes para reducir al orden a los hondureños. Veremos si el peligro común ilumina las inteligencias y golpea fuerte en sus corazones.

(El Cronista, septiembre 17, 1926).

CONDENEMOS LA REVUELTA, PERO NO FALTEMOS A LA VERDAD

...Hasta que las fuerzas extrañas, por la piedad o por negocio, tomen posesión del país para explotar las riquezas naturales que contiene.

(El Cronista, septiembre 28, 1920).

DESPACIO Y POCO

Hay muertos aquí, hay más allá. En cada pueblo un recuerdo de sangre, en cada campo un cadáver blanqueado.

...Si se analiza a fondo la historia patria, se verá que ninguna de nuestras guerras civiles fundó la vida del derecho.

(El Cronista, diciembre 16, 1922).

ENSEÑANZAS DE AYER Y DE SIEMPRE

Para conseguir un empleo vamos a la guerra. No sabemos trabajar ni queremos trabajar. El empleo del Estado es la aspiración común. Cuando triunfa una facción, se reparten los empleos.

(El Cronista, octubre 9, 1926).

LA DESPOBLACIÓN POR CAUSA DE LA GUERRA

...La patria se queda sin gente, porque ésta se devora a sí misma o emigra.

(El Cronista, octubre 13, 1926).

LOS POLÍTICOS Y LOS PENSADORES

La política nuestra ha tenido que desarrollarse en un campo de sangre. De aquí la fuerza del cacique y su influencia poderosa en los destinos de la nación.

En relación íntima la política con la conspiración armada, el éxito ha estado de parte del más audaz o del que más intensamente ha sabido despertar el sentimiento bélico en la muchedumbre ardorosa.

El gobernante fuerte es el que sabe conservar en el poder el prestigio del caudillo. Perdido ese prestigio, perdió su influencia y su valor eficiente.

Si el político europeo es poco pensador —y allá hay gigantes de la talla de Lloyd George— el político hondureño es, a veces, lo menos pensador posible.

...Para que el sucesor venga a repetir la misma tarea, convirtiendo la historia del país en una interminable rotación de angustias.

Todo pensamiento innovador se ahogará en Honduras mientras los políticos no cambien el escenario en que se agitan.

...Ser político aquí consiste en tener el valor de la agresión fraterna.

(El Cronista, octubre 21, 1926).

CÓMO ES LA POLÍTICA EN HONDURAS

La guerra civil provoca la verdadera intervención extranjera. A bordo de un vapor extranjero, el representante de otros gobiernos designa al Presidente de Honduras.

Los gobiernos de Honduras han sido así como fueron durante cien años, y los que vengan imitarán a los pasados, alrededor de la rutina patria, porque así lo exige la dinámica de nuestro conglomerado popular.

(El Cronista, agosto 14, 1926).

TESIS DE LICENCIATURA

...Y si nos fuera posible prever el porvenir, diríamos que vendrán todavía muchas guerras por intereses comerciales; que no está muy lejano el día que Europa sufrirá una conmoción sin ejemplo por la revolución socialista, la lucha de la miseria famélica contra la opulencia ultrajante; que vendrá por último una verdadera lucha etnológica, en la que se funden dos imperios colosales: los eslavos dominando el Asia y los sajones predominando en América y una parte de Europa...

...Pero lastimosamente tristes las guerras civiles de Hispano América, que han hecho de esta hermosa porción del Continente una especie de campo de Agramante, donde no se sabe por qué se pelea, para qué se pelea ni quiénes son los enemigos.

...Y creo que no escribiría una línea consoladora que se refiera a las revueltas hondureñas; porque las guerras civiles nos han gastado; han enervado nuestras energías, y estamos preparando de tal manera el porvenir, que la solución de nuestro progreso se verificará el día que el Tío Sam nos trague con sus enormes fauces.

(«El Casus belli»; el 4 de marzo de 1904, se encuentra en la biblioteca de la Facultad de Derecho).

VALENTÍN DURÓN

...La evolución no es suficiente para determinar el adelanto de las sociedades; se necesita la revolución osada, y de esa sólo son capaces los ánimos viriles y jóvenes que no tienen cuenta con el pasado, sino que confiados ven cara a cara el porvenir.

(La Prensa, agosto 29, 1907).

NO CREEMOS MUCHO EN LA AMENAZA DEL BOLCHEVISMO RUSO

Nada de simpático tiene el bolchevismo ruso. Y si ese comunismo se trasplantó a México, tampoco simpatiza a nadie. Hasta el presente, a juzgar por la información de la prensa europea, el gobierno del soviet es un fracaso.

En lo que a Honduras concierne, diremos que hace algún tiempo que se gasta literatura periodística para soliviantar a los trabajadores contra las compañías americanas de la Costa Atlántica.

Pero el bolchevismo no puede prosperar mucho por la despoblación del resto del territorio.

Aquí cada aldeano conserva la independencia que le proporciona su pedazo de tierra o el salario que le garantiza la existencia. ¿Qué más daría el bolchevismo al aldeano hondureño?

No hay, pues, ningún peligro del bolchevismo autóctono del hondureño. El peligro consistiría en la invasión, como la del chapulín, de los bolcheviques extranjeros.

Pero Dios nos ha de librar de ese peligro, en primer lugar, porque tal bolchevismo extranjero no hallaría gran cosa que explotar en este pobre país.

Ya saben los bolcheviques al árbol que se arriman. Este raquítico árbol que se llama Honduras no da sombra.

(El Cronista, octubre 23 de 1926).

TEMORES INFUNDADOS

...Aquí no puede prosperar el comunismo moscovita. Y quiera Dios que no prospere, sencillamente porque nada aporta al bienestar humano.

No vendrá el bolchevismo a Honduras, y si viene fracasará, porque tendrá que convertirse en facción política, y de faccioso, triunfará seguramente nuestro viejo caciquismo sobre cualquier otra plaga exótica. Nuestro bochinche secular vale más que el bolchevismo eslavo...

...Si algún temor hubiera, sólo tendríamos como puerto de salvación la resistencia que presentan los Estados Unidos a la invasión del comunismo. Sobre este particular los gobiernos y los ciudadanos del trópico que piensan y se interesan por el triunfo del Derecho, deben secundar la política de Washington, encaminada a salvar la democracia americana del barbarismo que sembró Lenin en el vasto imperio de los zares.

(El Cronista, noviembre 6, 1926).

EL RESULTADO DE LAS INTERPRETACIONES ERRÓNEAS

...Si realmente él (Marx) es el verdadero inspirador de Lenín y compañeros, quiere decir que al socialista alemán le corresponde la responsabilidad de esa catástrofe de Rusia.

(El Cronista, noviembre 16, 1926).

DEL OTRO LADO DEL ATLÁNTICO

El reciente asesinato del archiduque Francisco Fernando, heredero del trono de Austria, ha provocado infinitos comentarios en la prensa del viejo continente.

La muerte del archiduque puede precipitar los acontecimientos y contribuir a salvar las dificultades o a complicarlas seriamente.

(El Cronista, julio 7, 1914).

LA ROTACIÓN DE LAS IDEAS

Pero después de la gran guerra europea y del fracaso del ideal socialista en Rusia, renace la vieja idea de Aristóteles.

(El Cronista, octubre 11, 1922).

COSITAS DE ESTE SÁBADO

Yo era rusófilo en la guerra ruso-japonesa. Sin mucha simpatía para los moscovitas, siempre me han parecido más decentes que los nipones...

(El Cronista, junio 26, 1915).

UNA VISITA AL SEÑOR MINISTRO DE MÉXICO

Toda gran guerra en el mundo ha dejado tras de sí nuevos puntos de vista en la organización social y nuevas ideas sobre la política y administración. Y la actual contienda, más que todas gigantesca, cambiará por mucho el estado actual de las naciones...

(El Cronista, abril 17, 1917).

CON LENIN SIQUIERA

Cuando los revolucionarios franceses encarcelaron a Luis XVI y pusieron a funcionar la guillotina, en toda la Europa monárquica, y en las mismas colonias de América, se creyó que en Lutecia se producía el principio del desquiciamiento universal. De aquel mar de sangre no podían surgir más que el crimen, el vicio y la hecatombe. Y de la revolución brotó la luz. Limpia quedó la conciencia de la servidumbre milenaria.

Algo semejante ocurre hoy en la situación rusa. El bolchevismo espanta a los gobiernos del viejo continente como las ideas de Robespierre y de Marat hacían temblar a las aristocracias seculares.

Apenas, a través de las incompletas informaciones de la prensa, se descubre el fragmento borroso de la gigantesca lucha social del bolchevismo. El programa de Lenin establece el principio de que todo hombre debe trabajar para vivir... Van a esto los moscovitas mucho más allá de lo que fueron los franceses y los americanos del norte.

Y en realidad, ese aspecto de la propaganda bolchevique nos seduce...

Y en las democracias cacoquímicas como esta de Honduras, debe predicarse con mayor insistencia que ninguna otra el pensamiento de Lenin.

Raro será, pero será verdad, que de Rusia nos venga una lección que debemos aprovechar para vigorizar y consolidar nuestra República vacilante.

(El Cronista, junio 2, 1920).

TERCER ANIVERSARIO Y PREPARATIVOS PARA MAÑANA

Sin ser periodista ni escritor, he tenido que hacer ambos papeles en un país donde escasean los escritores y periodistas...

(El Cronista, julio 15, 1915).

NUESTROS AGRADECIMIENTOS MUY SINCEROS

Si algún mérito tenemos, es precisamente el cuidado que ponemos en nuestra conducta para no faltar a la lógica.

(El Cronista, septiembre 27, 1920).

LAS ANGUSTIAS DEL PERIÓDICO

Quien en Tegucigalpa cae en la tentación de tener mula mansa en caballeriza y es blando de voluntad para prestarla siempre que se la pidan, ya tiene para divertirse un rato. En la tarde un amigo, en la mañana otro, el domingo porque es domingo, el sábado y el viernes, y el miércoles y el jueves, y el martes y el lunes. Con freno, espuelas, sobrebotas, capa de invierno y la mar de cosas. Por eso un caballero, cuando ya le tenían llagado el lomo a su semoviente y estaba flaco y con morriña, dijo al amigo que le solicitaba la mula:

—Vea, compañero, el animalito ya no puede andar, pero traiga una jáquima para que me lleve a mí, porque creo que eso es lo que merezco.

(El Cronista, agosto 27, 1915).

ESCÁNDALO EN TEGUCIGALPA

Anoche uno de esos desgraciados hijos de Baco, pero de esos que rinden al alcohol verdadero tributo, andaba por estas calles de Tegucigalpa dando gritos desaforados, gritos de taberna, gritos extrahumanos, gritos que denunciaban el delirio en su más alta expresión, gritos casi afónicos, gritos en fin, que hacían pensar en el hombre primitivo, cuando no tenía más espectáculo que la naturaleza con sus constantes convulsiones... Imagínese el lector que en cuanto llegó al Parque Central, lo primero que hizo fue desafiar a Morazán; en cuanto estuvo en La Merced, decirle al Padre Reyes que el «Tancredo» que escribió no sirve para nada, que él tiene música mejor, y hecha de prisa; y que...

(La Prensa, mayo 3, 1907).

PODER JUDICIAL

...Decía Schopenhauer que el hombre que es de verdad malo, o desea serlo, es silencioso y frío, pues, como víbora, ni hace ruido ni se anuncia. Siempre que veo a un viejo completo, perfecto en su capacidad maligna, me acuerdo de las víboras y de la certera expresión del célebre pesimista alemán.

En Tegucigalpa sucede un fenómeno muy singular. Se ha ido formando a través de varias generaciones cierta aureola, una atmósfera densa de respeto, admiración y fe a muchos viejos que han llegado a convertirse en algo así como columnas inmóviles de la sabiduría.

En esas columnas del tiempo se ha inspirado la mayoría de los jóvenes pensantes; y naturalmente, conservan para siempre el cariño y el respeto que debe tenerse a los maestros, que son los primeros despertadores de la inteligencia. Todo eso es muy hermoso y yo lo aplaudo, porque manifiesta un sentimiento de gratitud y revela mucha hidalguía en los jóvenes de Honduras.

Pero al tratarse de las conveniencias y de la selección y clasificación de los partidos y, sobre todo, de la buena marcha de la administración judicial, el punto de vista cambia y la implacabilidad de la justicia política se hace sentir forzosamente...

(La Prensa, mayo 3, 1907).

GARANTÍAS AL AUTOMOVILISMO

En Tegucigalpa hay cerca de cien automóviles en servicio. Eso hace necesaria una reglamentación propia...

Decimos esto porque ayer sufrió un accidente indebido el carro No. 61 de don Manuel M. Calderón. Yendo ya sin pasajeros, y con poca luz, el chauffeur llevaba el foco a discreta fuerza. Entonces un agente de policía, encargado de vigilar los autos, intimó al chauffeur para que parara. Como éste no le oyera o no obedeciera, corrió, se lanzó al pescante y tomó el timón del carro, el que, al ser mal dirigido, se fue a estrellar contra un poste, quebrándose.

Sólo en el caso de un crimen in fraganti, por ejemplo, se justifica el acto de que un agente se lance sobre un automóvil.

(El Cronista, enero 14, 1918).

LA MENTIRA CRUEL

...Haremos referencia al chismorreo político de Tegucigalpa, ciudad única, típica, en materia de murmuración intencionada y cruel.

Y hasta las mujeres, señor, hasta honestas damas que peinan canas, hacen de la murmuración política un ejercicio grato, entretenido y elegante. Un Presidente de Honduras necesita recoger mucho su espíritu a fin de sacar una partícula de verdad de toda la información apasionada y mentirosa que recibe. Porque se tergiversa todo: las frases, la intención con que se pronunciaron, y se escudriña el motivo íntimo y recóndito de cada acto. Un guasón lanzó una tarde una bola, simple y llana, y a los tres días se la contaron con tal empaque de importancia, que voló alarmado a referirla a su amigote, y éste, hombre listo, le dijo: "Pero amigo, ¿no se fija en que esta bola es la que usted lanzó, agraciada ahora con el valor de la circulación?"

Aquí todos son deductivos, decía el General Sierra. Y es verdad, porque hay gente hábil para adivinar la procesión que le anda a uno por dentro, hasta en el modo de caminar. Fulano va de prisa, o cabizbajo, o con los brazos hacia atrás o con el sombrero gacho, o fumando puro, o despacio, o en tal dirección, o saludó, o detuvo a otro en la calle, o visitó tal casa, o agitaba el bastón, o se rascó la oreja, o entró en la cantina, o se sentó en el parque: todos estos detalles nimios forman cimiento de sólidos edificios de lógica vacía, y en ocupación tan donosa emplea su actividad y su inteligencia un respetable porcentaje de la población.

En estos días hay fermentación aguda, y como no tenemos tiempo para escuchar necedades por toneladas, y anhelamos un poco de tranquilidad de alma, nos vemos precisados a declarar que la palabra, acción y pensamiento del Director de «El Cronista» se registran en las columnas de éste. Afirmaciones, rectificaciones o aclaraciones, todo es y será público, y sólo a lo escrito se debe dar crédito.

(El Cronista, octubre 22, 1914).

EL CHISMOSO POLÍTICO ES PELIGROSO

...El chismorreo político es el peor enemigo de los gobiernos, porque se vale de la autoridad, que significa garantía, para saciar envidias, rencores, bajas pasiones, sentimientos villanos.

(El Cronista, julio 7, 1915).

LA CHISMOGRAFÍA EN PIE

Tegucigalpa tiene poco de metrópoli moderna y mucho de pueblo provinciano. La vida del individuo vive forzosamente fiscalizada por cien ojos, de los cuales noventa y ocho y medio son agresivamente inquisitivos y uno y medio benévolos...

En Honduras hay esta frase aplastante, que también aprovecha al extranjero: «enemigo del gobierno». Si el ciudadano más pacífico, que vive dedicado a su trabajo cotidiano, recluido en los ratos de ocio en los ángulos de su casa, sin atingencias políticas, porque no le conviene tenerlas o no le da su santa gana, se ve bautizado con esa frase, ya tiene para divertirse. Un leproso en la Edad Media era más feliz...

(El Cronista, octubre 21, 1915).

YO, PAULINO

NOMBRE

En esta mañana mustia me avisan que usted celebra su cumpleaños... Hoy es día lunes, y para mí un lunes arrugado, perezoso y bostezador; por otra parte, hoy es día de San Paulino, circunstancia que me afecta directamente, y en tercer término, que debe ser primero, usted festeja su natalicio.

...Un suelto de felicitación es asunto tan gastado, tan cursi y vulgarote, que no me resigno a que lo esgriman contra usted en este diario...

...A veces los versos son eficaces para entusiasmar a las niñas guapas; pero la poesía no alienta a mi numen, y creo que si me atreviera a versificar me saldría una estrofa igual a la del vicario Don Manuel Murga y Muñatonez. Usted de seguro no ha leído a Don Ricardo Palma, ni es juicioso que lo lea todavía. A ese vejete hay que ojearlo cuando se aproxima al otoño de la vida, en esa edad en que las canas empiezan a denunciar la insensible obra del tiempo, y usted... atraviesa ese feliz período en que las jóvenes adorables se rompen la cabeza contra un sueño.

Y luego este San Paulino no me gusta. Siempre que leo el calendario encuentro que casi todas las mujeres han sido mártires y vírgenes, y los hombres confesores y mártires; pero el santo de mi cuento ni fue confesor ni mártir, sino simplemente Obispo y gran adulador de los superiores...

...El Omnipotente... A unos seres les da toda la gracia, todo el donaire, toda la gentileza: usted, por ejemplo; y a otros, como a San Paulino y al suscrito, les tocan las desdichas, el desgarbo y esta fealdad de rostro que anonada.

San Paulino tuvo buena suerte, redondeó bien su negocio aquí abajo y allá arriba. En vida, Obispo; Santo después de muerto.

Y yo, Julita, ¿cómo haré para siquiera morir en gracia del Señor?

RAZA

...Nuestros ancestros vagaron desventurados y desnudos por las selvas de esta porción del Nuevo Mundo, y en horas de tedio nuestro corazón siente la nostalgia de una raza muerta...

Aquí en nuestro taller tenemos un negro del bosque umbroso de Sulaco, cuya tez reluciente lo denuncia como escapado de Abisinia; pues bien, este buen trabajador dice muy ufano, con la diestra en el corazón: "Nosotros los latinos debemos vivar a Francia". Y la jeta de este muchacho está preparada para dar besos que resuenen en todo el litoral de la Hotentocia.

...Como no quiero representar el papel de mi negro retinto, establezco mi categoría de indio, mondo y lirondo...

IDEOLOGÍA

Yo soy liberal. Si es por la raza, en la historia tengo recuerdos tristes. Por ser mis antepasados amigos y parientes de Joaquín Rivera, las huestes de Francisco Ferrera arruinaron el patrimonio familiar. Yo he visto a mi padre atado a una cuerda, para darle palos por las fuerzas de Domingo Vásquez...

NIÑEZ

Siendo niño, conocí a un jefe que después de un almuerzo heliogabalesco, decía: "quiero hacer la digestión oyendo el canto de un pajarito". Y acto continuo ordenaba que sacaran de la cárcel a cualquier indio infelice, a quien propinaban trescientos palos. El jefe, de panza en la baranda del corredor de la casa, frente a la víctima, reía, charlaba, deglutía y eructaba... Esto ocurría allá por 1892 o 1893.

En el año de 1892, allá lejos, como quien dice, leía yo, a la edad de diez años, el viejo celebrado libro de caballería "Los doce pares de Francia". En mi imaginación infantil daba por ciertas las proezas de aquellos héroes, y me interesaban vivamente los mandobles entre Fierabrás y Oliveros y sentía hondo placer cuando veía a Ricaurte de Normandía penetrar por entre una nube de turcos y salir sano y salvo después de haber burlado la vigilancia de los guardias de la puerta de Mantible.

Nosotros hemos visto, siendo niños, a las fuerzas del General Domingo Vásquez, en un solo instante, arrimar dos hombres infelices a una tapia y darles cinco tiros a cada uno. Por desertores o espías o sabe Dios por qué. Los nombres de esos desventurados se perdieron en una fosa cavada de prisa, de cualquier modo, para cubrir solamente miserables despojos.

AFICIONES

Tal vez por temperamento especial, o por la orientación de la muy mediocre cultura que he podido adquirir a través de los libros y de la observación curiosa de la naturaleza, mi pasión ha sido los estudios críticos del viejo Zoilo, pasando por el acre Juvenal, por el insolente e insoportable Marcial y el obsceno Boccaccio, hasta los más célebres analíticos modernos; he procurado hojear a los satíricos con la más cariñosa atención, para formarme así un criterio, hasta donde Dios me ayude, del proceso mental en el decurso de los siglos.

Aquí no pueden desarrollarse los grandes espíritus de Renán, Taine o Macaulay; no vivirán Larra, Racine o Cervantes. Y para representar el papel de Valbuena ya es demasiado tarde para mí. Algunos críticos, como Leopoldo Alas y Emilio Bobadilla, me sugestionan a veces...

Tomar cualquier composición y ponerla en solfa es también sencillísimo... De los críticos, quizás el que más satisface mi pobre y desautorizado gusto es Don Juan Valera. Su estilo, su vasta ilustración, su labor dilatadísima, su risueño escepticismo, su benevolencia inimitable, todo eso seduce, admira y entusiasma. Y más me enamora todavía el Don Juan Valera que allá por los años de 60 a 64 se enfrentaba con pulcritud de aristócrata al Marqués de Valdegamas. Entonces, al par que atildado y nervioso, era franco y menos indulgente, aunque siempre escribió con un corazón desapasionado y justiciero. Después, ya viejo, se hizo excesivamente compasivo.

...Hombre complejo y ecuánime como soy, sólo tengo el orgullo de saber que poseo una voluntad inagotable. La obra de la inteligencia es muy secundaria en las agitaciones de la vida.

...Me proporcionó oportunidad para hacer al público las declaraciones siguientes, que son capítulos, dogmas condensados de mi labor actual:

1: «El Cronista», para mí, es una empresa de propaganda en favor de la paz y el progreso de Honduras, y al mismo tiempo un negocio, pues siendo hombre, estoy obligado a trabajar de algún modo decente para sufragar las necesidades de mi familia.

2: Desprecio los aplausos y los ataques más crueles, porque estoy convencido de que, si valgo poco como cerebro, muy escasas voluntades habrá en Honduras más osadas y perseverantes que la mía.

3: Me han hecho chula, desde Juan Bustillo para acá, con el famoso empréstito fracasado... en su empaque íntimo, sólo lo conocemos mi muy estimado amigo el General Don Juan E. Paredes y yo... tengo la documentación personal bien preparada... ¿y por qué no publico esos documentos? Porque no me conviene, porque yo soy muy bruto y no hago más que lo que le interesa a mi persona...

Epígrafe: "...he venido, señor Duque, a hacerme crítico, que es oficio de gente desengañada". Juan Valera.

Yo, señores, he nacido para laborar en el campo...

Circunstancias que no puedo olvidar me obligaron a inscribirme en una escuela de Derecho, donde aprendí cuatro palabras inútiles de jurisprudencia, y tiempo después me presenté al bondadoso Tercer Poder del Estado, donde con la mayor desfachatez e impudicia me dejé investir del título de abogado profesional. Pero en medio de esas vueltas y pasatiempos, leía constantemente versos, novelas, historia, literatura seria y pueril, libros de filosofía tormentosa y revistas preñadas de melancólicas necedades...

Sed de emociones me ha llevado más tarde a tomar alguna participación en los arriesgados juegos de la política mediocre; pero sin mucha fe en los hombres y con poquísima esperanza en el desarrollo eficaz de las ideas... Las doctrinas dudosas que en la región cerebral han elaborado los hombres, no pueden aplicarse en este desierto inocente, salpicado de tal ambicioncillo afortunado o cual embaucador impune.

MADUREZ

...Ya tengo canas para ser vano... un soplo del tiempo pasado refresca el corazón... a pesar de mi constante escepticismo...

¿Se acuerda usted, Adán, de aquellas disputas a lo Gil Blas de Santillana que sosteníamos, usted y yo, interpretando a Taine o a Federico Nietzsche? ¿Se acuerda de nuestra adoración por Schopenhauer y de nuestra idolatría por los naturalistas franceses?

Quiero también hacer algunas rectificaciones a sus conceptos. A nadie le place sentar plaza de imbécil; pero tampoco pienso que soy un genio. Me conformo con pertenecer al grupo mediocre de mi país. He pretendido tener firmeza y unidad volitiva. Siempre he apreciado más, mucho más, a los hombres de voluntad que a los de talento.

...No valgo más que la unidad ni menos que la unidad: soy un punto de partida.

Mientras seamos diaristas trabajaremos fragmentariamente. Mañana si la vida no se acaba, apelaremos al libro, en una tarea más reposada y ecuánime.

Caminaremos como de costumbre, muy despacio... lo que escribió el pobre Rodrigo de Narváez en 1906.

...Una vez, ¡La regeneración!, de Ch. Waiss, Rivera and Company, aludió a un juicio que nosotros habíamos expresado, anteponiendo la réplica de que no debíamos ampararnos en nuestra inexperiencia de jóvenes, porque siempre fuimos viejos.

Una vez me sometí a prueba, en la Universidad de Tegucigalpa. Allí, un jurado calificador declaró que yo era, por gracia de la ley y benévola tolerancia del tribunal examinador, Licenciado en Jurisprudencia y Ciencias Políticas y Sociales. Larga esa leyenda, larguísima para un gaznápiro de veintiún o veintidós años. Al mes y días asalté el recinto augusto del Supremo Tribunal de Justicia, y allí, sin cerrar los ojos siquiera, me dejé convertir en «Abogado» profesional.

Al otro mes y días me incorporé en la Corte de Managua, y allá me aceptaron como «Doctor». Aquello sí me apenó. ¡Yo Doctor! No me cabía eso en mi cuerpo, y en mi fuero interno me burlaba de todas las Universidades del mundo... apenas sale un polluelo de la Facultad y ya el público lo trata de Doctor. Unos no saben sintaxis, otros ignoran los elementos de su profesión, y bárbaros hay que desconocen la ortografía. He visto sentencias dictadas por esos Doctores en flor que no parecen obra de un individuo que camina en dos pies.

...Y cuando a mí me dicen Doctor, me río solito, no de mi pellejo, porque él no tiene la culpa, sino de la Corte Suprema de Managua.

Y en tanto... el globo sin cesar navega. No, en tanto, las tierras permanecen sin cultivo y el industrialismo nacional en pañales.

Fundamos aquí, allá por mil novecientos, la sociedad «La Regeneración»...

Yo no escribo biografías, sino pálidas siluetas para recordar a los ciudadanos que en mi concepto han valido y valen en Honduras... basta un rasgo, y un gesto, para caracterizar un personaje...

...Leña quisieron hacer conmigo en este suelo, echándome encima la responsabilidad de los pactos Paredes-Knox, a sabiendas de que no tuve intervención en el asunto...

...Conozco un folleto escrito por Paredes a raíz de las conferencias del Tacoma, explicando la convención suscrita en Washington porque él tiene mi correspondencia privada y yo la suya. Paredes sufrió muchas cosas que sólo yo conozco. Es un caballero y un hombre digno...

En mi vida cálida y acre he apechugado con todas las formas posibles de controversia. Hasta polígamo me dijeron unos curas salvadoreños, en cierta época alegre en que hacía yo campaña pro-masónica en los periódicos pinoleros...

Somos aficionados a los estudios de la historia de Centro América. Por desgracia, las fatigas del periodismo diario y otras atenciones inevitables nos impiden consagrar por entero nuestra actividad al examen de los anales patrios...

«El Cronista», en materias políticas, o que se relacionen con los intereses del Estado, sólo tiene una opinión: la de Paulino Valladares. Este puede equivocarse a cada momento, pero nunca realizará una tarea insidiosa o malévola...

...Casi nunca nos gusta atacar, porque en el fondo de nuestra filosofía individual hay un regular depósito de indulgencia y de conformismo.

ASÍ ERA PAULINO VALLADARES

ADÁN COELLO

"Lo conocimos siendo ambos estudiantes, y acertamos pensando que Paulino iría lejos".

"Tenía una sólida constitución mental, leía mucho, digería bien, y sobre todo tenía una fe ciega en sí mismo..."

"Cuando a Juanito Bustillo —que tenía talento— se le ocurrió romper lanzas contra Paulino, desde que los vimos colocados en el palenque, dimos por muerto a Juan... y así fue, en efecto..."

"...Literariamente, tiene dos pecados gravísimos, dos defectos capitales: es más autoritario que el Papa..., pues habla de un modo dogmático que mete miedo; y luego, este hombre parece que se está burlando de todo el mundo cuando escribe..."

(Buscando tres pies al gato, El Cronista, febrero 12 de 1914, reproducción de «El Iniciador», de Choluteca).

MEDARDO MEJÍA

"Conocimos a Paulino Valladares cuando ocupaba un asiento en el Congreso Nacional en 1925. Espaciosa frente, nariz aguileña, rictus despectivo, adiposo, bajo. Tomaba notas que publicaría en su periódico sobre el pupitre de representante del pueblo, mientras ululaba la tormenta en un vaso de agua de los agricultores y ganaderos provincianos metidos a legisladores. Una vez pidió la palabra para hacer cierta aclaración, quién sabe sobre qué asunto. Habló con voz muy suave, y se hizo un gran silencio en el deseo de oírle. Luego se sentó, sin despertar entusiasmo en la nutrida barra. Debe haber sido muy poco lo que dijo, puesto que no estalló el aplauso de la muchedumbre. Menos que jóvenes, no nos produjo la menor impresión aquel hombre de tanta fama que en el periodismo había opacado a sus colegas..."

"Después vimos a Valladares salir del recinto del Congreso. Sombrero de junco, grueso habano, traje de lino, paso reposado. Conversaba sin entusiasmo con sus compañeros de Cámara. Casi no reparaba en ellos. Parecía dominado por pensamientos más graves... Al llegar a la esquina del parquecito de La Merced, se despidió de sus compañeros de Cámara, y luego tomó por la derecha, al costado oriente, en dirección de El Cronista. Iba a trabajar en el famoso «cuarto brujo», del que salían los editoriales más intuitivos de Honduras en aquellos tiempos".

(Capítulos provisionales sobre Paulino Valladares, UNAH, Imprenta Calderón, s. f.).

"Fue descreído, vital, sonriente, luchador, desdeñoso, ágil en el pensamiento, agresivo en la acción. Su arma fue una pluma ardiente, de la que quedan sus ideas, sin la moral de la camandulería y sin la belleza de los estetas cursis".

"Fue superior a todos nosotros por una cualidad terrible: la autocrítica. Sabía reírse de sí mismo. Lo que le daba un buen derecho para reírse de los demás. Y lo más tremendo es que lo hacía de último, en la coagulación del efecto. Nadie como él, en este medio supo hallarle tanto gusto al tonto".

(Paulino Valladares, El Cronista, diciembre 6, 1915; bajo el seudónimo de Luis C. Martínez).

SALVADOR TURCIOS R.

"Este fiel exponente de la mentalidad hondureña, en su última etapa evolutiva, vino a la vida en un eglogio pueblo del Departamento de El Paraíso, en Güinope, de esta República, el día 19 de octubre de 1881, y fueron sus padres el honrado agricultor Don Paulino Valladares y Doña Honorina Márquez de Valladares".

"Paulino Valladares era nieto de aquel célebre Presbítero Don Francisco Antonio Márquez, que agitó las páginas de nuestra historia revolucionaria, al principio de la vida libertaria de Centro América".

"Valladares cursó la enseñanza primaria en Güinope. A la edad de 12 años fue trasladado a esta capital para hacer los estudios de Ciencias y Letras, como alumno interno, en el famoso colegio «El Espíritu del Siglo», que dirigió en esta ciudad, a fines del siglo pasado, el Doctor y General Don Miguel R. Dávila".

"A los 17 años principió a estudiar Derecho en nuestra Universidad Nacional, y obtuvo el título de Licenciado, brillantemente, en 1904, en la temprana edad de 21 años".

"Habiéndose establecido en la ciudad de Granada, fundó allá el periódico La Estrella, en unión del escritor Don Carlos A. García, y fue entonces cuando empezó a destacarse la fuerte mentalidad del fecundo polemista..."

"Paulino Valladares fue el precursor, entre nosotros, de la prensa independiente..."

"Decía el padre Vallejo, refiriéndose al Presbítero Don Francisco Antonio Márquez, el abuelo materno del Doctor Valladares: "El Padre Márquez hablando no era el Padre Márquez escrito: hablaba admirablemente. Siempre que hablaba convencía. Hablaba mejor que como escribía"."

"El Doctor Valladares, no hay duda, que había heredado por el aporte espiritual de su madre Doña Honorina Márquez de Valladares el talento disciplinado y la rebeldía ingénita de su abuelo materno el padre Márquez, y puede afirmarse que en sentido inverso de las cualidades intelectuales de su abuelo, era mejor escribiendo que hablando, pues como orador nunca hubiera conquistado el corazón de las muchedumbres..."

"Durante muchos años se recordarán entre nosotros las brillantes polémicas sostenidas en la prensa por el Doctor Valladares..."

"Entre ellas se cuentan muy especialmente la que sostuvo con Ramírez Fontecha en 1915; con el internacionalista salvadoreño Doctor Salvador Rodríguez Gonzáles en 1917, y la campaña política que hizo en la prensa en 1923, con motivo de las elecciones presidenciales que se efectuaron aquel año".

"Con la vasta labor científica y literaria que realizó durante trece años en las columnas de «El Cronista», en «La Estrella» de Granada, fuera de otras importantes publicaciones, bien pueden hacerse numerosos y sendos volúmenes, en los cuales la juventud estudiosa encontrará nobles y sustanciosas lecciones de política, Historia, Derecho Público y Administración".

"Fue el dos de diciembre de 1926 que falleció el Doctor Paulino Valladares en un sanatorio de Panamá, a los 45 años y 43 días de edad, estando en consecuencia, en pleno vigor físico e intelectual..."

(La personalidad del Doctor Paulino Valladares a través de los años, El Cronista, diciembre 29 y 30, 1926).

LUIS ANDRÉS ZÚÑIGA

"...Yo escribiré su biografía para explicar ciertos puntos de su vida pública que parecen oscuros a sus adversarios políticos. Cometió errores, tal vez graves errores, como los han cometido y cometen los políticos de todos los países y en todos los tiempos, por ser esas cosas inherentes a la naturaleza humana; pero sus equivocaciones quedan totalmente eclipsadas ante la grandeza de su nutrido talento, puesto siempre al servicio del interés nacional, de la libertad del pensamiento, de la gloria de la República".

"...honró no sólo a la República, sino también al periodismo innovador de este hemisferio".

(In memoriam Doctor Paulino Valladares, por M. Bertrand Anduray, página 35, Tipografía Nacional, Tegucigalpa, 1927).

MARIO RIBAS

"Como periodista fue el primero entre los primeros. Logró lo que no ha podido lograr hasta el mismo grado ningún otro periodista centroamericano: transformarse en un verdadero director de la opinión pública de su patria... Encauzaba la opinión y la opinión se iba por el camino que él trazaba..."

(Renacimiento).

ARTURO MEJÍA NIETO

"¿Hay una idea clara, cierta, verdadera, de lo que el país acaba de perder con la muerte del Doctor Valladares?..".

"Vemos que Honduras está de pérdida. Otros hondureños notables han muerto últimamente: Doctor Policarpo Bonilla, Doctor Francisco Bertrand, Don Salatiel Rosales, Don Francisco Bográn".

"Pero todos estos hombres, con hacer mucha falta, no hacen la falta que hará el Doctor Valladares. Y la razón es sencilla: el Doctor Valladares servía a Honduras todos los días. Y nadie ha trabajado para Honduras como este hombre trabajó en los últimos 20 años... podía ver, luego podía decir en estilo comprensible, luego decía con serenidad, el pensamiento resultaba por completo claro..."

"...Un escritor, que sí se podía leer".

(In memoriam..., página 75).

ALEJANDRO CASTRO

"Amapala 14.—En estos momentos, a las 8 a. m., los disparos de la artillería de El Vigía, el doble de las campanas y el Himno Nacional de la República anuncian la llegada a la bahía de los restos del ilustre Doctor Paulino Valladares... Fue operado en el Hospital de Ancón y su muerte sobrevino dos días después, a consecuencia de una hemorragia".

(In memoriam..., página 76).

GABRI RIVAS

Director de La Prensa, de Managua, 5 de diciembre de 1926.

"Con Paulino Valladares, desaparece el primer periodista centroamericano y el primer conductor político de Honduras que ilustrara en muchas ocasiones con su juicio sensato y documentado la opinión política del Istmo. Los editoriales de su diario El Cronista, devorados antes que leídos, eran modelos de buen decir, de concisión y de sensatez. En el espacio de media columna sabía decir grandes cosas en un estilo singular sólo de él, de manera tan gallarda y feliz que era imposible dejar de leerlos, cualesquiera que fuera el tema que abordara".

"...Vivió en Granada alternando entre labores pedagógicas en el Instituto y actividades periodísticas al lado del finado Doctor Manuel Coronel Matus, que lo dio a conocer en el país..."

(In memoriam..., página 122).

VIRGILIO RODRÍGUEZ BETETA

"...Como en 1912 ó 13, tuve ocasión de conocerlo personalmente. Llegó a Guatemala en una de sus tantas fugitivas emigraciones. Tenía la constitución recia y comprimida de aquellas figuras con que el verbo de Eurípides hacía sentir la presencia de los titanes. Era yo Director del «Diario de Centroamérica». Por cartas habíamos cultivado amistad...".

"...Sobre mi escritorio, en la Dirección del Diario, Paulino Valladares escribió varios artículos sobre cosas de Centro América y en especial de Honduras".

—"¿Quiere usted papel...?"

—"No, éste está bueno".

—"¿Quiere usted máquina de escribir?"

—"No, aquí tengo lápiz".

"Y así, sobre el primer pedazo de papel y con el primer lápiz habidos a mano, empezaba a trazar vértigo de líneas, unas tras otras... Escribía un cuarto de hora, media hora, cuartilla tras cuartilla, sin corregir una línea ni una palabra. Y luego, con ademán olímpico, entregaba las cuartillas al jefe de redacción...".

"...Durante años fue el Corresponsal de la United Press en Honduras...".

(In memoriam..., página 139).

MARCOS CARÍAS REYES

"Después de Juan Ramón Molina, ninguna figura más grande en las gestas literarias de la patria había cruzado los dinteles de la eternidad".

"...Es el creador de la frase seca y dura como latigazo; ante el obrero de la palabra consistente que levantó el monumento más alto y sólido de las letras nacionales... Ante el polemista, ante el forjador de conceptos, ante el periodista múltiple y fuerte; ante Paulino Valladares combatiendo lápiz en mano el continuismo y la ilegalidad; ante Paulino Valladares defendiendo nuestras fronteras y auspiciando con su fraseología poderosa el ideal morazánico, desgajamos, con rumor de airoso robledal, nuestra simpatía y nuestro fervor".

(In memoriam..., página 142).

EMILIO ESPAÑA VALLADARES

"Por muchos años, Honduras pensó por el cerebro de Paulino Valladares".

(In memoriam..., página 142).

FERNANDO ZEPEDA DURÓN

"Ningún hombre fue tan combativo como el Doctor Paulino Valladares; ningún hombre fue tan adversado como este ilustre muerto...".

"Su primera polémica la sostuvo con el Doctor Juan Bustillo Rivera, hasta despedirlo para Liverpool, donde el señor Bustillo

Rivera estaba nombrado Cónsul de Honduras. Después se le enfrentó al Doctor don Antonio Ramírez Fontecha...".

"...Era un hombre que lo que no sabía lo adivinaba...".

"La obra del pensador queda coleccionada en las páginas de su diario; su obra política vive en su archivo personal y en todos los atestados que dirigió a muchas partes...".

(In memoriam..., páginas 151-152).

A. G. R.: "Paulino Valladares es un hombre de regular estatura, algo grueso, moreno, frente amplia y ojos vivísimos".

"En su patria, Honduras, es quizá la figura política más poderosa y discutida hoy día. Está haciendo Presidente a un Carías de la misma manera que quitó el poder a un Bertrand...".

"Momentos antes de subir nosotros a donde él se encontraba, ha pasado por la calle un grupo de individuos, gritando:

—"¡Muera Paulino Valladares!"".

"Y el periodista, que ha escogido Nicaragua como tierra hospitalaria para lugar de refugio de las tenaces persecuciones de Rafael López Gutiérrez, nos dice impregnando sus palabras con cierta amarga ironía:

—"Para oír esto, no tenía necesidad de salir de Honduras"."

(El Porvenir, Managua, octubre de 1923, reproducido en In memoriam..., página 128).

Salomón Paredes G.: "Polemista inimitable, periodista de fuerza, político de gran visión es sin duda alguna, con Juan Ramón Molina, la más alta personalidad literaria de Honduras. Escribió con donosura y elegancia, y a pesar de las asperezas de la lucha en que vivió comprometido, supo ser suave y florido, cuando quiso deslizarse por los campos de la bella literatura. Admirable ironista, sociólogo de relieve, supo ser guía del pueblo en las turbulencias que agitaron al país en el lapso que le tocó actuar".

(Literatura General, San Pedro Sula, 1935).

CONTENIDO

www.ingramcontent.com/pod-product-compliance
Lightning Source LLC
Chambersburg PA
CBHW071141130626
46553CB00004B/1476
* 9 7 9 8 8 9 2 6 7 5 5 8 1 *